utb 5547

Eine Arbeitsgemeinschaft der Verlage

Brill | Schöningh – Fink · Paderborn
Brill | Vandenhoeck & Ruprecht · Göttingen – Böhlau · Wien · Köln
Verlag Barbara Budrich · Opladen · Toronto
facultas · Wien
Haupt Verlag · Bern
Verlag Julius Klinkhardt · Bad Heilbrunn
Mohr Siebeck · Tübingen
Narr Francke Attempto Verlag – expert verlag · Tübingen
Psychiatrie Verlag · Köln
Ernst Reinhardt Verlag · München
transcript Verlag · Bielefeld
Verlag Eugen Ulmer · Stuttgart
UVK Verlag · München
Waxmann · Münster · New York
wbv Publikation · Bielefeld
Wochenschau Verlag · Frankfurt am Main

Birgitt Killersreiter und Eva-Maria Rottlaender

Beratung – Begleitung – Empowerment

Kommunikationsgrundlagen für Sozial- und Gesundheitsberufe

wbv Publikation

Online-Zusatzmaterialien zum Buch finden Sie unter
http://www.utb-shop.de/9783825261184

ein Geschäftsbereich der
wbv Media GmbH & Co. KG,
Bielefeld

Gesamtherstellung:
wbv Media, Bielefeld
wbv.de

Einbandgestaltung:
Atelier Reichert, Stuttgart

Illustrationen: Johannes Schlingmann,
www.buxpix.de

Bestellnummer: utb 5547

ISBN (Print): 978-3-8252-6118-4
utb-e-ISBN: 978-3-8385-6118-9
Online-Angebote oder elektronische
Ausgaben sind erhältlich unter
www.utb-shop.de
Printed in Germany

Bibliografische Information der Deutschen Nationalbibliothek
Die Deutsche Nationalbibliothek verzeichnet diese Publikation in der Deutschen Nationalbibliografie; detaillierte bibliografische Daten sind im Internet über http://dnb.d-nb.de abrufbar.

Inhalt

Tabellenverzeichnis

Abbildungsverzeichnis

Beispiel/Fallbeispiel

Checkliste

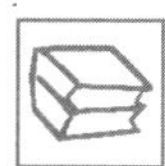
Hintergrundwissen

Kommentar

Lernziel

Technik

Tipp

Online-Zusatzmaterialien zum Buch finden Sie unter
http://www.utb-shop.de/9783825255473

Vorwort zur zweiten Auflage

Die gesamten Inhalte der ersten Auflage wurden auf Aktualität hin geprüft und ggf. ergänzt.

Des weiteren wurden Themen wie Essstörungen bei Jugendlichen, Transgender-Beratung sowie Hypnotherapie und die multimodale Verhaltenstherapie neu aufgenommen.

Gemäß der Konzeption dieses Buches – das hoffentlich immer noch schmal genug ist, dass es in Ihren Arztkittel passt oder einen Platz auf Ihrem Schreibtisch findet – wurde darauf geachtet, dass die jeweiligen Theorien möglichst praxisnah und alltagstauglich dargestellt und nutzbar gemacht wurden. Für eine vertiefende Auseinandersetzung sei auf die angegebene Primärliteratur verwiesen.

Die Autor*innen dieses Buches erheben bei der Zusammenstellung und Darlegung der Theorien und Konzepte keinen Anspruch auf Vollständigkeit.

Ganz im Gegenteil: Wir sehen es persönlich als einen immensen Gewinn der heutigen Zeit an, dass wir in der beraterischen Praxis auf eine Vielzahl an Techniken und Konzepte zurückgreifen können – wobei bei dieser Auswahl sicherlich auch persönliche Vorlieben, Interessen und eigene Persönlichkeitsstrukturen eine bedeutsame Rolle spielen.

Individuelle Herausforderungen und einzigartige Menschen verlangen von uns ein stets waches Auge und offenes Ohr sowie einen offenen Methoden-Koffer.

In diesem Sinne hoffen wir, dass wir Ihnen auch mit dieser zweiten Auflage bereichernde Impulse für Ihre beraterische Praxis und Ihren „Koffer“ mitgeben können.

Köln, im Frühjahr 2023
Birgitt Killersreiter & Eva-Maria Rottlaender

Einführung

Sozialarbeiter*innen wollen Selbsthilfepotenziale fördern und beraten u. a. zu sozialrechtlichen Fragen. Psychotherapeut*innen stärken die Bewältigungsleistungen der Klient*innen und begleiten sie in Lebenskrisen. Gesundheitspfleger*innen begleiten ihre Patient*innen, Angehörigen und Eltern bei akuten und chronischen Erkrankungen und Behinderungen.

Die Berater*innen erkennen die Bewältigungsleistungen von Klient*innen an und unterstützen z. B. bei der beruflichen Neuorientierung oder bei der Familiengründung. Sie kennen die soziale Infrastruktur und vernetzen ihre Klient*innen mit kommunalen Einrichtungen, Selbsthilfegruppen, Vereinen oder Institutionen.

Obwohl die Beratungskontexte unterschiedlich sind, haben sie gemeinsam, dass ein wertschätzendes und vielfältiges Instrumentarium an Kommunikations- und Fragetechniken zum Gelingen einer Beratungssituation beiträgt.

Aufgrund dessen werden im ersten Teil dieses Buches die bekanntesten Kommunikationstheorien und häufig angewendete Kommunikationstechniken vorgestellt. Fallbeispiele, Tipps und Technikhinweise ergänzen die theoretischen Grundlagen.

Im zweiten Teil werden reale Kommunikationssituationen aus dem pädagogischen, psychologischen und medizinischen Alltag dargestellt. Zusätzlich erhalten Sie theoretisches Hintergrundwissen zu der jeweiligen Thematik. Die Auswahl an Beispielen aus der Praxis erstreckt sich dabei über ein weites Spektrum entlang der Lebenslinie. Es wurde die Leitidee verfolgt, eine Vielfalt an Situationen abzubilden, in denen pädagogische, psychologische und medizinische Fachkräfte Menschen beraten, begleiten und unterstützen. Leitfragen und Techniken unterstützen Berater*innen in der jeweiligen Situation.

1

Rahmenbedingungen und Beratungsprozesse

Birgitt Killersreiter

→ Kapitel 1: Das Erstgespräch in der Beratung

Ein Beratungsprozess folgt immer gleichen Strukturen: Kontaktaufnahme, Problemanalyse, Zielformulierung, Lösungsmaßnahmen, Umsetzung und Nachbesprechung. Die einzelnen Beratungsphasen können unterschiedlich lang andauern. Es ist durchaus möglich, dass die Problemanalyse und Zielformulierung zwei bis drei Sitzungen erfordern oder die Nachbesprechung wegfällt.

Kontakt

- Kontaktaufnahme (Telefon, E-Mail, persönliche Ansprache)
- Terminvereinbarung
- Auftraggeber, Vermittlungskontext, Klient*innen-Hintergrund
- Beratungsqualifikation ausreichend?
- Beratung kann in meinem Wertekanon stattfinden?
- Honorarhöhe und Bezahlung?
- Rahmenbedingungen: Setting, Ort, Zeit, Häufigkeit
- Verabschiedung

Problemanalyse

- Analyse des Istzustands
- Wie ist der Kontext umrissen?
- Welche Bedingungen herrschen vor?
- Was ist problematisch?
- Externe Bedingungen/personelle Bedingungen

Ziele

- Bedarf und Wünsche
- Anforderungen
- Ziele definieren/erarbeiten

Lösung

- Lösungsmaßnahmen erarbeiten
- Je nach Kontext und Möglichkeiten
- Instrumente wählen
- Interventionen auswählen
- Übungen und Hausaufgaben

Transfer
- Umsetzung
- Konkretisieren
- Anwenden
- Verantwortung zurückgeben
- Abschluss und Ende

Nachbesprechung
- Termin vereinbaren
- Evaluierung und Qualitätssicherung (Hilfreich? Wirksam?)
- Feedback
- Nacharbeiten

Beratungssettings

Eine **Einzelberatung** bietet sich überall da an, wo Klient*innen besondere Unterstützung und Fürsorge benötigen, wie z. B. bei Kriseninterventionen, traumatischen Erlebnissen, Beratungen zur Lebensorientierung, bei Sinn- und Identitätskrisen oder in der Schuldnerberatung.

In der **Paar- und Familienberatung** findet häufig Beratung im Rahmen von lebenszyklischen Problemlagen, wie z. B. Familiengründung, Erziehungsfragen oder bei der Pflege von Familienmitgliedern statt.

Kontextbezogene Beratungsthemen, wie z. B. Beziehungsgestaltung, Schwangerschaft, Sucht, Gesundheit und Trauer können ebenfalls Themen für eine Paar- oder Familienberatung sein.

Gruppenberatungen bieten sich bei Wissensvermittlung, in Selbsthilfegruppen oder in Gruppen zur Verhaltensänderung an.

Grundlagen der Kommunikation

2

Birgitt Killersreiter

In diesem Kapitel erfahren Sie …
- welche grundlegenden Kommunikationstheorien es gibt,
- welche Ideen den Kommunikationstheorien zugrunde liegen und
- welche Methoden sich aus den Theorien entwickelt haben.

2.1 Verbale und nonverbale Kommunikation, oder: Man kann nicht nicht kommunizieren

Paul Watzlawick (1921–2007) war Kommunikationswissenschaftler, Psychotherapeut und Philosoph. Seine Kommunikationstheorien beeinflussten die allgemeine Psychotherapie und systemische Familientherapie. Watzlawick hat fünf Grundregeln der Kommunikation aufgestellt und nennt sie pragmatische Axiome. Sie sollen menschliche Kommunikation erklären und verständlich machen. Denn erst wenn Zusammenhänge der Kommunikation verstanden werden, kann Kommunikation beeinflusst werden.

Axiom 1: „Man kann nicht nicht kommunizieren."

Watzlawick spricht auch von der Unmöglichkeit, nicht zu kommunizieren (vgl. Watzlawick, Beavin & Jackson 1996, S. 50–52). Es gibt bei einer Kommunikation immer einen Sender und einen Empfänger. Der Sender sendet verbale und nonverbale Signale aus, die der Empfänger empfängt und deutet. Die Sprache selbst beinhaltet neben dem konkreten Inhaltsaspekt Signale, die vom Empfänger gedeutet werden. Diese Signale sind z. B. Tonfall, Lautstärke, Betonung,

Abb. 1: Sender – Empfänger

Schnelligkeit, Pausen, Lachen, Schweigen zwischen den Sätzen. Wird laut gesprochen, deutet dies auf Erregung oder Ärger hin. Spricht jemand schnell, könnte er/sie aufgeregt sein. Die Körpersprache ist ein nonverbales Signal. Ohne zu sprechen, übermittelt der Sender durch die Körpersprache zusätzliche Informationen, wie z. B. Zuhörer*innen in einem Seminar, die auf dem Mobiltelefon herumtippen, oder Schüler*innen, die aus dem Fenster schauen, wirken uninteressiert (siehe Abbildung 1).

Axiom 2: „Jede Kommunikation hat einen Inhalts- und einen Beziehungsaspekt."

Eine Studienkollegin der Arbeitsgruppe fragt beim ersten Vorbereitungstreffen für die Präsentation in einem Seminar: *„Hast du schon mit der Literatursuche begonnen?"* Der Inhaltsaspekt vermittelt reine Information (Daten). In diesem Fall hat die Literatursuche begonnen, ja oder nein (siehe Abbildung 2).

Der Beziehungsaspekt gibt Aufschluss über die Beziehung zueinander. Ist sie rein sachlich oder genervt oder aber macht sie eine Abhängigkeit deutlich. Die Mitteilung bestimmt also, wie der Sender die Beziehung zwischen sich und dem Empfänger sieht (vgl. Watzlawick, Beavin & Jackson 1996, S. 53).

Abb. 2: Inhalts- und Beziehungsaspekt

Axiom 3: „Die Natur einer Beziehung ist durch die Interpunktion der Kommunikationsabläufe seitens der Partner bedingt."

Kommunikation verursacht Wirkung und ist Ursache zugleich. Kommunikation ist immer auch Ausdruck der Beziehung zwischen zwei Menschen und folglich führt ein Reiz, also ein Satz oder eine Reaktion, immer zu neuen Reaktionen. Das meint Watzlawick mit Interpunktion der Kommunikationsabläufe. Ein klassisches Beispiel ist ein typischer Beziehungsstreit: Sie: *„Du hast nie Zeit* *für mich*". Er zieht sich zurück. Sie energischer: „*Du hast nie Zeit für mich.*" Er zieht sich noch mehr zurück (siehe Abbildung 3). Das Problem dabei ist, dass beide annehmen, sie würden über die gleichen Informationen verfügen. Also sie nimmt an, dass ihr Partner weiß, wie häufig er keine Zeit für sie hat. Er nimmt an, dass sie weiß, dass er sich Zeit für sie nimmt (vgl. Watzlawick, Beavin & Jackson 1996, S. 57–60).

Abb. 3: Interpunktion

Axiom 4: „Menschliche Kommunikation bedient sich analoger und digitaler Modalitäten."

Menschliche Kommunikation kann entweder analog sein und durch Worte und mit Sprache ausgedrückt werden oder digital sein mit Gesten oder Mimik.

In der digitalen Kommunikation werden Worte oder auch Symbole wie eine Zeichnung genutzt. Zum Beispiel ist das Wort „*Katze*" ein willkürlich festgelegter Begriff und durch uns als Tier definiert. Sobald wir das Wort „*Katze*" hören, verbinden wir positive (weiches Fell) oder negative (Allergie) Erfahrungen und Gefühle damit. Die Erfahrungen und Gefühle sind analog. Sobald die Katze um unsere Beine schleicht und miaut, drückt das Miauen nicht aus „*ich will Milch*", sondern es zeigt eine bestimmte Beziehungsform für: „*Bitte kümmere dich um mich*". Die Katze kommuniziert in diesem Fall analog mit dem/der Besitzer*in.

Analoge Kommunikation ist nach Watzlawick eine nonverbale Kommunikation, die den Beziehungsaspekt ausdrückt. Die digitale Kommunikation ist eine verbale Kommunikation, die den Inhaltsaspekt beinhaltet (vgl. Watzlawick, Beavin & Jackson 1996, S. 61–64).

Axiom 5: „Zwischenmenschliche Kommunikationsabläufe sind entweder symmetrisch oder komplementär, je nachdem ob die Beziehung zwischen den Partnern auf Gleichgewicht oder Unterschiedlichkeit beruht."

Gleichheit findet sich in Partnerschaften, in denen sich beide Partner*innen spiegelbildlich verhalten, ihre Interaktion symmetrisch ist und sie sich in Stärke und Schwäche als auch in Härte und Güte usw. ebenbürtig sind. In einer symmetrischen Beziehung streben beide Partner*innen nach Gleichheit.

In einer komplementären Beziehung werden die Unterschiede der Partner*innen deutlich. Dabei ergänzen sie sich gegenseitig. Der daraus entstehende Status ist komplementär, d. h. ein/e Partner*in nimmt die primäre Stellung ein, der andere entsprechend die sekundäre Stellung. Diese Stellungen sind nicht mit „stark" und „schwach" zu verwechseln. Je nach Kontext verhalten sich beide Partner*innen so, dass bestimmte Verhaltensweisen das Verhalten des anderen Partners voraussetzt oder hervorruft, z. B. Mutter und Kind oder Lehrer*in und Schüler*in (vgl. Watzlawick, Beavin & Jackson 1996, S. 68–70).

2.2 Kommunikation ist Beziehung: Über die gestörte Kommunikation, Symptome und die Folgen

Verbale und nonverbale Kommunikation drücken Inhalts- und Beziehungsaspekte aus. Das bleibt zwangsläufig nicht ohne Folgen. Die Kunst der Gesprächsführung ist es, die einzelnen Aspekte herauszuarbeiten und auf Störungen adäquat zu reagieren. Watzlawick hat eine Reihe von Störungen beschrieben, die sich aus den von ihm eingeführten Axiomen ableiten lassen.

Fallbeispiel über die Unmöglichkeit nicht zu kommunizieren

Die Unmöglichkeit nicht zu kommunizieren – auch wenn man nicht will –, zeigt sich im folgenden Fallbeispiel:

Sie: *„Morgen kommen um 19 Uhr Gäste zum Essen."*
Er: *„Davon wusste ich gar nichts."*
Sie: *„Wir haben das doch so besprochen."*
Er: *„Das steht nicht in meinem Kalender."*
Sie: *„Du hast Demenz und merkst dir gar nichts mehr."*
Er: *„Ich merke mir nur das, was wichtig ist."*
Sie: *„Was soll ich tun, es dir aufschreiben?!?"*
Er: *„Nein, du sollst es mir nur rechtzeitig sagen."*

Für diese Situation gibt es drei Reaktionsmöglichkeiten:

1. Abweisung: Kommunikationspartner*in macht unmissverständlich klar, dass man nicht an einem Gespräch interessiert ist. Sie geht aus dem Zimmer und schlägt die Tür zu.
2. Abwertung: Kommunikationspartner*in geht halbherzig darauf ein, aber man bekommt nie das, was man eigentlich möchte. Sie: *„Was soll ich tun, es dir aufschreiben?!?“* Er: *„Nein, du sollst es mir nur rechtzeitig sagen.“*
3. Symptom der Kommunikation: Kommunikationspartner*in täuscht Unfähigkeit, Unkenntnis, Eile usw. vor. Er: *„Ich merke mir nur, was wichtig ist.“*

In einem klassischen Streitgespräch kommt die Entwertung hinzu. Eigene Aussagen oder die des Partners oder der Partnerin werden entwertet, z. B. durch Themenwechsel, unvollständige Sätze, absichtliches Missverstehen (vgl. Watzlawick, Beavin & Jackson 1996, S. 73–77).

Tipps

Der Teufelskreis muss unterbrochen und Lösungen angeboten werden. Ziel ist es, Beschuldigungen zu vermeiden und Vereinbarungen zu treffen, wie zukünftig damit umgegangen werden sollte.

Checkliste

Habe ich das eigentliche Problem herausgearbeitet?
Habe ich Lösungen mit dem/der Kommunikationspartner*in formuliert und Vereinbarungen getroffen?

Technik

Zirkuläres Fragen (Was denke ich, was andere denken?)
Fragen zur Wirklichkeitskonstruktionen (Wie sind die Dinge?)
Fragen zur Möglichkeitskonstruktion (Wie könnten die Dinge sein?)
Fragen zu Hypothesen (Zukunftsfragen, „Mal angenommen …?“)
Dekonstruktionsfragen

Fallbeispiel über Störungen auf der Inhalts- und Beziehungsebene

Störungen auf der Inhalts- und Beziehungsebene sind häufige „Streitkomponenten“. Der Vater telefoniert mit der Tochter, die nach der Scheidung bei der Mutter lebt. Die Tochter fragt, ob sie nach der Party bei Freundinnen und Freunden in der Nähe seiner Wohnung bei ihm übernachten kann. Er sagt zu und bereitet das ehemalige Kinderzimmer vor. Die Stiefmutter sieht das und fragt nach, was der Ehemann da macht. Es kommt zu einem heftigen Streit: *„Wie kannst du deine Tochter einladen, ohne mit mir vorher zu sprechen?"*

Die Frage ist hier, was ist dabei der Inhalts- und was ist der Beziehungsaspekt bei diesem Streit? Unter den Gesichtspunkten der digitalen Kommunikation ist der Inhaltsaspekt der Vorgang der Übernachtungszusage an die Tochter: *„Ja, du kannst übernachten"*. In der analogen Kommunikation ist der Beziehungsaspekt: *„Ich möchte vorher als Ehefrau und Mitbewohnerin gefragt werden"*. Vielleicht entsteht das Gefühl bei der Ehefrau, dass sie als zweite Frau und Stiefmutter nicht an erster Stelle steht. Das heißt, im Prinzip hat sie gar nichts dagegen, dass die Tochter des Ehemannes in der Wohnung übernachtet.

Genauer betrachtet gibt es fünf Varianten der Inhalts- und Beziehungsebene:

- Idealfall: Beide sind sich sowohl in ihrer Kommunikation bei den Inhalten als auch bei der Definition der Beziehung einig.
- Schlechtester Fall: Beide sind sich in ihrer Kommunikation sowohl bei den Inhalten als auch bei der Definition der Beziehung uneinig.
- Partner*innen sind sich auf der Inhaltsebene uneinig, dies belastet die Beziehungsebene jedoch nicht.
- Partner*innen sind sich auf der Inhaltsebene einig, auf der Beziehungsebene nicht. Beispiel: Ehen zerbrechen, wenn äußerliche Schwierigkeiten überwunden sind.
- Konfusion: Es wird versucht, das Beziehungsproblem auf der Inhaltsstufe zu lösen und umgekehrt. Beispiel: Wenn du mich liebtest, würdest du mir nicht widersprechen (vgl. Watzlawick, Beavin & Jackson 1996, S. 80–84).

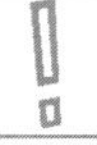

Tipps

Partner*innen müssen sich stets mit sich selbst und ihrer Beziehung auseinandersetzen. Das heißt aus der aktuellen Situation zurücktreten, darüber nachdenken und analysieren, offen darüber sprechen und sich ggf. extern Hilfe holen, die diese Kommunikations-Beziehungs-Schleife aufdeckt. Ich-Botschaften sind Du-Botschaften vorzuziehen. Sie verhindern Vorwürfe, sonst würde der Teufelskreis weitergehen. Aber Achtung, bei Ich-Botschaften und Du-Botschaften können unterschiedliche Reaktionen entstehen:

1. Bestätigung: Die Selbstdefinition zeigt dem/der Gesprächspartner*in, wie er/sie sich fühlt. Sie hat eine bestätigende Wirkung des eigenen Selbst und für das Selbst des anderen.
2. Verwerfung: Der/die Gesprächspartner*in verwirft die Selbstdefinition des anderen, allerdings setzt dies eine begrenzte Anerkennung voraus.
3. Entwertung: Der/die Gesprächspartner*in negiert die menschliche Wirklichkeit des Partners oder der Partnerin: *„Dann stimmt etwas mit deinen Gefühlen nicht"* (vgl. Watzlawick, Beavin & Jackson 1996, S. 84–85).

Checkliste

Habe ich die Inhalts- und Beziehungsaspekte herausgefunden?
Habe ich die Gefühle der Kommunikationspartner*innen erkannt?

Technik

Zirkuläres Fragen (Was denke ich, was andere denken?)
Fragen zur Wirklichkeitskonstruktionen (Wie sind die Dinge?)
Fragen zur Möglichkeitskonstruktion (Wie könnten die Dinge sein?)
Fragen zu Hypothesen (Zukunftsfragen, „Mal angenommen ...?")

Fallbeispiel über Interpunktionskonflikte

Interpunktionskonflikte sind auf den ersten Blick unlösbar. Der 14-jährige Julius sitzt seit Stunden in seinem verdunkelten Zimmer am Computer und spielt mit Freunden im weltweiten Gamer-Verbund ein Computerspiel. Die Mutter klopft an die Tür und bittet Julius aufzuhören und zum Essen zu kommen. Mutter: *„Julius, komm raus, du bist schon seit Stunden da drin."* Julius: *„Lass mich in Ruhe." (versperrt sein Zimmer)* Mutter: *„Das geht so nicht, du interessierst dich überhaupt nicht für deine Familie."* Julius reagiert nicht.

Bei Interpunktionskonflikten ist der Kommunikationsverlauf kreisförmig. Jedes Verhalten in dieser Kommunikationsschleife ist Ursache und Wirkung zugleich. Die Mutter drängt, der Sohn verweigert sich noch mehr. Man kann hier von einer selbsterfüllenden Prophezeiung sprechen (vgl. Watzlawick, Beavin & Jackson 1996, S. 94–95).

Tipps

Es empfiehlt sich aus dem Teufelskreis „auszusteigen", Druck rauszunehmen und zu einem späteren Zeitpunkt für das weitere gemeinsame Vorgehen Vereinbarungen zu treffen. In einem gemeinsamen Gespräch ist es von Vorteil, Verständnis zu zeigen und Alternativen herauszuarbeiten.

Checkliste

Habe ich das Thema hinter dem Thema entdeckt?
Habe ich die Kommunikationspartner*innen motiviert, Gefühle zu benennen?
Habe ich mit dem/der Kommunikationspartner*in Lösungen gesucht?

Technik

Zirkuläres Fragen (Was denke ich, was andere denken?)
Fragen zur Wirklichkeitskonstruktionen (Wie sind die Dinge?)
Fragen zur Möglichkeitskonstruktion (Wie könnten die Dinge sein?)
Fragen zu Hypothesen (Zukunftsfragen, „Mal angenommen ...?")

Fallbeispiel über symmetrische und komplementäre Interaktionen

Symmetrische und komplementäre Komplikationen befördern die gegenseitige Entwertung.

Im Rahmen einer Paarberatung wird das Ehepaar gefragt, wie sie sich kennengelernt haben. Er: *„Sie stand mit ihrer Freundin in der Sektschlange in der Philharmonie."* Sie: *„Wir standen nicht in der Philharmonie, sondern in der Sektschlange der Oper."* Er: *„Genau genommen hat sie mich gefragt, ob ich das Ende der Sektschlange bin."* Sie: *„Du warst genervt, weil du dachtest, wir wollten uns vordrängeln."* Er: *„Ich bemerkte, ihr habt es eilig."*

In symmetrischen Eskalationen ist jede/r selbst ein bisschen gleicher. Das bedeutet, in einer stabilen symmetrischen Beziehung werden Ich- und Du-Botschaften gegenseitig bestätigt. In einer starren Komplementarität, so wie in dem Fallbeispiel, verlangt A von B die Bestätigung der eigenen Person, aber dies steht im Widerspruch des Bildes von B, das sie von A hat. Sie muss die Selbstdefinition abändern, damit es zur Selbstdefinition von A passt. Menschen finden Gleichheit und Symmetrie am beruhigendsten. In einer stabilen symmetrischen Beziehung sind beide Partner*innen im Stande, den anderen so zu akzeptieren, wie er/sie ist. Das erfordert gegenseitigen Respekt und Vertrauen. In komplementären Beziehungen führt die gegenseitige Bestätigung und Selbstdefinition zur Entwertung der Selbstdefinition des anderen. Diese versteckte Entwertung führt zu irreparablen Verletzungen (vgl. Watzlawick, Beavin & Jackson 1996, S. 104–105).

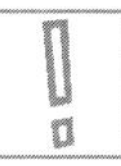

Tipps

Komplementäre Muster aufdecken und die Kommunikationspartner*innen zu Anerkennung und Wertschätzung hinführen.

Checkliste

Habe ich genug Wertschätzung entgegengebracht?
Habe ich positive Eigenschaften hervorgehoben?
Habe ich die gleichen Eigenschaften, Gefühle und Erinnerungen der Kommunikationspartner hervorgehoben?

Technik

Zirkuläres Fragen (Was denke ich, was andere denken?)
Fragen zur Wirklichkeitskonstruktionen (Wie sind die Dinge?)
Fragen zur Möglichkeitskonstruktion (Wie könnten die Dinge sein?)
Reframing
Humor in der Beratung

Fallbeispiel über paradoxe Handlungsaufforderungen

„Wenn du mich liebst, magst du Fisch!" Paradoxe Handlungsaufforderungen sind für Kommunikationspartner*innen nicht durchführbar. Eltern sind zu Besuch auf der neonatologischen Intensivstation und sitzen bei ihrem Kind am Inkubator. Die Mutter sagt zum Vater: *„Geh ruhig zur Arbeit, du kannst hier ja ohnehin nichts tun."* Der Vater fragt: *„Meinst du wirklich?"* Mutter: *„Ja, wirklich."* Er verabschiedet sich und geht. Die Mutter ist wütend, denn eigentlich sollte er nicht gehen und ihr beistehen, aber wenn er es tun würde, würde er abgewehrt. Egal was er also macht, er kann es nicht recht machen.

Bestandteile von paradoxen Handlungsaufforderungen sind

1. Bindende komplementäre Beziehung zu Führer*in/Untergebene*r
2. Es wird eine Handlungsaufforderung gegeben, die befolgt werden muss, aber nicht befolgt werden darf, um befolgt zu werden.
3. Der/die Untergebene kann weder den Rahmen der Beziehung nicht verlassen oder die Absurdität verlassen noch die Absurdität kommentieren (Metaebene).
4. Der Mensch in dieser Lage befindet sich in einer unhaltbaren Situation, egal was er macht, es ist falsch.

(vgl. Watzlawick, Beavin & Jackson 1996, S. 179)

2.3 „Nicht so gemeint und doch so gemeint" – Doppelbotschaften

Die Wirkungen von paradoxen Interaktionen haben Bateson, Jackson und Weakland 1960 erstmals in Zusammenhang mit der Therapie von Schizophrenie beschrieben. Eine enge und gegenseitig abhängige Beziehung, gegenläufige Aussagen und Handlungsaufforderungen, die sowohl bei Missachtung und Nicht-Missachtung Unmut und Ablehnung hervorrufen, nennt man Double Bind (Doppelbotschaften). Dieses Kommunikationsverhalten führt zu Konfusion in der Wahrnehmung und zu Rückzug. Es ist „zum Verrücktwerden." Wie verlaufen nun diese Kommunikationsmuster genau? Bateson hatte in den 60er-Jahren bei seiner Arbeit mit schizophrenen Klient*innen das Kommunikationsverhalten der Mütter mit ihren Kindern im Blick. Die Väter seien ohnehin meistens abwesend. Er beschrieb auf dieser Grundlage Merkmale einer Situation, in der ein Individuum in ein Double Bind gerät:

- Das Individuum ist in einer intensiven Beziehung verstrickt. Dabei ist es wichtig, dass Botschaften genau unterschieden werden können, damit das Individuum entsprechend reagieren kann.
- Das Individuum ist in einer Situation gefangen, in der die andere Person zwei Arten von Botschaften gleichzeitig ausdrückt, wobei eine Botschaft die andere aufhebt.
- Das Individuum ist nicht in der Lage, sich mit geäußerten Botschaften kritisch auseinanderzusetzen, zu korrigieren oder sich dazu reflektiert zu äußern

(vgl. Bateson, Jackson & Haley 1984, S. 18, 19). Nicht alle Menschen werden bei unklaren Botschaften und paradoxen Handlungsaufforderungen psychotisch. Bindungsqualität, Resilienz und Selbstwirksamkeit sind Faktoren, die Menschen schützen und stärken. Bateson hatte jedoch bei psychotischen Menschen bestimmte Muster in Familienstrukturen erkannt. Sobald der Kontakt der Mutter zu ihrem Kind inniger wird, hat sie Angst vor ihrem Kind und zieht sich zurück. Die Mutter kann ihr Gefühl von Angst und Feindseligkeit gegenüber ihrem Kind nicht akzeptieren. Sie verleugnet dieses Gefühl, indem sie ein äußerlich liebevolles Verhalten zeigt. Sie erwartet von ihrem Kind dafür Anerkennung und Gegenliebe. Wenn das Kind das nicht tut, wird dem Kind mit Rückzug gedroht. Also eigentlich will sie keinen Kontakt zu ihrem Kind, tut aber das Gegenteil, was im Sinne von „man kann nicht nicht kommunizieren" dem Kind direkt oder indirekt bewusst wird (paradoxe Kommunikation). In der Familie fehlt zudem der stabile und starke Vater, der unterstützend wirkt (vgl. Bateson, Jackson & Haley 1984, S. 24).

Die so in Double Binds gefangenen psychotischen Menschen haben bestimmte Kommunikationsmuster erworben. Sie passen Körpersignale, Stimme, Sprache und Kommunikationsinhalt nicht der Situation an. Die Reflexion über den Inhalt und die Intention der Kommunikation ist nicht möglich.

Das Individuum hat ein übertriebenes Interesse an der Bedeutung des Kommunikationsinhalts und nimmt alles wörtlich (vgl. Bateson, Jackson & Haley 1984, S. 22).

Fallbeispiel

Nach langen Diskussionen gibt der Ehepartner nach und stimmt zu, eine Familie zu gründen. Die Ehefrau wird schwanger. Die Schwangerschaft ist überaus kompliziert und fordert von der werdenden Mutter wegen vorzeitiger Wehen über Monate hinweg strenge Bettruhe. Der Sohn wird zu früh in der 30. Schwangerschaftswoche durch einen Kaiserschnitt entbunden. Mit einem halben Jahr zeigen sich deutliche Entwicklungsverzögerungen und Verhaltensstörungen. In der Schule ist er den Leistungsanforderungen intellektuell nicht gewachsen. Mit seinem aggressiven und unberechenbaren Verhalten fordert er Eltern, Lehrer*innen und Mitschüler*innen. Die Mutter plagen Schuldgefühle und sie überlegt, was sie in der Schwangerschaft verkehrt gemacht hat. Ein Gedanke darf nicht sein und ist trotzdem da: *„Hätte ich auf meinen Mann gehört und wäre er doch nie geboren worden."*

Tipps

Bei solchem Kommunikationsverhalten müssen die Kommunikationsstrukturen aufgezeigt werden. Auch hier ist es wichtig, das Thema hinter dem Thema zu benennen. Allerdings können paradoxe Handlungen auch therapeutisch eingesetzt werden. Watzlawick nennt sie die Technik der Symptomverschreibung. Man kann hier dem/der Klienten*in das Verhalten vorschreiben, dass er/sie bereits an den Tag legt, z. B. *„Sei spontan!"* Die Paradoxie besteht darin, dass, wenn man aufgefordert wird, spontan zu sein, man nicht mehr spontan ist. Bei der therapeutischen Doppelbindung wird dem/der Klienten*in eine Verhaltensaufforderung gegeben, die sich so zusammensetzt, dass

a) sich das Verhalten verstärkt, das der/die Klient*in verändern möchte, und
b) diese Verstärkung das Mittel der Veränderung ist und
c) dieses Mittel eine Paradoxie hervorruft, weil der/die Kient*in dadurch aufgefordert wird, sich durch Nichtändern zu ändern.

Durch das Bemühen des „Nichttuns" wird er/sie sein/ihr Verhalten schon verändern. Der/die Klient*in kann *nicht* nicht reagieren (vgl. Watzlawick, Beavin & Jackson 1996, S. 220–221).

Check

Wurde die Paradoxie der Handlungsaufforderung sichtbar gemacht?

Wurde die Bindung der Kommunikationspartner*innen zueinander deutlich gemacht?

Wurden die Gefühle benannt, die die Kommunikationspartner*innen *füreinander empfinden?*

Wurde das eigentliche Thema, das hinter der paradoxen Handlungsaufforderung liegt, herausgearbeitet?

Technik

Zirkuläres Fragen (Was denke ich, was andere denken?)
Fragen zur Wirklichkeitskonstruktionen (Wie sind die Dinge?)
Fragen zur Möglichkeitskonstruktion (Wie könnten die Dinge sein?)
Fragen zu Hypothesen (Zukunftsfragen, „Mal angenommen …?")

2.4 Ich bin, der ich bin – Beraterpersönlichkeit und klientenzentrierte Beratung

Carl Rogers (1902–1987) beschäftigte sich mit der Grundhaltung eines Beraters bzw. einer Beraterin oder von Therapeut und Therapeutin gegenüber Klient oder Klientin. Er sagt: *„In meinen Beziehungen zu Menschen habe ich herausgefunden, dass es auf lange Sicht nicht hilft so zu tun, als wäre ich jemand, der ich nicht bin"* (Rogers 1998, S. 32). Diese Grundeinstellung führte zur Entwicklung der klientenzentrierten Gesprächstherapie. Sie wurde für die Moderation von Gruppen, in der Beratung und für die Gestaltung von Unterricht weiterentwickelt.

2.4.1 Sei der, der du bist – kongruent sein!

Es hilft nicht, den freundlichen, verständlichen Menschen zu spielen, wenn man eigentlich feindlich gestimmt ist. Die Grundhaltung ist, *„ich finde das, was du getan hast, unsinnig, aber nun sprechen wir miteinander"* (Rogers 1998, S. 32).

2.4.2 Höre auf dich selbst und sei mit dir im Reinen – Selbstreflexion!

So zu sein, wie man ist, setzt Selbstreflexion voraus. Ein/e Berater*in sollte Grenzen erkennen und sich der persönlichen Unvollkommenheit bewusst sein. Die Grundhaltung ist, *„wenn ich mich so akzeptiere wie ich bin, dann ändere ich mich"* (vgl. Rogers 1998, S. 33).

2.4.3 Andere Menschen verstehen – Einsicht!

Indem Berater*innen andere Menschen verstehen, Handlungsmuster erkennen und erklären können, lernen sie. Lernen führt zu Veränderung, sowohl bei Berater*innen als auch bei Klient*innen. Diese Erfahrungen unterstützen die professionelle Weiterentwicklung. Die Grundhaltung ist, *„ich lerne dich kennen und lerne von dir"*. Einsicht, nicht Wertung, und Lernen durch Erfahrung (vgl. Rogers 1998, S. 34, 35).

2.4.4 Die Bedürfnisse und Gefühle anderer Menschen verstehen – Empathie!

In der Beratungssituation bewirkt eine offene, verständnisvolle Haltung durch den/die Berater*in eine Öffnung des/der Klient*in. Es wird eine Beziehung aufgebaut, die eine offene Kommunikation ermöglicht. Die Grundhaltung ist, „*hier bist du sicher und ich verstehe deine Bedürfnisse und Gefühle*". Sensibel und wertschätzend ein vertrauensvolles Klima schaffen (vgl. Rogers 1998, S. 35).

2.4.5 Je offener gegenüber eigenen und anderen Realitäten, desto weniger das Bedürfnis der Regulation und Ordnung

Eine wirklich große Herausforderung ist es, die Gefühle des anderen Menschen zu akzeptieren. Wie gehe ich damit um, wenn Klient*innen mir gegenüber Aggression, Wut oder Bewunderung und Zuneigung zeigen? Selbstreflexion und Erkenntnisgewinn führen in solchen Situationen zu Verständnis und Akzeptanz. Damit können Veränderungen in Gang kommen. Die Grundhaltung ist, „*ich verstehe deine Wut, deine Angst, deine Freude und deinen Mut*". Respekt vor den komplexen Prozessen des Lebens (vgl. Rogers 1998, S. 37).

2.4.6 Ich kann meiner Erfahrung trauen – Erfahrung vor Intellekt

Das erste „Bauchgefühl" stimmt meistens. Unkonventionelle Wege führen zu mehr Erfahrung und Vertrauen. Nach Rogers ist das Vertrauen auf das Gefühl und das Interesse an unklaren Gedanken und Ahnungen wichtiger als das tatsächliche Wissen. Irrtümer sind dabei nicht ausgeschlossen und gehören zu den schöpferischen Kräften. Berater*innen sollen mutig Hypothesen nach dem Leitsatz: „*Es wird so sein, kann aber auch anders sein*" formulieren und damit kreativ verschiedene Blickwinkel einnehmen. Die Grundhaltung ist, „*das Urteil anderer ist keine Leitlinie. Die Erfahrung hat die höchste Autorität*" (vgl. Rogers 1998, S. 38).

2.4.7 Bedeutung, Regelhaftigkeit oder Gesetzmäßigkeit entdecken – neugierig sein

Aus subjektiven Erfahrungen werden Theorien. Diese Theorien machen es möglich, dass Prozesse und Phänomene eingeordnet werden können. Der/die Berater*in ist damit auch Forscher*in. Die Grundhaltung ist, durch den Prozess der Theorienbildung Ordnung und Sinn in Phänomene und subjektive Erfahrungen zu bringen (vgl. Rogers 1998, S. 40).

Tipps

Ein Mensch hat immer positive Richtungsentwicklungen, die der/die Berater*in finden muss. Das erfordert unbedingte Wertschätzung und Akzeptanz. Je mehr ein Individuum sich verstanden und akzeptiert fühlt, desto eher wird sich das Individuum positiv weiterentwickeln (vgl. Rogers 1998, S. 42). Die Beziehung zwischen Klienten*in und Berater*in basiert auf Verständnis, Ehrlichkeit und Akzeptanz. Durch Authentizität und Transparenz zeigt sich der/die Berater*in mit seinen/ihren wirklichen Gefühlen. Eine unbedingte Wertschätzung erfordert warmes Akzeptieren und Schätzen des anderen als eigenständiges Individuum. Mit Empathie kann der/die Berater*in die Welt mit den Augen des/r Klienten*in sehen und versteht Aspekte, die bisher unterdrückt wurden (vgl. Rogers 1998, S. 47). Er/sie ist stärker integriert und damit in der Lage, effektiv zu agieren. Der/die Klient*in wird dem Menschen, der er/sie sein möchte, ähnlicher und ist selbstbewusster und selbstständiger. Er/sie wird verständiger, aufnahmebereiter und kann damit angemessener mit Problemen des Lebens fertig werden (vgl. Rogers 1998, S. 51).

Check

Ist der Prozess eingeleitet von *„eigentlich sollte ich"* hin zu einem selbstbestimmten Leben?

Ist Erfahrungsoffenheit und Selbstvertrauen für eine richtige Entscheidung möglich?

Kann der andere so akzeptiert werden, wie er ist?

Technik

Nutzen Sie Laute auf nonverbaler, paraverbaler Ebene, wie z. B. „hmm", „ja", „ehm", „boah", „tatsächlich".

➔ s. Kapitel 2.13

Mimik und Gestik anpassen, Lächeln, ins Gesicht schauen, zugewandte Haltung, nicken.

Paraphrasieren Sie, d. h. mit eigenen Worten den Kern der Aussage zusammenfassen. Dies ist ein Signal an die Person, dass man sie verstanden hat.

Beispiele:

- „Okay, das heißt, dass …"
- „Ich habe verstanden, dass …"
- „Wenn ich mal kurz zusammenfassen darf …"
- „Ich möchte sicherstellen, dass ich Sie verstanden habe …"

Beschreiben und verbalisieren Sie emotionale Inhalte, die das Innenleben der Person darstellen. Dadurch wird Verdrängtes wieder aktualisiert.

Beispiele:

- *„Das hört man total, wie du das mit Begeisterung erzählst."*
- *„Das klingt für mich, als ob ..."*
- *„Ich kann mir vorstellen, dass ..."*
- *„Wenn ich dir zuhöre, bekomme ich den Eindruck, dass ..."*

Verwenden Sie für das Gespräch Synonyme. Die abgewandelten Wortbedeutungen geben der Deutung einen neuen Rahmen (Frame) und helfen den Blickwinkel zu verändern.

→ s. Kapitel 2.12

Beispiele:

- *erreichen – schaffen*
- *annehmen – anerkennen*
- *verabscheuen – widerstreben*
- *glücklich sein – zufrieden sein*
- *wütend – aufgelöst*
- *besorgt sein – zögern*

2.5 „Ich bin o.k. – du bist o.k." – die gewaltfreie Kommunikation

Marschall Rosenberg (1935–2015) hat die Methode der gewaltfreien Kommunikation zur Verbesserung des zwischenmenschlichen Miteinanders entwickelt. Eine gelungene Kommunikation und dauerhaft friedliche Beziehungen können demnach nur bei echtem empathischem Kontakt gelingen. Grundlage seiner Methode ist die klientenzentrierte Gesprächstherapie nach Carl Rogers und die Methoden des gewaltlosen, politischen Kampfes nach Mohandas Karamchand Ghandi (1869–1948).

2.5.1 Die Dos und Don'ts in der gewaltfreien Kommunikation

Kennzeichen einer gewaltfreien Kommunikation sind der Respekt gegenüber den Menschen, Empathie und Wertschätzung, echte Verbindung und der Wille zu einer Verständigung. Über andere Menschen urteilen, sich mit anderen Menschen vergleichen, Forderungen stellen, Schuld und Verantwortung zuweisen sollten vermieden werden.

2.5.2 Moralische Urteile

Nach Rosenberg fällen wir nur zu gern Urteile auf Grundlage unserer Werte und Vorstellungen. Wir definieren gern Fehlverhalten, ordnen gern zu, analysieren gern und achten nicht darauf, was wir oder andere brauchen und nicht bekommen. Ganz besonders beliebt ist es, anderen Menschen etwas zu unterstellen, wie z. B. sie haben Unrecht, sind schlecht, wenn sie sich nicht unseren Wünschen gemäß verhalten oder unsere Werteüberzeugungen nicht mittragen. Sobald wir uns aber mit anderen vergleichen, wird die Stimmung mies. Wir vertiefen die Unterschiede und bewerten sie. Immer nach dem Motto: *„Was hat der andere, was ich nicht habe?"*

2.5.3 Blockiertes Einfühlungsvermögen und Verantwortung leugnen

Bei den meisten Konflikten wird die Verantwortung für den Konflikt oder die Meinungsverschiedenheiten nicht übernommen. Dafür gibt es verschiedene Abwehrargumente, wie z. B. vage, unpersönliche Mächte haben dazu geführt, es waren die Handlungen anderer, der/die Chef*in hat es so gewollt, die Gruppe hat es so gewollt, Regeln, Gesetze und Vorschriften müssen beachtet werden und Frauen oder Männer müssen so handeln (vgl. Rosenberg 2013, S. 25 f.).

Tipps

Die gewaltfreie Kommunikation hat vier Komponenten: Beobachtungen, Gefühle, Bedürfnisse und Bitten. Rosenberg führt die Giraffen für die gewaltfreie Kommunikation und die Wolfs- bzw. Schakalsprache für die gewaltvolle Kommunikation ein (siehe Abbildung 4). Giraffen haben den Überblick. Sie denken mit dem Kopf, dem Herzen und dem Bauch. Der Wolf beißt zu, verletzt, nimmt keine Rücksicht auf Gefühle und er bittet nicht, sondern fordert. Die größte Herausforderung dabei ist beobachten ohne zu bewerten und die tatsächlichen Gefühle wahrzunehmen (vgl. Rosenberg 2013, S. 25 f.).

Abb. 4: Giraffen- und Wolfssprache

Fallbeispiel

Ich sitze in der Stadtbibliothek Köln und habe gerade einen Stapel Bücher vor mir. Es steht ein Referat an. Die Bearbeitung der Bücher ist die erste Grundlage dafür. Zwischen den Regalen steht eine Mutter. Ihr ca. zweijähriges Kind liegt auf dem Boden und nörgelt: *„Ich will hier nicht mehr sein, ich will nach Hause, wie lange brauchst du noch?"* Zur Bestätigung schlägt es permanent mit den Schuhen gegen das Metallregal. Die Mutter lässt sich nicht beirren, während das Kind nörgelt und laut scheppert, sucht sie die Bücher aus und diskutiert mit ihm weshalb, warum und wie lange dieser Vorgang noch dauern wird. Sie versucht, wohlwollendes Verständnis von ihrem Kind zu erhalten. Das Kind geht überhaupt nicht darauf ein, im Gegenteil, es wird noch lauter. Ich stehe genervt auf und wende mich an die Mutter.

Wolfssprache: *„Jetzt reicht's. Eine Bibliothek ist kein Ort für ein Kleinkind, und lautes Diskutieren mit Ihrem Kind wird auch nicht helfen. Sorgen Sie dafür, dass es hier ruhig wird oder ich hole die Bibliotheksmitarbeiterin."*

Giraffensprache: *„Sie bemühen sich seit einiger Zeit das Kind zu überzeugen ruhig zu sein. Es ist weiterhin laut. Ich fühle mich sehr gestört und kann nicht weiterarbeiten. Ich brauche Ruhe, damit ich mich konzentrieren und mein Referat fertigstellen kann. Bitte nehmen Sie darauf Rücksicht und seien Sie und Ihr Kind leise."*

Check

1. **Beobachtungen:** Was geschieht in einer Situation? Was sagen und tun die anderen?
2. **Gefühle:** Wie fühlen wir uns, wenn wir die anderen beobachten, ärgerlich, froh, irritiert?
3. **Bedürfnisse:** Welche Bedürfnisse stehen hinter den Gefühlen? Wie geht es mir gerade? (Ich ärgere mich, weil …)
4. **Bitten:** Was wollen wir von anderen? Was möchte ich erledigt oder geändert haben?

Technik

Alltagskommunikation mal anders:

- *Wenn du …* so laut bist
- *Bin ich …* wütend
- *Weil …* ich mich konzentrieren muss.
- *Ich möchte,* dass du leise bist.
- Besser beobachten statt bewerten.
- Bewerten: *„Du bist zu großzügig."* Beobachten: *„Wenn ich sehe, dass du dein ganzes Essensgeld weggibst, finde ich, du bist großzügig."*
- Bewerten: *„Sie schafft ihre Arbeit bestimmt nicht."* Beobachten: *„Ich glaube nicht, dass sie bei diesem Kundenverkehr ihre Arbeit schafft."*
- Bewerten: *„Mein Sohn putzt sich häufig nicht die Zähne."* Beobachten: *„Mein Sohn vergisst nach intensiven Computerspielen am Abend sich die Zähne zu putzen."*

Besser ist es, zwischen unseren Gefühlen und dem, was wir darüber **denken,** wie wir sind, zu unterscheiden. *„Ich habe das Gefühl, ich bin eine schlechte Mutter."* Besser: *„Ich fühle mich als Mutter enttäuscht/ungeduldig/frustriert über mich selbst."*
Besser ist es, zwischen unseren Gefühlen und dem, was wir denken, wie andere reagieren oder sich uns gegenüber **verhalten,** zu unterscheiden.
„Ich habe das Gefühl, ich bin den Leuten, mit denen ich zusammenarbeite, nicht wichtig." Besser: *„Ich fühle mich missverstanden."*

2.6 Verhandeln als sozialer Austausch – das Harvard-Konzept

Wir verhandeln täglich, müssen uns auf andere Menschen einlassen und sollten uns am Ende einigen. Leider ist das nicht so einfach. Eine*r geht immer leer aus und feilschen ist unbefriedigend. Am Ende ist eine*r immer der/die Verlierer*in und deshalb unglücklich, verärgert und gereizt. Fisher u. a. haben eine effektive und konfliktsparende Methode für Verhandlungssituationen entwickelt. Im Grunde geht es darum, hart aber fair zu bleiben, die Interessen beider Seiten auszuloten und eine Win-Win-Lösung herauszuarbeiten (vgl. Fisher, Ury & Patton 2019, S. 27).

2.6.1 Nett sein ist auch keine Lösung

Mit harten Bandagen feilschen führt dazu, dass die Beziehung leidet. Die Gegenseite als Freund*in zu begreifen, führt zu Zugeständnissen und Angeboten, die eine Konfrontation vermeiden. Unter Familien und Freunden ist ein solches Entgegenkommen effizient. Aber sind dies auch die besseren Verhandlungsergebnisse? Häufig sind die verhandelnden Partner*innen nicht gleichberechtigt. Harte Verhandler*innen, die Zugeständnisse verlangen und ggf. Drohungen aussprechen, üben Druck und Macht auf die entgegenkommenden Verhandler*innen aus. Das Ergebnis ist zum Vorteil der „harten" Seite (vgl. Fisher, Ury & Patton 2019, S. 35).

2.6.2 Die Methode des Verhandelns

Nach Fisher u. a. gibt es vier Grundsätze des Verhandelns:

1. **Menschen:** Sachfragen vom Menschen trennen.
2. **Interessen:** Nicht Positionen, sondern Interessen stehen im Mittelpunkt.
3. **Optionen:** Vor einer Entscheidung mehrere Optionen erarbeiten, von denen alle profitieren.
4. **Kriterien:** Das Ergebnis muss auf objektiven Kriterien basieren.
   (vgl. Fisher, Ury & Patton 2019, S. 37)

Unter diesem Aspekt werden die Gegenseiten nicht befriedet oder überzeugt, sondern die Verhandlungsteilnehmer*innen sind Problemlöser*innen. Verhandlungen haben immer eine menschliche Seite. Wir Menschen neigen dazu, Sachfragen mit Beziehungen zu vermengen. Man muss immer zwischen dem Interesse am Gegenstand und dem Interesse an einer guten Beziehung abwägen. Es geht bei Verhandlungen nicht um eine gute Freundschaft, sondern eher um Respekt und um die Einigung in der Sache (vgl. Fisher, Ury & Patton 2019, S. 48).

Fallbeispiel

Herr und Frau Ludwig sind verheiratet und haben drei Kinder im Alter von vier, acht und 15 Jahren. Sie wohnen in einem großen Einfamilienhaus, das noch nicht abbezahlt ist. Herr Ludwig ist Lehrer an einer Gesamtschule. Frau Ludwig ist Hausfrau und arbeitet ehrenamtlich in der Flüchtlingshilfe. Eines Tages gesteht Herr Ludwig seiner Frau, dass er eine Liebesbeziehung mit einer Lehrerkollegin begonnen hat. Sie ist von ihm schwanger und möchte mit ihm zusammenziehen. Er schlägt seiner Frau vor, dass die Geliebte in das gemeinsame Wohnhaus mit einzieht und mit der Familie zusammenwohnt. Würde sie nicht zustimmen, so besteht er auf einen finanziellen Ausgleich für seinen Anteil am gemeinsamen Wohnhaus, damit er mit seiner Freundin in einer eigenen Wohnung eine neue Familie gründen kann.

Tipps

Bei der Umsetzung des Harvard-Konzepts werden die verschiedenen Kommunikationstheorien und -methoden nach Watzlawick, Rogers oder Rosenberg genutzt. Fremdwahrnehmung und Selbstwahrnehmung stehen am Anfang der Verhandlungen. Fisher schlägt die B A T N A (Best Alternative to a Negotiated Agreement) vor. Bei diesem Vorgehen wird überlegt, was das beste und was das schlechteste Ergebnis wäre. Ohne Zeitdruck werden verschiedene Lösungswege ausgearbeitet und überlegt, welche Auswirkungen die Lösungen haben (vgl. Fisher, Ury & Patton 2019, S. 147 f.).

→ s. Kapitel 2.2, 2.3, 2.4, 2.5

Check

Wie ist die Lage des Verhandlungspartners bzw. der Verhandlungspartnerin?
Was sind die Ängste des Verhandlungspartners bzw. der Verhandlungspartnerin ?
Wer ist noch an einer Lösung interessiert?
Bleiben die Grundbedürfnisse nach Autonomie, Anerkennung, Verbundenheit, Rolle und Status gewahrt?
Was ist der größte gemeinsame Gewinn?

Technik

Interessen erkennen: Versetzen Sie sich in die Lage der Gegenseite und fragen Sie sich: Warum will ich (Ehemann) meine Geliebte mit in die Familie aufnehmen? Was glaube ich (Ehemann), welche Reaktion und Entscheidung die Ehefrau treffen würde, und weshalb tut sie das nicht?

➔ s. Kapitel 2.4

Aktives Zuhören:

Bedürfnisse und Emotionen benennen: *„Ich (Ehemann) möchte meine alte Familie behalten und eine neue Familie hinzugewinnen." „Ich (Ehemann) bin unentschieden."*

➔ Kapitel 2.6: Das Harvard Konzept – Übung zum Brainstorming

Lösungen suchen: Ziele nach der ersten Besprechungsrunde formulieren, nebeneinander sitzen, Kritikverbot beachten, Brainstorming und Ideen sichtbar festhalten, beste Ideen markieren und weiterentwickeln, nächsten Termin vereinbaren und Ideen bewerten und sich entscheiden (vgl. Fisher, Ury & Patton 2019, S. 102–104).

- Starke und schwache Lösungen entwickeln: Sie können variantenreich je nach Verhandlungssituation eingesetzt werden, wie z. B. endgültig – vorläufig, umfassend – teilweise, im Einzelnen – im Grundsatz.
- Nach dem gemeinsamen Gewinn suchen: Gemeinsames Interesse wird gefördert und keiner kann verlieren (vgl. Fisher, Ury & Patton, 2019, S. 113).
- Nach Präferenzen suchen: Punkte eruieren, die wenig kosten und der anderen Seite viel nutzen, und umgekehrt (vgl. Fisher, Ury & Patton 2019, S. 120).
- Objektive Kriterien nutzen: Gerichtsurteile, Daten und Zahlen, Effizienz, Gegenseitigkeit, Einsatz und Leistung sind faire Maßstäbe und bilden die Grundlage für Lösungen (vgl. Fisher, Ury & Patton 2019, S. 130).

Wenn die andere Seite nicht mitspielt …

- Vorschläge nicht verteidigen, sondern um Rat und Kritik bitten
- Angriffe auf die Person auf das Problem umleiten und nicht darauf eingehen
- Fragen stellen statt Aussagen treffen
- Schweigen statt angreifen
- Unbeteiligte einbeziehen und beurteilen lassen

(vgl. Fisher, Ury & Patton 2019, S. 160 f.).

Wenn die andere Seite zu schmutzigen Tricks greift …

- Spielregeln verhandeln (Was ist erwünscht, was unerwünscht?)
- Taktiken ansprechen und beschreiben
- sich nach den Befugnissen erkundigen
- bei zweifelhaften Absichten die Umsetzung vertraglich zusichern lassen
- unangenehme Situationen analysieren, ggf. Ort wechseln und Pausen einlegen
- bei persönlichen Angriffen Blickkontakt vermeiden
- bei dem „good cop, bad cop-Spiel" beiden Seiten dieselbe Antwort geben

- bei Drohungen nach der Intention fragen: *„Wollen Sie uns drohen?"*
- bei Verweigerungshaltung die Verweigerung ansprechen und einen Vermittler anrufen
- bei immer neuen Forderungen hilft es, diese zu benennen und neu zu formulieren, auf welcher Grundlage verhandelt werden soll
- Mauern und Verzögerungstaktik ansprechen, herunterspielen, nach neuem Verhandlungspartner Ausschau halten, dies kommunizieren und ein klares Ja oder Nein verlangen

(vgl. Fisher, Ury & Patton 2019, S. 188 f.).

2.7 Abwehrmechanismen, Verhalten und Kommunikation

Sigmund Freud (1856–1939) und seine Tochter Anna Freud (1895–1982) haben sich mit Abwehr und Widerstand bei ihren Patient*innen beschäftigt. Abwehrmechanismen werden aktiviert, um Angst zu bewältigen. Sie sind notwendig und nicht zwangsläufig pathologisch. In Träumen wird die Abwehr ausgedrückt und sie sind damit ein Bild des Unbewussten. Handlungen sind immer vom Unbewussten gesteuert. Der Widerstand richtet sich gegen die Aufdeckung vergessener Ereignisse (vgl. Schlegel 1972, S. 130).

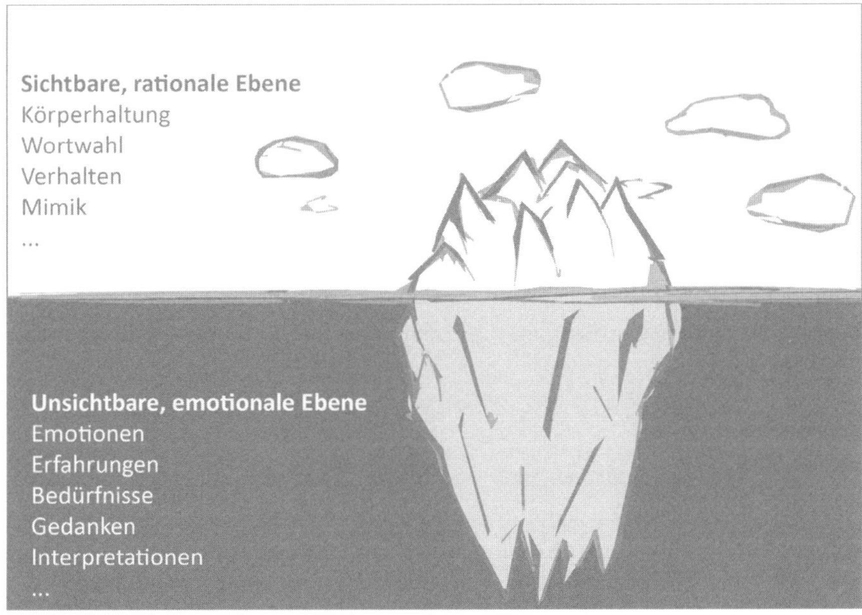

Abb. 5: Eisbergmodell

Abwehr und Widerstand haben somit zwei Ebenen. Erstens die sichtbare, rationale Ebene mit der Körperhaltung, den gesprochenen Worten und dem Verhalten auf einer rationalen und bewussten Ebene. Zweitens die unbewusste, emotionale Ebene mit den Emotionen, Erfahrungen, Bedürfnissen, Gedanken und eigenen Interpretationen (siehe Abbildung 5). Auch wenn ein Beratungsgespräch keine psychoanalytische Therapie ist, ist das Wissen um eine bewusste und unbewusste Ebene innerhalb der Kommunikation hilfreich. Die Abwehrmechanismen zeigen sich in vielfältigen Mustern.

Verdrängung

Menschen vergessen absichtlich etwas und halten das Bewusstsein fern. Damit kann ein Mensch Unlustgefühle vermeiden (Schlegel n. Freud, S. 95). Ein Kind kann z. B. in einer Situation, in der es Enttäuschung empfinden müsste, Gleichgültigkeit zeigen. Verdrängung ist nach Freud ein willkürlicher Vorgang. Später kann dieser Vorgang auch unbewusst eingeleitet werden (vgl. Schlegel 1972, S. 96).

Verleugnung

Bei einer Verleugnung wird die Wirklichkeit zurückgewiesen. „*Es kann nicht sein, was nicht sein darf.*“ Beispiel: Ein junger Mann denkt, die Schauspielerin Angelina Jolie ist in ihn verliebt. Er steigert sich in die wahnhafte Vorstellung hinein und versucht Kontakt mit ihr aufzunehmen. Es handelt sich um eine Verkennung der Realität und bezieht sich auf objektive Tatsachen und Ereignisse (vgl. Schlegel 1972, S. 97).

Isolierung

Menschen, die sich in die Isolation begeben, sind nach Freud meistens Zwangskranke. Der/die Erkrankte weiß von seinen traumatischen Erlebnissen, deutet sie aber nicht als Trauma. Es entsteht eine „Zwangsidee“. Sie ist für den/die Patient*in vollkommen real und schützt die Person in gewisser Weise vor der unumstößlichen Realität (vgl. Schlegel 1972, S. 99, 100). Beispiel: Ein Patient erhält eine infauste Krebsdiagnose. Er/sie reagiert nicht, lebt so weiter wie bisher, spricht das Thema nicht an, fühlt sich ohne Angst und tut so, als ob nichts gewesen wäre.

Konversion

Bei einer Konversion treten eine verdrängte Enttäuschung oder ein innerer Konflikt in körperlichen Symptomen (Geruch, Schmerz usw.) zutage. Damit werden Enttäuschung oder Konflikte überlagert und neutralisiert (vgl. Schlegel 1972, S. 100). Beispiel: Ein Kind, das nach der Scheidung der Eltern bei der Mutter lebt, klagt über Übelkeit und Bauchschmerzen, wenn es seinen Vater mit der neuen Partnerin besucht.

Verschiebung

Hier wird ein psychischer Inhalt durch einen anderen ersetzt. Bei der Verschiebung werden meist emotionale Komponenten auf andere akzeptablere Situationen oder Objekte übertragen (vgl. Schlegel,1972, S. 101). Beispiel: Menschen kaufen während der Corona-Pandemie massenweise Toilettenpapier, Mehl und Hefe.

Sublimation und Zielhemmung

In der psychoanalytischen Vorstellung nach Freud wird bei der Sublimation und Zielhemmung auf sexuelle Erregung nicht mit der organischen Befriedigung der Lust geantwortet. Lust wird befriedigt durch die Erreichung anderer sozial und kulturell wertvoller Ziele. Dadurch kommt es zu einer Verschiebung von asozialen, nicht akzeptierten Wünschen und Zielen auf gesellschaftlich anerkannte Wünsche und Ziele (vgl. Schlegel 1972, S. 105). Beispiel: Ein Chirurg möchte seine sadistisch-aggressiven Impulse kanalisieren, indem er mit großem Geschick und begnadet operiert.

Reaktionsbildung

Ambivalente Menschen, die sich mit einem Übermaß an Liebe und Hassgefühlen gegenüber Mitmenschen beschäftigen, reagieren überzogen. Beispiel: Die Mutter überdeckt ihren Hass durch ein Übermaß an Liebesbezeugungen und Ängstlichkeit um ihr Kind. Jugendliche versagen sich willentlich jeden Genuss, lächeln nicht und leben in einer asketischen Welt (vgl. Schlegel 1972, S. 107).

Projektion

Das, was uns innerlich beschäftigt, wird bei einer Projektion nach außen verlegt. Dabei ist die Wahrnehmung verzehrt und abgewehrte Gefühle und Regungen für den Betreffenden werden auf andere Menschen projiziert (vgl. Schlegel 1972, S.109). Beispiel: Bundeskanzlerin Merkel nutzt mit Unterstützung von Bill Gates die Coronavirus-Pandemie, um in Deutschland eine Diktatur aufzubauen. Die Fantasie entlastet die Betroffenen in ihrer Angst vor der Zukunft.

Identifikation

Der/die Klient*in kopiert oder imitiert eine andere Person und gestaltet das eigene Ich nach einem anderen Ich. Ein solches Verhalten führt zwangsläufig zu einem Realitätsverlust (vgl. Schlegel 1972, S. 111, 112). Beispiel: Stirbt ein geliebter Mensch, bildet der zurückgebliebene Mensch Charakterzüge oder Verhaltensweisen des Verstorbenen aus. Bei einer Identifikation mit dem Angreifer oder Aggressor ahmt das Kind unbewusst die gefürchtete Erzieherin nach.

Regression

Bei der Regression handelt es sich um eine Rückkehr von einer höheren Stufe zu einer niederen Stufe der menschlichen Entwicklung (vgl. Schlegel 1972, S. 113).

Beispiel: Ein psychotischer 17-jähriger Jugendlicher lässt sich von seiner Mutter auf den Schoß nehmen und mit Brei füttern. Ein Kleinkind von vier Jahren möchte, nachdem sein Geschwisterchen geboren wurde, wieder einen Schnuller haben.

Verkehrung ins Gegenteil

Liebe und Hass richten sich gegen dasselbe Objekt. Gehasst wird, was Unlustempfindungen mit sich bringt oder den Selbsterhaltungstrieb gefährdet, wie z. B. Diät erzeugt Hunger, Hunger erzeugt Wut gegen sich selbst. Im Stadium der seelischen Entwicklung stören äußere Objekte der autoerotischen Lustbefriedigung, die andererseits notwendig sind, wie z. B. der Schnuller, der zur Saugbefriedigung notwendig ist, aber auch darauf hindeutet, dass das 5-jährige Kind noch ein „Baby“ ist. Es entwickelt Hassgefühle gegen sich selbst oder den Schnuller. Bleibt ein erotisches Liebesbedürfnis unerfüllt, kommt es zu einer Regression in Form von Aggressivität (vgl. Schlegel 1972, S. 117).

Tipps

Die Abwehrmechanismen liefern eine Erklärung dafür, weshalb sich Menschen in bestimmten Situationen entsprechend verhalten, und unterstützen die Hypothesenbildung für die Reflexion nach einer Beratung und ggf. für weitere therapeutische Interventionen. Als eine Erklärung von Kommunikationsmustern in Anlehnung an das Freud'sche Modell des Ich – Es und Über-Ich hat Eric Berne die Transaktionsanalyse eingeführt.

s. Kapitel 2.8

Check

Welche Form des Abwehrmechanismus könnte vorliegen?
Welche Ideen haben Klient*innen selbst über ihre Verhaltensweise?
Wie schwerwiegend und hemmend ist die Ausprägung des Abwehrmechanismus?
Welche Interventionen müssen geplant und initiiert werden?

Technik

Genogramm
Skulpturenaufstellung, Familienbrett
Zirkuläres Fragen (Was denke ich, was andere denken?)
Fragen zur Wirklichkeitskonstruktion (Wie sind die Dinge?)
Fragen zur Möglichkeitskonstruktion (Wie könnten die Dinge sein?)
Fragen zu Hypothesen (Zukunftsfragen, „Mal angenommen ...?“)

2.8 Was kommt nach „Guten Tag" – Kommunikation als Transaktion

Mit Transaktionen sind kleinste Kommunikationseinheiten zwischen Personen gemeint. Eric Berne (1910–1970) beschäftigte sich ebenso wie sein Kollege Paul Watzlawick mit verbalen und nonverbalen Kommunikationsabläufen, wobei er auf das psychoanalytische Modell des Ich – Es und Über-Ich aufbaute. Bei der Transaktionsanalyse wird Kommunikation beobachtet, beschrieben, interpretiert und versucht zu verstehen. Der Fokus richtet sich auf zwischenmenschliche Beziehungen, die sich verbal und nonverbal zeigen. Für Berne sind Eigenständigkeit, Bewusstheit, Selbstverantwortlichkeit sowie Respekt und Anerkennung für sich selbst und andere wichtig.

2.8.1 Struktur-Analyse und die drei Ich-Zustände

Jedes Individuum verfügt über eine bestimmte Verhaltensstruktur und seelische Gemütszustände. Das Kommunikationsverhalten je nach Gemütslage nennt Berne „Ich-Zustände". Dabei verfügen Menschen über ein Repertoire an Wortwahl, Tonfall, Mimik, Gestik und Körpersprache und drücken so den jeweiligen Ich-Zustand aus. Das Denken, Fühlen und Verhalten wird vom Eltern-Ich, dem Erwachsenen-Ich und dem Kindheits-Ich bestimmt.

Eltern-Ich

Der Eltern-Ich-Zustand bezeichnet Zustände, die wir aus unserer Vergangenheit von anderen Personen (meist Autoritätspersonen) unreflektiert übernommen haben. Sie beinhalten Wertungen, Konventionen, Gewissheiten und Haltungen. Viele Reaktionen erfolgen im Eltern-Ich automatisch, einfach so, weil man das so tut. Das fürsorgliche Eltern-Ich ist hilfsbereit, ermutigend, liebevoll, unterstützend, *übernimmt* Verantwortung für andere, ist empathisch und helfend. Das abwertende Eltern-Ich ist bevormundend, kritisierend, bedrängend, zynisch, vorwurfsvoll und ablehnend (vgl. Berne 1970a, S. 25 f.).

Kindheits-Ich

Im Kind-Ich-Zustand denken, fühlen und verhalten wir uns so, wie wir es als Kind getan haben. Ein natürliches Kind-Ich ist spontan, kreativ, fantasievoll, voller Energie, orientiert an eigenen Bedürfnissen, freut sich über Erfolg und ist traurig über Misserfolg. Es zeigt sich aber auch rücksichtslos, egoistisch und hat ein gefährdendes Verhalten. Das angepasste Kind-Ich übernimmt Erwartungen, die weiterbringen, anspornen oder die uns guttun. Dieses Verhalten bedingt aber auch die Frage: Was erwarten andere von mir? Gehorchen, schlechtes Gewissen, bedingungslos Anweisungen befolgen, Überanpassung mit Frust und Überforderung gehören zu den negativen Seiten des angepassten Kindheits-Ichs. Das rebellische Kind-Ich will den eigenen Willen positiv umsetzen, besteht auf Autonomie und die eigene Identität. Die bewusste Überschreitung von Grenzen, sich den Regeln, Grenzen und Erwartungen widersetzen und einen gewissen Trotz gegenüber Anforderungen und Regeln entwickeln, birgt ein entsprechendes Konfliktpotenzial (vgl. Berne 1970a, S. 29).

Erwachsenen-Ich

Das Erwachsenen-Ich ist für das Überleben unentbehrlich. Es wertet Erfahrungen, Erlebnisse und Reize aus der Umwelt aus. Eine realistische Analyse von Situationen und Kommunikationen, Selbstreflexion und Kompromissfähigkeit gehört zum Erwachsenen-Ich. Das Erwachsenen-Ich nimmt Einfluss auf die Tätigkeiten des Eltern-Ichs und des Kindheits-Ichs und versucht zwischen diesen beiden Zuständen zu vermitteln (vgl. Berne 1970a, S. 30, 31).

2.8.2 Transaktionsanalysen

Der Mensch teilt sich und seine Umwelt in Positionen ein. Berne hat hierzu den bekannten Satz *„Ich bin o.k., du bist o.k.“* formuliert. Die verschiedenen Positionen sind die Reaktionen der Kommunikationslinien von Erwachsenen-Ich, Kindheits-Ich und Eltern-Ich.

- Ich bin o.k. – du bist o.k.: Wir erkennen den eigenen Wert und den Wert anderer Menschen an (gesunde Position).
- Ich bin nicht o.k. – du bist o.k.: Ich halte andere Menschen für besser oder wertvoller und erkenne meinen eigenen Wert nicht an (depressive Position).
- Ich bin o.k. – du bist nicht o.k.: Ich habe immer Recht und bin wertvoll, andere Menschen nicht (paranoide Position).
- Ich bin nicht o.k. – du bist nicht o.k.: Mit dieser Grundeinstellung wird davon ausgegangen, dass man selbst und auch die anderen nicht gut sind. Es bleibt eigentlich nur der Selbstmord aus Verzweiflung (sinnlose, verzweifelte Position) (vgl. Berne 1975b, S. 83, 84).

In der Transaktionsanalyse können zwei Menschen an insgesamt sechs Ich-Zuständen beteiligt sein. Je nachdem, welcher Ich-Zustand aktiv ist, wird eine entsprechende Gegenreaktion erfolgen. Bei einfachen Transaktionen verlaufen die Muster parallel. Sie werden Komplementär-Transaktionen (siehe Abbildung 6) genannt (vgl. Berne 1975b, S. 26).

Beispiel:

ER-ER
Gesendet aus Erwachsenen-Ich: *„Wie spät ist es?“*
Gehört im Erwachsenen-Ich: *„Es ist kurz nach neun.“*

ER-rebellisches Kind
Gesendet aus Erwachsenen-Ich: *„Wann hast du vor das zu erledigen?"*
Gehört im (rebellischen) Kind-Ich: *„Dann, wenn ich es will."*
EL-K
Gesendet aus dem Eltern-Ich: „Das will ich nicht noch einmal erleben!"
Gehört im (braven) Kind-Ich: „Ja Mama."

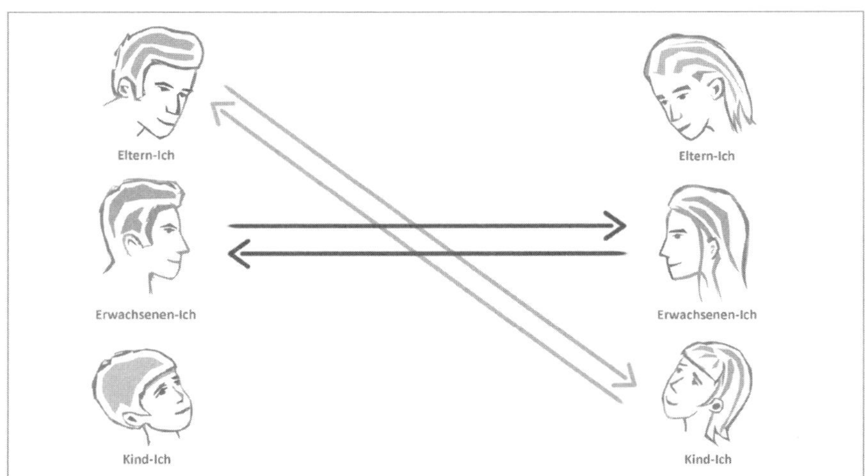

Abb. 6: Komplementäre Transaktionen

Komplizierter wird es, wenn verdeckte und überkreuzte Transaktionen (siehe Abbildung 7) auftreten. Vordergründig wird aus dem Erwachsenen-Ich an das Erwachsenen-Ich gesendet. In Wirklichkeit ist die Kommunikation aber auf einen anderen Ich-Zustand ausgerichtet, z. B. das Kindheits-Ich oder das Eltern-Ich (vgl. Berne 1972b, S. 29 f.).

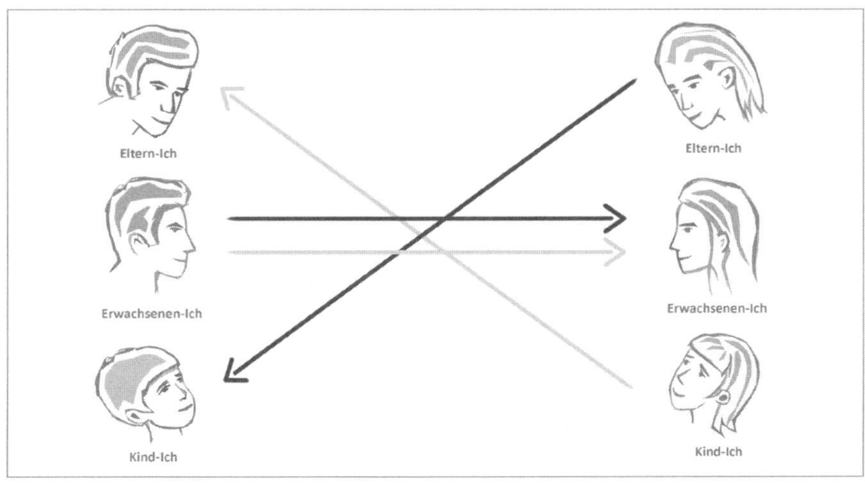

Abb. 7: Verdeckte und überkreuzte Transaktionen

Beispiel:

Übertragung ER-ER/K-EL/EL-K

Gesendet aus dem Erwachsenen-Ich an das Erwachsenen-Ich ER-ER: *„Mit diesem Kauf machen Sie nichts falsch. Das Fahrrad ist für Ihr Kind absolut sicher."*

Antwort aus dem Erwachsenen-Ich: *„Der Preis ist sehr hoch, hier muss ich alle Für- und Gegenargumente abwägen und mich mit meinem Mann besprechen."*

Antwort aus dem Kindheits-Ich: *„Ich hatte immer schon Angst, auf einer abschüssigen Straße nur mit der Handbremse zu bremsen."*

Antwort aus dem Eltern-Ich: *„Mir ist die Sicherheit meines Kindes wichtig."*

Tipps

Bestimmte Verhaltens- und Kommunikationsmuster lassen sich durch die Transaktionsanalyse aufdecken. Ein Konflikt zwischen Kindheits-Ich zu Kindheits-Ich wird sinnlos sein und im Dauerstreit enden. Ein Konflikt vom Kindheits-Ich zum Eltern-Ich endet durch Nachgeben. Umkehrt wird sich das Eltern-Ich immer gegenüber dem Kindheits-Ich durchsetzen. Beide Situationen sind für alle Beteiligten unbefriedigend. Ein Konflikt zwischen Erwachsenen-Ich und Erwachsenen-Ich endet im Kompromiss. Häufig geraten Menschen in Stress immer wieder in gleiche Grundmuster, automatisierte Verhaltensweisen oder Situationen. Sie entstehen in früher Kindheit und bieten positive Aufmerksamkeit, Orientierung und Sicherheit.

Beispiele von Grundmustern:
Sei perfekt!
Sei anderen gefällig!
Streng dich immer an!
Sei immer stark!
Beeil dich immer!
Destruktive Grundbotschaften, wie z. B. *„sei nicht …"*, *„tue nicht …"*, *schaffe es nicht …"* entschärfen. Sprachliche Zuschreibungen und Entwertungen wie: Du bist ja nicht die Schnellste, Geschickteste usw. unterbinden. Wegweiser, wie z. B. *„sei artig"*, *„streng dich an"*, *„verhalte dich ruhig"* usw. unterlassen.

Check

Auf welchen Transaktionsebenen kommunizieren Klient*innen?
Bei welchen Transaktionsebenen fühlt sich der/die Berater*in angesprochen?
Was ist das Problem?
Welche Lösungen sind möglich?

Technik

Aktives Zuhören
Emotionale Inhalte, die das Innenleben der Person beschreiben, verbalisieren:
Bedürfnisse und Emotionen benennen
Zirkuläres Fragen (Was denke ich, was andere denken?)
Fragen zur Wirklichkeitskonstruktion (Wie sind die Dinge?)
Fragen zur Möglichkeitskonstruktion (Wie könnten die Dinge sein?)
Fragen zu Hypothesen (Zukunftsfragen, „Mal angenommen …?")
Fragen zu Lösungen (Wunderfragen)

→ s. Kapitel 2.4
→ s. Kapitel 2.5

2.8.3 Transaktionen und Spiele der Erwachsenen

Lebensgrundpositionen bilden die Basis für die kommunikative Grundhaltung. So manche Streitgespräche sind für Berne verdeckte Transaktionen (Motive) mit einem Gimmick (Schwachstelle), die auf eine gemeinhin gut verborgene, aber klar definierte Auszahlung (Nutzen) hinführen. Sie dienen dem Zeitvertreib und der Befriedigung der eigenen Bedürfnisse nach Reiz, Anerkennung und Struktur. Sie bestätigen die jeweiligen Lebensskripte. Diese Gespräche sind Spiele mit verschiedenen Spielgraden und unterschiedlich vielen Spielern. Die Spieler haben verschiedene Rollen, die gewechselt werden, die Spiele laufen immer nach einem gleichen Muster ab (vgl. Berne 1975b, S. 37, S. 93). Im sogenannten Dramadreieck sind die Rollen wie in einem Theater in Verfolger*in, Retter*in und Opfer verteilt. Verfolger*innen suchen die Schuld bei anderen Menschen (Opfer). Sie werten andere Menschen ab, um sich selbst aufzuwerten. Mitmenschen stehen unter ihnen. Die Grundhaltung ist: Ich bin o.k. – du bist nicht o.k. Das Opfer empfindet sich als unterlegen und nicht o.k. und sucht eine/n Retter*in, die hilft und damit das Skript bestätigt, dass er oder sie nicht zurechtkommt. Die Grundhaltung ist: Ich bin nicht o.k. – du bist (nicht) o.k. Der/die Retter*in hat die Grundeinstellung „Ich helfe dir!". Dabei wertet er/sie sich selbst auf und andere ab. Er/sie gesteht anderen keine Fähigkeiten oder Problemlösungen zu. Aus dieser überlegenen Position bietet er/sie Hilfe an. Die Grundhaltung ist: Ich bin o.k. – du bist nicht o.k. (vgl. Hagehülsmann 2012, S. 57). Diese psychologischen Spiele sind verdeckte Transaktionen mit Doppeldeutigkeiten, an deren Ende sich beide Kommunikationsteilnehmer*innen schlecht fühlen.

Fallbeispiel

Szene 1: Sie rufen am Wochenende in der Zentrale eines Altenheims an, weil Sie die Bewohnerin, mit der sie sprechen wollen, nicht erreichen. Sie werden automatisch in eine Abteilung weitergeleitet und Sie fragen die diensthabende Pflegerin, ob Sie mit Frau Hegebach auf Station 3 in Zimmer 311 verbunden werden könnten. Sie erklären, dass Sie sich Sorgen machen, weil Sie die Frau nicht erreichen können.

Szene 2: Die Pflegerin am Telefon erklärt, es gäbe keine Station 3, sondern alle Abteilungen sind in Farben eingeteilt und die zählt sie genervt auf: gelb, grün, blau, rot, bordeaux, violet. Von Stationen hätte sie nie gehört **(Retterin, ich bin o.k., du bist nicht o.k.)**. Ohne Farbangabe könne sie nicht helfen, das Zimmer 311 ist völlig unbekannt und außerdem würde sie ja nicht alle Bewohnerinnen in diesem Heim kennen. Wie denn nun die Bewohnerin heiße, die Sie erreichen wollen **(Verfolgerin, ich bin o.k., du bist nicht o.k.)**.

Szene 3: Zunehmend genervt geben Sie nochmals den Namen der Bewohnerin an und zeigen Ihr Unverständnis darüber, dass man, wenn man die Farbe der Station nicht kennt, offensichtlich keinen Kontakt zur Bewohnerin herstellen kann. Dabei wird die Stimmlage härter und lauter **(Opfer, ich bin nicht o.k., du bist nicht o.k.)**.

Szene 4: Die Pflegerin klagt ihr Leid, wie überfordert sie sei und dass Sie sich am Telefon besser benehmen sollen. Dabei wird sie abfällig und beleidigend **(Verfolgerin, ich bin o.k., du bist nicht o.k.)**.

Szene 5: Sie sehen das anders und wollen auch nicht erklärt bekommen, weshalb manches geht oder nicht geht, sondern einfach mit Station 3 verbunden werden **(Verfolgerin, ich bin o.k., du bist nicht o.k.)**.

Szene 6: Die Pflegerin ist beleidigt und sagt schnippisch: „Danke, sehr nett" und verbindet Sie mit einer Station. Sie sind genervt und legen auf **(beide Opfer, ich bin nicht o.k., du bist nicht o.k.)**.

In diesem Fallbeispiel ist die Spielgrundlage: „Ihr habt keine Lösung für mein Problem." Das Ziel des Spiels ist die Ermutigung und Befriedigung des Antreibers. Es gibt die hilflose Person (Anruferin) und die Retterin (Pflegerin). Auf der sozialen Ebene sagt das Erwachsenen-Ich der Anruferin: „Warum verbindest du mich nicht?" Das Erwachsenen-Ich der Pflegerin sagt: „Ja, aber..." Auf der psychologischen Ebene sagt das Eltern-Ich der Pflegerin: „Du sollst für meine Hilfe dankbar sein". Das rebellische Kind-Ich sagt: „Aber das ist doch dein Job, mir zu helfen". Der Nutzen des Spiels ist die Ermutigung des Eltern-Ichs („Ich tue doch alles für dich") und die Bestätigung des rebellischen Kind-Ichs („Das ist aber nicht genug").

Check

Welche Antworten drückt die jeweilige Rolle im Dramadreieck Retter, Opfer, Verfolger aus?
Ab wann läuft dieses Gespräch „aus dem Ruder"?
Wie sehr triggert das Eltern-Ich das rebellische Kind?
Ab wann hätte man dem Gespräch eine Wendung geben können?

Technik

- Die Spielgrundlage und den Nutzen erkennen, aus der Rolle aussteigen und beenden
- In den Erwachsenen-Zustand wechseln mit gewaltfreier Kommunikation
- Nicht versuchen, zu Helfen, und keine Lösungsvorschläge geben, sondern zu eigenen Lösungsvorschlägen anregen
- Verwendung von Ich-Botschaften und Empathie und Achtsamkeit
- Das Musterprogramm von dem Spiel ändern
- Bewusstsein für eigene und andere Bedürfnisse steigern

➜ s. Kapitel 2.5: „Ich bin o.k. – du bist o.k." – die gewaltfreie Kommunikation

2.9 Das Ganze bestimmt die Teile – Gestalttheorie und Kommunikation

Die visuelle Wahrnehmung ist höchst individuell. Der Gegenstand des Interesses (= Figur) ist so in die Umgebung oder Umwelt (= Hintergrund) eingebettet, wie wir auf Grund unserer Vorerfahrungen den Gegenstand des Interesses sehen und definieren. Fritz und Laura Perls, Ralph Hefferleine und Paul Goodman beschäftigten sich seit 1951 mit ihrer Idee der Gestaltpsychologie. Als Figur werden Verhaltensweisen, Kommunikation oder das Thema eines Individuums bezeichnet. Der Grund ist der Kontext, in dem die Kommunikations- und Verhaltensweisen eingebettet sind, also die Umwelt oder das System (vgl. Perls, Hefferline & Goodman 1981a, S. 39). Die Gestaltpsychologie interessiert sich für Wahrnehmung, Kontaktaufnahme und Anpassung zwischen dem Individuum und der Außenwelt. Individuen gestalten ihre Wirklichkeit, ihr Selbst mit allen Sinnen in Kontakt mit der Umwelt und erschaffen aus einzelnen Teilen eine komplette Gestalt. Die Idee der Ganzheitlichkeit wurde von den Gestaltpsycholog*innen zum ersten Mal formuliert.

2.9.1 Kontaktaufnahme mit der Umwelt – die Gestalt beginnt sich zu formen

Ein Individuum tritt in Kontakt mit sich und der Umwelt über die Wahrnehmung von Objekten im Raum und die Wahrnehmung von Farbe, Klang, Form, Dynamik und Ästhetik. Die Kontaktgrenze beginnt und endet an der Außenhaut des Organismus mit der Berührung des Objektes. Ein Lebewesen verfügt über eine vegetative Funktion (Nahrung, Sexualität), eine Wahrnehmungsfunktion (auditiv, visuell, taktil, kinästhetisch, olfaktorisch, siehe Abbildung 8), eine motorische Funktion (gehen, laufen, sitzen, zufassen) und Gefühle (Ärger, fröhlich sein).

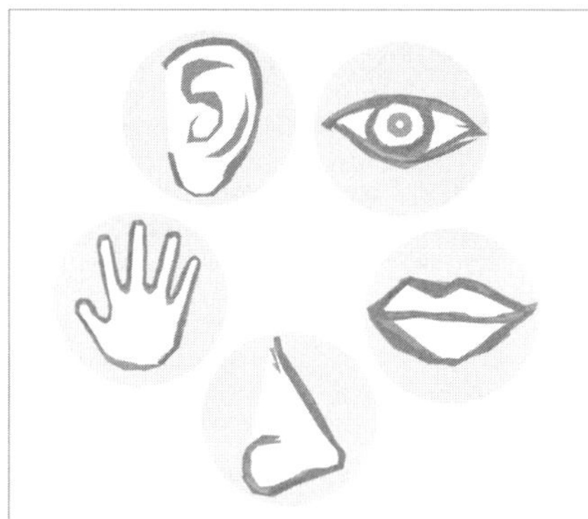

Abb. 8: Wahrnehmungskanäle

Mit diesen Grundfunktionen nehmen Individuen Kontakt zur Umwelt auf. Es gibt keine Funktion des Lebewesens, ohne dass die Umwelt daran beteiligt wäre (vgl. Perls, Hefferline & Goodman 2019b, S. 21, 22). Das Individuum strebt nach Gleichgewicht und das bedeutet eine entspannte Bewusstseins- und Bewegungsanpassung. Diese Anpassungsprozesse führen zu Entspannung. Musik führt z. B. zu Selbstvergessenheit und man kann mit Musik in die Umwelt eintauchen. Eine Gefahrensituation tritt dann ein, wenn Frustration, Not und Krankheit zur Auslese und Vermeidung führen und die entstandenen Anforderungen nicht ausgeglichen werden können (vgl. Perls, Hefferline & Goodman 2019b, S. 64).

2.9.2 Wenn wir nicht mehr „in Kontakt sind" – Momente der (Kontakt)Unterbrechung

Der Mensch lebt im Einklang mit seiner Umwelt und passt sich mit seiner Interaktion ständig den Anforderungen der Umgebung an. Wenn Individuen nicht mehr in der Lage sind Techniken der Interaktion adäquat zu ändern, entwickeln sie eine Neurose. Perls nennt diesen Vorgang „die Geburt einer Neurose". Neurotiker*innen können ihre Bedürfnisse nicht deutlich erkennen und deshalb nicht erfüllen. Das Individuum ist unfähig die richtige Balance zwischen ihm und der Umwelt zu finden (vgl. Perls 1976c, S. 43 f.).

Introjektion

Ideen müssen „verdaut“ werden. Wenn wir etwas widerspruchslos übernehmen, einfach weil jemand es gesagt hat, weil es üblich, modern oder risikolos ist, dann sind diese Ideen „unverdaulich“. Wir sind letztlich nicht zufrieden mit dieser Übernahme. Das Selbst macht sich für etwas verantwortlich, für das die Umwelt verantwortlich ist (vgl. Perls 1976c, S. 51).

Beispiel: Wir müssen in Zeiten der Corona-Pandemie Mundschutz tragen, Kontakte vermeiden und unser öffentliches Leben einschränken. Händeschütteln ist verboten. Die Menschen machen das, einige sind aber davon nicht überzeugt und haben eigentlich Angst vor dem ungewissen Ausgang der Pandemie.

Projektion

Sie ist das Gegenteil von Introjektion. Hier werden Wünsche, Sehnsüchte oder Gefühle vom Individuum nicht übernommen und auf die Umwelt und andere Personen projiziert. Gewöhnlich sind es die introjizierten Gefühle und Einstellungen, die auf andere projiziert werden (vgl. Perls 1976c, S. 55).

Beispiel: Die Corona-Pandemie bleibt unverändert bestehen und die Einschränkungen bleiben erhalten. Die betroffenen Menschen stellen in den sozialen Netzwerken und auf Demonstrationen die demokratische Grundordnung infrage und sind von einer Verschwörung der Politiker*innen *überzeugt* mit dem Ziel die Menschheit auszurotten.

Konfluenz

Fühlt das Individuum keine Grenze zwischen sich und der Umwelt, so ist das Individuum mit der Umwelt eins und nicht zu unterscheiden. Neugeborene leben in Konfluenz. Erwachsene verspüren diesen Zustand in Ekstase oder während einer Veranstaltung in einer gleichgesinnten Gruppe. Eine pathologische Konfluenz entsteht, wenn Menschen dauerhaft keinen guten Kontakt zu sich und den anderen herstellen können. Solche Menschen bestehen auf Angleichung (vgl. Perls 1976c, S. 56, 57).

Beispiel: Passen sich Kinder nicht den Forderungen der Eltern an, werden sie zurückgewiesen: *„Du bist nicht mehr mein Sohn“* oder *„So ein böses Kind mag ich nicht.“*

Retroflektion

Das Individuum hat Angst zu verletzen oder verletzt zu werden und muss den Kontakt unterbrechen. Die Energien werden auf sichere Felder gerichtet (Körper, eigene Persönlichkeit) und damit wird das Selbst anstelle der Welt die Zielscheibe (vgl. Perls 1976c, S. 58, 59).

Beispiel: Selbstbeherrschung, Selbsthass, Minderwertigkeitsgefühle oder Selbstzerstörung.

Egotismus

Der Kontakt des Individuums mit der Außenwelt wird durch Verlangsamung unterbrochen bzw. abgeschwächt. Die Introspektion wird vertieft. Damit drohen keine Überraschungen mehr (vgl. Perls, Hefferline & Goodman 2019b, S. 322).

Beispiel: Konfliktvermeidung durch raschen Themenwechsel, Monologe, eine übertriebene Ausdrucksweise, ein ständig scherzhafter Ton, fehlender Blickkontakt usw.

Tipps

Bewegungstherapie, Kunsttherapie oder Musiktherapie haben ihre Wurzeln in der Gestaltpsychologie. Sie dienen der Kontaktaufnahme mit der Umwelt. Mit Aufmerksamkeits- und Konzentrationsübungen kann jeder Achtsamkeit üben.

Hierzu gibt es von Perls einige Vorschläge.

- Kontaktaufnahme zur Umgebung: Versuchen Sie ein paar Minuten lang Sätze zu bilden, die sagen, wen und was Sie in diesem Augenblick wahrnehmen. Fangen Sie jeden Satz mit „jetzt in diesem Augenblick" oder mit „hier und jetzt" an.
- Spüren von Gegenkräften: Denken Sie sich einige Gegensatzpaare aus, die es ohne den anderen nicht geben könnte. Stellen Sie sich vor, was wäre, wenn Sie heute Morgen nicht aufgestanden wären. Was würde passieren, wenn Sie ausnahmsweise einmal nein statt ja sagen würden?
- Aufmerksamkeitsübung und Konzentration: Richten Sie Ihre Aufmerksamkeit auf einen sichtbaren Gegenstand, z. B. auf einen Stuhl. Achten Sie darauf, wie er klarer wird und der Raum eintrübt. Achten Sie nun auf einen neuen Gegenstand und den Hintergrund. Achten Sie auf Geräusche, das Gefühl in Ihrem Körper.
- Unterscheiden und Vereinheitlichen: Achten Sie auf die Stimme von jemandem. Wie klingt sie? Ist sie leise, monoton, hoch, schrill? Welche Gefühle löst die Stimme bei Ihnen aus?
- Erinnern: Wählen Sie eine Erinnerung aus, die noch nicht allzu lange her oder zu schwierig ist. Schließen Sie die Augen. Was sehen Sie?
- Schärfung des Körperempfindens: Bleiben Sie im Hier und Jetzt. Wo sitzen Sie? Wie fühlt sich die Oberfläche an? Wer ist noch im Raum? Gehen Sie umher und nehmen Sie die Dinge, die da sind, einfach auf ohne einzugreifen.
- Gefühle erleben: Legen Sie sich hin und versuchen Sie Ihr Gesicht zu spüren, Mund, Augen, Kiefer. Überlegen Sie, was für einen Ausdruck hat Ihr Gesicht? Wie sieht es aus? Schauen Sie ein Gemälde an und überlegen Sie, welche Gefühle es auslöst.
- Integration des Gewahrseins: Versuchen Sie nacheinander Sätze zu bilden, die nacheinander mehr oder weniger zutreffend dieselbe Situation in Bezug auf Ihren Körper, die Gefühle, Sprechstil und soziale Beziehungen ausdrücken.

- Gelenktes Gewahrsein: Achten Sie auf Ihre Gewohnheiten, wie Sie sich kleiden, die Zähne putzen oder die Tür aufmachen. Überlegen Sie Ihre persönlichen Züge und von wem Sie sie durch Nachahmung übernommen haben.
- Umwandeln von Angst in Spannung: Achten Sie auf Ihre Atmung, Tempo, Tiefe, Unregelmäßigkeiten. Achten Sie auf den Luftzug, der durch die Nase einströmt und durch den Mund wieder ausströmt.

(Perls, Hefferline & Goodman 1981a, S. 43 f.)

Check

In welchem „Hier und Jetzt" zeigt sich der/die Klient*in?
Welches Thema ist wichtig oder unwichtig?
Gibt es Situationen von Projektion oder Introjektion, und wenn ja, welche?
Kann der/die Klient*in seine/ihre Bedürfnisse und Wünsche beschreiben?

Technik

- Entspannungstechniken
- Kunsttherapie
- Sandspieltherapie
- Musik zur Gestaltung einer Sitzung
- Gemälde, Fotos für den Beratungsraum
- Spielzeug, Puzzle usw. für Kinder
- Angemessene Umgebung/Raumausstattung
- Psychodrama → s. Kapitel 2.10
- Skulpturaufstellung, Familienbrett
- Veränderungsfragen: *„Stellen Sie sich vor, Sie wachen eines Morgens als Frau/ Mann auf, was würde anders sein?"*

2.10 Exkurs Psychodrama

Jakob Levy Moreno (1889–1974) entwickelte nach dem 2. Weltkrieg aus dem Stehgreiftheater (Improvisationstheater) das Psychodrama. Das Psychodrama besteht aus fünf Instrumenten: **Die Bühne** steht für eine Erweiterung des Lebens. Sie ist ein Ort in Übereinstimmung mit den Handlungen und inneren Strukturen, die im Alltag unzugänglich und somit nicht bearbeitbar sind. Eine **Hauptperson_(Protagonist)**, die spontan frei agieren muss und sich ausleben können muss. Die Hauptperson kann Vergangenes oder Zukünftiges darstellen, einen Monolog führen, Gefühle projizieren, Widerstand zeigen, Rollen wechseln, eine/n Doppelgänger*in bestimmen und Hilfswelten aufstellen. Die **Leitung** trägt strukturelle Verantwortung im Prozess des Psychodramas. Sie ist Regisseur*in, Berater*in, Analytiker*in, hält den roten Faden zusammen und interpretiert. Das **Hilfs-Ich** (Darsteller) ist der/die Helfer*in des Leiters und des Spielers, hat die Rolle des Stellvertreters inne, ist das Alter-Ego des Protagonisten und hilft bei der Erforschung der sozialen Situation des Hauptdarstellers. Die **Zuschauer*innen** sind die Helfer*innen für den/die Hauptdarsteller*in. Sie können selbst auf die Bühne geholt werden und sind öffentliches Sprachrohr. Ihre Kommentare kommen aus dem Stehgreif oder es entsteht Gelächter bis zum harten Protest. Sie stellen den primären Handlungsraum dar und bilden den Brennpunkt des psychodramatischen Handlungsrepertoires. In der Inszenierung werden nicht nur vergangene, gegenwärtige und zukünftige real erfahr- und vorstellbare Szenen gespielt. Der/die Protagonist*in kann Vater, Mutter, Geliebte oder Wahnvorstellungen zu sich zurückholen, indem er/sie diese Rollen auch spielt. Durch den Rollentausch lernt man viel über die Rolle (Was habe ich mir vorgestellt? Was kann anders sein? Was gibt es noch?). Am Ende verschwinden Leiter*in und Hilfs-Ich, und der/die Hauptdarsteller*in ist sich der Gegenwart der Zuschauer und der Rolle bewusst, die er gespielt hat. Die Rückmeldungen der Gefühle der Hilfs-Ichs (Darsteller) führen zu einer Neuordnung der Kräfte (vgl. Moreno 2001, S. 47).

2.11 Der programmierbare Mensch – Verhalten ändern durch Kommunikation

Gedanken, Vorstellungen, Erwartungen und Empfindungen über Wahrnehmungskanäle haben Einfluss auf das emotionale Befinden und die Fähigkeit ein zufriedenes Leben zu führen. Aus den Erfahrungen, die Individuen haben, können Störungen wie Angst oder Depression ein bestimmtes Verhaltensschema reaktivieren. Diese Schemata tauchen plötzlich auf, wie z. B. Herzrasen beim Anblick eines Zuges oder Verlustängste durch den Geruch von Desinfektionsmitteln im Krankenhaus. Sie reaktivieren sich durch bestimmte Situationen wie der Verlust des Partners, der Eltern.

→ Kapitel 2.11: Verhaltenstherapie – Übung zur Glaubensstrategie

Ungünstige Grundüberzeugungen führen schnell zu dogmatischen Forderungen, wie z. B. *„Ich muss perfekt sein." „Andere Menschen müssen mich zuvorkommend behandeln." „Die Umstände müssen so sein, wie ich das will."*

Einer der bekanntesten Vertreter der kognitiven Verhaltenstherapie ist Donald Meichenbaum (*1940). Er beschrieb den Selbstverbalisierungsansatz, mit dem Ängste durch Selbstgespräche beeinflusst werden können. Durch die

Selbstverbalisation sollen angemessene Gefühle und Bewältigungskompetenz in belastenden Situationen begünstigt werden und unangemessene Sätze, wie z. B. *„Das schaffe ich nie!“* vermieden und verhindert werden (vgl. Markgraf, Schneider 2009, S. 615).

Fallbeispiel

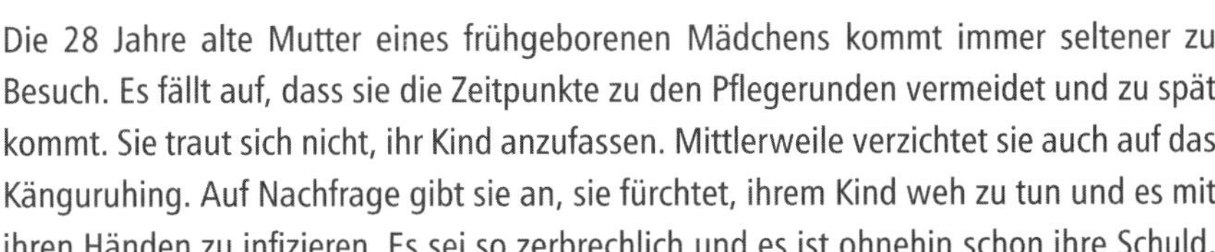

Die 28 Jahre alte Mutter eines frühgeborenen Mädchens kommt immer seltener zu Besuch. Es fällt auf, dass sie die Zeitpunkte zu den Pflegerunden vermeidet und zu spät kommt. Sie traut sich nicht, ihr Kind anzufassen. Mittlerweile verzichtet sie auch auf das Känguruhing. Auf Nachfrage gibt sie an, sie fürchtet, ihrem Kind weh zu tun und es mit ihren Händen zu infizieren. Es sei so zerbrechlich und es ist ohnehin schon ihre Schuld, dass ihr Mädchen zu früh zur Welt gekommen ist.

Tipps

Der/die Berater*in kann mit einfachen Mitteln in akuten Situationen (Prüfungsangst, Angst vor Anforderungen usw.) Hilfen anbieten. Selbstgespräche mit Selbstinstruktionen dienen zur Orientierung und Planung, für Bewältigungsmöglichkeiten, als Ermutigung und Bestätigung.

Check

Mit welchen Ängsten und Bedürfnissen kommen Klient*innen zur Beratung?
Welche Bewältigungsschemata können festgestellt werden?
Was können Sie als Bewältigungsstrategie anbieten?

→ Kapitel 2.11: Der Sokratische Dialog

Technik

Anleitungssätze zur Selbstinstruktion formulieren: *„Was ist als Nächstes zu tun?", „Entspanne dich!", „Ich schaffe das!", „Du hast es geschafft!"*

Sokratischer Dialog nach Beck:
Welche Möglichkeiten sehen Sie?
Welche Vor- und Nachteile sehen Sie?
Was können Sie dabei gewinnen oder verlieren?
Was wäre der nächste Schritt?
Wer sprach Sie an?
Woran würden Sie erkennen, dass das nicht ganz zutrifft?
(vgl. Markgraf, Schneider 2009, S. 616)

2.11.1 Beratung und Therapie: Die multimodale Verhaltenstherapie

Wie in einer Beratung bilden Informationen über Lebensumstände, Ausgangszustände sowie Diagnosen, Probleme und Zielvorstellungen zur Interventionsplanung und Zielformulierung die Ausgangsbasis für eine beraterische oder therapeutische Intervention. Die in der Verhaltenstherapie angewandte Psychodiagnostik umfasst körperliche und biografische Daten, Beschreibungen von Lebensbedingungen, Symptomen und Diagnosen, die Einschätzung von funktionalen Verhaltens- und Problembereichen, sowie eine konkrete neuropsychologische Diagnostik. Mit Hilfe von Testtools und systemischen Fragen sowie der beraterischen Grundhaltung von Empathie, Wertschätzung und Akzeptanz helfen die ermittelnden Daten und Informationen, eine Therapieplanung auszuarbeiten. Die multimodale Therapieplanung nach Lazarus ist eine systematisierte Vorgehensweise in der Psychotherapie und wird BASIC-ID genannt (vgl. Linden, Hautzinger 2015, S. 15). **B** steht für „behavior“ (Verhalten). Die Fragen an den/die Klient*in sind, welches Verhalten oder welche Reaktionen er/sie gerne weiterführen würde und womit er/sie aufhören möchte. **A** bedeutet „affect“ (Emotionen) und bezieht sich auf Stimmungen, Emotionen und starke Gefühle, die stören oder bei bestimmtem Verhalten auftreten. **S** steht für „sensation“ (sensorische Erfahrungen/Empfindungen) und umfasst die fünf Sinne Sehen, Hören, Tasten, Riechen und Schmecken. Negative Empfindungen, wie z. B. Schmerzen, Schwitzen, Erröten und deren Einfluss auf das Verhalten und Erleben des/der Klient*in, dienen zur Einordnung der Problemlage. **I** steht für „imagery“ (Vorstellung) und beschreibt Träume, unangenehme Erinnerungen und die negativen Aspekte des Selbstbilds. **C** bedeutet „cognition“ (Verstehen) und meint damit die Ideen, Schlussfolgerungen, Werte, Meinungen und Einstellungen, die der/die Klient*in entwickelt hat. Die Sozialbeziehungen sind unter **I** als „interpersonal relationships“ zusammengefasst. Hier wird das soziale Verhältnis zu Freunden, Partner*innen, Familie oder Vorgesetzten eruiert. Schließlich umfass das **D** *für* „drugs“ (Drogen) die Anamnese zu Medikamenten- und Drogenkonsum des/der Klient*in (vgl. Linden, Hautzinger 2005, S. 39 f.).

Fallbeispiel

Anna, eine 32-jährige Frau, Ehefrau und Mutter, hat als Kind körperliche und seelische Misshandlungen durch die Eltern erlebt. Sie kommt in die Sitzung und beschreibt Angstgefühle, eine Depression sowie exzessives Trinken. Sie vernachlässigt ihre Familie, ist schnell ungeduldig und überfordert und reagiert mit Aggression gegenüber den Kindern.

Lazarus hat diesen Fall beschrieben und hat folgendes BASIC ID beim Erstgespräch herausgearbeitet:

B Verhalten: exzessives Trinken, wenn sie alleine zu Hause ist, negative Selbstaussagen, schreit ihre Kinder an

A Emotionen: Angst, Depression, hält ihren *Ärger zurück, außer bei ihren Kindern*

S Empfindungen: Kopfschmerzen, Verspannungen im Nacken, Magenschmerzen

I Vorstellungen: lebhafte Bilder, wie sie vom Vater geschlagen und eingesperrt wird

C Kognitionen: irrationale Selbstgespräche über ein Minderwertigkeitsgefühl

I Sozialbeziehung: Ambivalenz gegenüber dem Ehemann und ihren Kindern, Zurückgezogenheit

D Drogen/Medikamente: Missbrauch von Alkohol zur Entspannung (vgl. Lazarus 1995, S. 211 f.)

Technik

Auf dieser Grundlage wurde folgender Behandlungsplan herausgearbeitet:

B Verhalten: Ziel ist die Veränderung durch alternative Aktivitäten mit Rollenspiel (z. B. Psychodrama, Skulpturenaufstellung), Verstärkung (positive Wertschätzung), Stimuluskontrolle (Ersatzhandlungen), Aufzeichnung und Selbstbeobachtung (Tagebuch)

A Emotionen: Ziel ist die Desensibilisierung durch den Aufbau von Bewältigungsphantasien, wie z. B. *Ärger ausdrücken und Gefühle erkennen, Angstbewältigungstraining*

S Empfindung: Ziel ist die Einübung von Entspannungstechniken durch Biofeedback, Training zur Fokussierung von Gefühlen, Entspannungstraining, Meditation

I Vorstellungen: Ziel ist die Imagination von Flucht und dem Ärger mit Bibliotherapie, Gedankenstopps, Problemlösungen freien Lauf zu lassen

C Kognition: mit biografischer Diagnostik und Bibliotherapie irrationale Gedanken zu erfassen und zu diskutieren

I Sozialbeziehungen: Ziel ist es, mit Familientherapie, Selbstbehauptungs- und Kommunikationstrainings, Kontiguitätsverträgen und Paartherapie die Ambivalenz gegenüber ihrem Ehemann und den Kindern aufzuzeigen und aufzulösen sowie die eigene Zurückgezogenheit zu verändern.

D Drogen/Medikamente: Ziel ist es, durch eine Entzugstherapie und eine Behandlung mit Antidepressiva auf die akuten medizinischen Behandlungsbedarfe einzugehen und zu einem gesunden Lebensstil zurückzufinden (vgl. Lazarus 1995, S. 211 f.).

2.11.2 Über die Fähigkeit ein glückliches Leben zu führen.

Albert Ellis ist ein weiterer Verhaltenstherapeut, der sich damit beschäftigt hat, wie Gedanken, Vorstellungen, Erwartungen und sensorische Wahrnehmungskanäle Einfluss auf die Gelassenheit und die Fähigkeit von Menschen haben, ein glückliches und zufriedenes Leben zu führen. Er entwickelte die Rational-Emotive Verhaltenstherapie (REVT). Ellis plädiert für eine ausnahmslose Selbstakzeptanz, die Akzeptanz anderer und die Akzeptanz des Lebens. Sich selbst als Mensch und Person unabhängig von der eigenen Leistung oder der Meinung anderer zu akzeptieren, ist die erste große Herausforderung. Dem schließen sich Respekt und Mitgefühl mit anderen Menschen an. Unangenehme Bedingungen, die geändert werden können, sollten verändert werden. Dabei ist es wichtig, gelassen zu bleiben und die Umstände hinzunehmen, die nicht geändert werden können. Dafür benötigt man die Weisheit, die jeweiligen Bedingungen zu unterscheiden (vgl. Ellis 2015, S. 15 f.).

→ s. Kapitel 2.11

Tipps

- Mithilfe des sokratischen Dialogs können Grundüberzeugungen herausgearbeitet und verifiziert werden.
- Der/die Klient*in soll Unterschiede und Differenzierungen der Gefühle und Erlebnisse erkennen und artikulieren lernen. Das Ziel ist es, die Gedanken infrage zu stellen.

Technik

Ellis entwickelte die A B C D E Methode. **A** (Activating Event) beschreibt ein widrig auslösendes Ereignis, einen internen oder externen Reiz. Dies kann durch eine Person, eine Situation oder einen Gedanken entstehen, z. B. dein Freund sagt dir, dass er jemand anderen kennengelernt hat und dich verlassen wird. **B** (Belief) liefert die Überzeugung, die Idee oder eine Interpretation über das Ereignis. Rationale Ideen und Überzeugungen sind flexibel und konsistent mit der sozialen Realität. Sie helfen den Menschen, Ziele zu erreichen. Irrationale Überzeugungen sind eng, strikt und inkonsistent mit der sozialen Realität. Sie behindern eine Person daran, Ziele zu erreichen, z. B. nach einer schmerzhaften Trennungserfahrung: „so jemanden finde ich nie wieder oder schrecklich", „immer passiert mir so etwas" (vgl. Ellis, MacLaren 2015, S. 31–34). **C** (Consequences) beinhaltet die emotionalen Konsequenzen von irrationalen Überzeugungen. Daraus resultieren Wertlosigkeit, Feindseligkeit und Gefühle wie Wut, Hass, Panik oder Angst. Neue Beziehungen werden vermieden. **D** (Disputation) ist ein Streitgespräch mit sich selbst und der irrationalen Idee. Ein Beispiel: Warum soll die Tatsache, dass der Andere unsere Beziehung beendet hat, ein Beleg dafür sein, dass ich niemals wieder eine gute Beziehung haben kann oder alleine nicht glücklich sein kann? **E** (Effect) bedeutet eine neue emotionale Konsequenz eröffnet eine neue effektive Einstellung, z. B. *„Wir hatten eine schöne Beziehung und es tut mir weh, dass sie zu Ende ist. Aber wahr ist auch, dass wir unsere Probleme miteinander hatten.", „Ich kann jetzt neu starten und einen anderen Menschen finden, mit dem ich eine Beziehung eingehen möchte.", „Es ärgert mich, dass er die Beziehung beendet hat und eine neue Beziehung eingegangen ist mit einer Anderen. Aber es ist nicht unerträglich."* (vgl. Ellis, MacLaren 2015, S. 43–45).

2.12 Neurolinguistisches Programmieren (NLP) in der Beratung

Neurolinguistisches Programmieren wurde von den Linguisten John Grinder (*1939) und Richard Bandler (*1950) in den siebziger Jahren entwickelt. Sie wollten herausfinden, wie genau ein therapeutisches Gespräch Einfluss auf die Kommunikations- und Verhaltensweisen der Klient*innen nimmt und welche Kommunikation die effektivere ist. Ihre Grundidee ist, dass Menschen aufgrund ihrer Lebenserfahrungen und Wahrnehmung ein eigenes Modell ihrer Welt erschaffen. Damit Menschen sich in ihrem Model der Welt zurechtfinden, erschaffen sie sich eine eigene Landkarte ihrer Welt. NLP ist heute weit verbreitet und findet Anwendung im Rahmen von Beratung, Supervision, im Verkauf, in der Unterrichtsdidaktik und bei der Entwicklung von Lernstrategien. Die bekanntesten Methoden sind Ankern, Reframing, Pacing, Leading und Rapport sowie Kommunikation in der Beratung mit der sprachlichen Konkretisierung von Tilgungen, Generalisierungen und Verzerrungen.

2.12.1 Repräsentationssysteme und Ankern

→ Kapitel 2.12.1: NLP Technik – Anker setzen

→ Kapitel 2.12.1: NLP Übung – sensorisches Erleben

Menschliche Sinne werden genutzt um die Welt zu erfahren (äußerlich) und um innerlich die Erfahrungen wieder zu repräsentieren. Sehen, Hören, Riechen, Schmecken, haptische und kinästhetische Sensorik heißen deshalb im NLP Repräsentationssysteme (vgl. Bandler, Grinder 2014a, S. 39). Menschen denken unterschiedlich und nutzen dafür meistens die drei wichtigsten Sinnesempfindungen Sehen, Hören und Fühlen. Menschen erzeugen damit innere Bilder, spüren Empfindungen, reden mit sich selbst oder hören Geräusche oder Klänge (vgl. Bandler, Grinder 2014a, S. 27). Im NLP werden Repräsentationssysteme mit Sprache und Handlungen verknüpft. Menschen werden so zu Verhaltensänderungen gewissermaßen programmiert. In diesem Zusammenhang wird auch von Suggestion oder Hypnose gesprochen. Um Repräsentationssysteme sinnvoll zu verknüpfen, wird im NLP vom „Ankern" gesprochen. Hierbei können Erlebnisse und Gefühle mit einem kinästhetischen, auditiven oder visuellen Anker kombiniert werden. Bei einem **kinästhetischen Anker** wird ein bestimmtes Erlebnis mit allen Sinnen und Gefühlen in Erinnerung gerufen und ein kinästhetischer Reiz gewählt, wie z. B. Zeigefinger und Daumen zusammendrücken, und damit kombiniert. Bei einem **auditiven Anker** kann es ein Wort oder ein Satz sein, der innerlich gesagt wird und mit dem Gefühl im Einklang steht, wie z. B. das Wort Blau für das ozeanische Gefühl oder Selbstvertrauen. Bei einem **visuellen Anker** wird ein Symbol gewählt, das bei der Ressource gesehen wurde, z. B. Wellen *für Stärke*. Für unterschiedliche emotionale Zustände an unterschiedlichen Orten sollten auch unterschiedliche Bilder gewählt werden (vgl. O'Connor, Seymour 2008, S. 95 f.). Ankern und Reframing werden häufig genutzt, um eine Verhaltensänderung herbeizuführen, wie z. B. Raucherentwöhnung, Angst vor dem/der Zahnarzt*in oder Prüfungsangst.

→ Kapitel 2.12.2: NLP Technik – Reframing

2.12.2 Reframing

Reframing („Um-Rahmung") bedeutet, einem Begriff, einem Verhalten oder einer Situation eine neue Bedeutung oder einen neuen Kontext zu geben. Ziel ist es, Strategien oder Gefühle zu verändern. Bei einem Bedeutungs-Reframing wird Verhalten mit einem neuen, positiveren Etikett versehen. Unpünktliche Menschen sind sehr beschäftigt, engagiert und vergessen so die Zeit, oder chaotische Menschen sind spontan und kreativ.

Bei einem Kontext-Reframing verwendet man die Ressourcen der Betreffenden, um einen neuen Kontext zu finden. Im Kontext Schule ist *„aufsässig sein"* negativ bewertet und wird positiv umgedeutet zu *„sich der eigenen Haut erwehren"* oder *„den eigenen Standpunkt durchsetzen"* (siehe Abbildung 9, Reframing) (vgl. Bandler, Grinder 2010c, S. 21, 22).

Abb. 9: Reframing

2.12.3 Sprache als Repräsentation des Selbst

Mit der Sprache erschließen sich die Therapeut*innen die Welt des/der Klient*in. Veränderungen werden initiiert und neue Verhaltensmöglichkeiten eröffnet. Mit Sprache eröffnen Berater*innen ihren Klient*innen neue Handlungsoptionen und Ideen. Sie helfen zu reflektieren und das Verhalten anzupassen. Sprache bedeutet im NLP, eine Veränderung in den Denkmodellen der Klient*innen zu bewirken. Für die Linguisten Bandler (1950) und Grinder (1939) ist Sprache das wichtigste Medium der Modellbildung (vgl. Bandler, Grinder 2011b, S. 35).

→ Kapitel 2.12.3: NLP Technik – Tilgung_ Verzerrung_Generalisierung

Tilgungen

Bestimmte Informationen sind aus dem Gesagten (= Oberflächenstruktur) entfernt worden.

Deshalb muss in der Tiefenstruktur die vollständige Repräsentation vorhanden sein. Interessant ist es deshalb ausgelassene Informationen zu erfragen, anzureichern und zu konkretisieren. Sagt der/die Klient*in *„Ich fürchte mich"*, so kann der/die Berater*in die verkürzte Aussage akzeptieren, nach dem fehlenden Inhalt suchen oder Hypothesen über die fehlende Information formulieren. Die Frage ist hier an den/die Klient*in: *„Wovor fürchten Sie sich?"* (vgl. Bandler, Grinder 2011b, S. 57).

Weitere Beispiele zu Tilgungen:
„Paul aus der 11 b ist ein arroganter Arsch." Frage: *„Wem gegenüber ist Paul arrogant?"*
„Das ist ein günstiges Angebot?" Frage: *„Für wen genau? Was genau?"*

Verzerrungen

Menschen definieren sprachlich Entscheidungsprozesse in feststehende Ereignisse um. Der Nachteil dabei ist, dass diese Ereignisse nicht mehr veränderbar sind. Interessant ist es nun, diese Prozesse wieder in Erinnerung zu rufen. Im NLP heißen diese verdrängten oder festgelegten Erinnerungen Tiefenstruktur und die an der Oberfläche liegenden und verbalisierten Sätze Oberflächenstruktur. Eine Oberflächenstruktur repräsentiert z. B. der Satz: *„Ich bedauere meine Entscheidung sehr."* Um an die Tiefenstruktur dieser Aussage zu gelangen, bietet sich die Frage an: *„Es gibt also nach Ihrer Auffassung nichts, was Sie dazu bewegen könnte, diese Entscheidung zu verändern?"* (vgl. Bandler, Grinder, 2011b, S. 59, 60).

Generalisierung

Besonders gern generalisieren wir Aussagen. Das bedeutet nach Bandler und Grinder im linguistischen Sinn, Wörter oder Wortfolgen zu formulieren, die keinen Bezug haben und nicht mit Verben vollständig spezifisch angereichert sind. Es werden unspezifische Substantive bevorzugt, wie z. B. Klient*in: *„Ich habe Angst."* Berater*in: *„Wovor?"* Klient*in: *„Vor Menschen?"* Berater*in: *„Wen genau?"* (vgl. Bandler, Grinder 2011b, S. 63, 64)

Weiteres Beispiel zu Generalisierungen:
Klient*in: *„Mein Kind ängstigt mich."* Berater*in: *„Wie verängstigt Ihr Kind Sie?"*

Tipps

Einschränkende Glaubenssätze blockieren die Entwicklung und ohne klares Ziel wird erwünschtes Verhalten nicht herbeigeführt. Dilts u. a. sprechen von „inneren Terroristen", die die Zielerreichung stören. Der/die Berater*in sollte den derzeitigen Zustand ermitteln, das gegenwärtige Problem mit dem/der Klient*in erarbeiten und den erwünschten Zustand mit den ermittelten Ressourcen definieren. Einschränkende Glaubenssysteme wie: *„Ich schaffe das sowieso nicht." „Ich bin dick." „So bin ich nun mal." „Gerade wenn ich anfange Erfolg zu haben, geht alles den Bach herunter"*, verhindern eine realistische Zielerwartung (vgl. Dilts, Hallbom, Smith 2015, S. 14 f.).

Werden generalisierte oder verzerrte Aussagen analysiert und Tilgungen erfragt, sollte das Fragewort *„Warum"* nicht verwendet werden. Warum-Fragen tragen nicht zur Problemlösung bei, sondern führen zu neuen Generalisierungen. Der/die Klient*in könnte sich dadurch bedrängt fühlen.

Es gibt drei Typen von Warum-Fragen:

1. Warum hast du etwas getan, was du besser unterlassen hättest?
2. Warum hast du etwas unterlassen, was du besser getan hättest?
3. Warum ist das so/funktioniert das so?

Besser ist es zu fragen *„Wie kommt es, dass …?" „Was hat bewirkt, dass …?"* Im NLP ist es wichtig zu verstehen, was der Hintergrund des Ziels ist.

Check

In welchem Gemütszustand befindet sich der/die Klient*in, wie zeigt sich dieser Zustand in Mimik, Gestik und Sprache?

Welches Problem und welches Ziel hat der/die Klient*in?

Welche Ressourcen bringt der/die Klient*in mit und kann man diese mit der Ankertechnik aktivieren und verstärken?

Wie sind die sprachlichen Mitteilungen zusammengesetzt, was ist getilgt, was verallgemeinert?

In welchem Kontext formuliert der/die Klient*in Probleme, Einstellungen und Wünsche?

Technik

Ankertechnik im Wortlaut

1. Bestimmen sie die Situation, in der Sie ressourcenreicher sein wollen.
2. Identifizieren Sie die besondere Ressource, die Sie möchten, z. B. Selbstvertrauen.
3. *Überprüfen Sie, ob die Ressource wirklich angemessen ist*, mit folgender Frage: Wenn ich die Ressource jetzt und hier haben könnte, würde ich sie wirklich benutzen?

4. Finden Sie eine Situation in Ihrem Leben, als Sie diese Ressource zur Verfügung hatten.
5. Suchen Sie die Anker aus, die Sie in den Systemen sehen, hören, fühlen oder verwenden möchten.
6. Setzen oder stellen Sie sich auf einen anderen Platz und versetzen Sie sich ganz in den erlebten Ressourcenzustand hinein. Wenn der Höhepunkt vorbei ist, gehen Sie heraus.
7. Erleben Sie den Ressourcenzustand noch einmal neu. Wenn der Ressourcenzustand auf dem Höhepunkt ist, verknüpfen Sie die drei Anker damit. Zustand so lange halten, wie Sie es wollen.
8. Testen Sie die Verknüpfung, indem Sie Anker aktivieren und sicherstellen, dass sich tatsächlich der verankerte Zustand einstellt.

Kontextreframing
Aussage Klient*in: *„Ich bin zu streng."* Überlegung Berater*in: *„Wo wäre dieses Verhalten nützlich?"*
Aussage Klient*in: *„Ich wünschte, ich könnte damit aufhören."* Überlegung Berater*in: *„Wo wäre dieses Verhalten eine Ressource?"*

2.13 Exkurs: Rapport, Pacing und Leading

Rapport bedeutet Übereinstimmung, Einklang oder Ähnlichkeit und ist eine Beziehung zwischen Kommunikationspartner*innen, die durch Vertrauen, Gleichklang, Einverständnis, Zuversicht, Anziehung oder Beteiligung gekennzeichnet ist. Rapport im NLP basiert auf Empathie, Harmonie, Verständnis und einer positiven Chemie zwischen den Kommunikationspartner*innen (vgl. Adler 2016, S. 84). Während der Anpassung (Matching) passen sich Mimik, Gestik und Stimme an den/die Kommunikationspartner*in an. Im NLP nennt man diese Phase Pacing (vgl. Adler 2016, S. 86 f.). Beim anschließenden Leading wird ein Prozess der Veränderung herbeigeführt und die Anpassung verfeinert. Beim Leading wird das Matching angewendet, um Körpersprache, Mimik, Gestik und Stimme des Kommunikationspartners zu verändern (vgl. Adler 2016, S. 98). Mit Stimme und Körpersprache werden fließende Übergänge gestaltet und Zustände verändert, z. B. von aufgeregt sein zu ruhig und gelassen sein. Verändert man seinen Zustand, so verändert sich auch der Zustand des „Gegenübers". Pacing ist kein Nachäffen oder ein wahlloses Kopieren! Der/die Klient*in soll sich beim Pacing und Leading verstanden fühlen und entlastet werden. Manipulation oder Überforderung sind unbedingt zu vermeiden. Im Vordergrund steht der Respekt vor dem Klienten bzw. der Klientin. Erfolgreiche Menschen schaffen Rapport und

Rapport schafft Vertrauen. Einen guten Rapport kann man gemeinsam genießen. Kommt kein Kontakt zustande, so ist zu prüfen, warum und ob Kontakt überhaupt notwendig ist. Bei Kontakt und Kommunikation muss bewusst Wertschätzung einfließen. Die Anpassung erfolgt durch

- Spiegeln der Stimme: Tonlage, Lautstärke, Rhythmus, Wortwahl
- Spiegeln des Atems: Rhythmus, Tiefe, Ort des Atmens, seufzen, aufatmen
- Spiegeln der Bewegung: Rhythmus, Geschwindigkeit, Umfang, mit welchem Körperteil
- Spiegeln der Körperhaltung: nach vorne gebeugt, zurückgelehnt, Beinstellung, Armstellung
- Überkreuz spiegeln (cross over mirroring, cross matching). Atmung und Bewegung werden mit einer Bewegung eines anderen Körperteils aufgenommen. Beispiele: Jedes Mal, wenn sich die andere Person am Kinn kratzt, bewegen Sie den Finger auf dem Tisch. Sie nehmen den Rhythmus des Atems mit der Fußspitze auf.
- Zeitlich versetzt spiegeln. Beispiel: Der/die Klient*in setzt sich anders hin, Sie warten ca. 2 Atemzüge und setzen sich dann auch neu.

2.14 Hypnotherapie nach Milton Erickson

Die Techniken und Methoden der Hypnotherapie zeigen das Dilemma der Beratung. Wo hört die Beratung auf und wo fängt die Therapie an? Zusammen mit Watzlawick, Satir, Rogers, Bandler & Grinder, Bateson, Haley und anderen, versammelten sich Psychotherapeuten in Palo Alto in der Nähe von San Franzisco, um ihre Ideen und Erfahrungen in der Psychotherapie zu erforschen und zu modifizieren. Um diese Gruppe herum entstanden einige Beratungsmethoden, die in diesem Buch vorgestellt werden. Aus diesem Grund ist es nicht verwunderlich, wenn sich Menschenbilder, Techniken und Methoden ähneln und sogar überschneiden. Bei der Hypnotherapie wird das besonders deutlich. Auch hier ist die Vorbereitung der Sitzung und die Beobachtung des/der Klient*in besonders wichtig. Deshalb bildet der Rapport die Ausgangsbasis der Gespräche und Therapie. Auch die Sammlung von Fakten, die Anamneseerhebung, Problemeruierung, Lösungsversuche, die Erwartungshaltung und Zielvorstellungen des/der Klient*innen gehören dazu.

→ Kapitel 2.13 Exkurs Rapport, Pacing und Leading
→ Kapitel 1

→ Kapitel 1
→ Kapitel 2.15

Bei der Hypnotherapie wird in einer therapeutischen Trance der/die Klient*in vorübergehend in einen Zustand versetzt, in dem der gewohnte Bezugsrahmen und die *Überzeugungen aufgehoben werden und er/*sie *für andere Assoziationsmuster und psychische Funktionsweisen empfänglich ist.*

Erickson betont, dass die Hinführung zum Trancezustand kein standardisierter Prozess oder eine konkrete Technik ist. Beim hypnosystemischen Ansatz geht man davon aus, dass menschliches Erleben niemals stabil ist. Es entsteht und wird aufrechterhalten durch Fokussierungsprozesse der Aufmerksamkeit (vgl. Erikson, Rossi 2008, S. 17, 18).

Diese Fokussierungsprozesse bilden sich auf zwei Ebenen ab: der bewussten-willkürlichen Ebene (Ich) und der unbewussten-unwillkürlichen Ebene (Es). Die Aufmerksamkeitsfokussierung soll ein positives Flowgefühl (Zufriedenheit, Entspannung) entstehen lassen oder aber auch entgegengesetzt ein negatives Flowgefühl, welches Leid oder Verstörung erzeugt. Beide Reaktionen bieten Ansätze für Lösungen. Die bewusste Ich-Welt ist geprägt von richtig oder falsch, ja oder nein, Entscheidungen, Planungen oder Organisation. Es werden Prioritäten gesetzt und „Wenn-Dann“ Kausalitäten verankert (vgl. Meyer-Erben, Schreindorfer 2021, S. 17, 18). Die Ich-Welt ist mit Rationalität verbunden. Sprache, Vernunft und Logik entscheidet über Planung und Organisation der Lebenswelt. Körper (ES) und Geist (ICH) sind miteinander verbunden. In der hypnosystemischen Therapie werden diese beiden Ebenen miteinander verbunden. In der Es-Welt sind die Wahrnehmungskanäle verankert: visuell, auditiv, kinästhetisch, olfaktorisch und gustatorisch (VAKOG). Wie beim Neurolinguistischen Programmieren dient die Aktivierung der Sinneskanäle dazu, Körperempfindungen bewusst zu machen und zu reflektieren.

→ Kapitel 2.12
→ Kapitel 2.12.1: NLP Technik – Anker setzen
→ Kapitel 2.12.1: NLP Übung – sensorisches Erleben

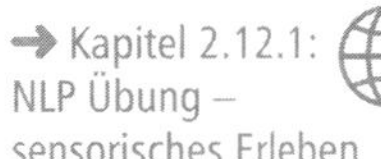

Tipps

Es gibt verschiedene Zugänge, die Klient*innen in den Zustand der Empfänglichkeit versetzten. Den Weg dahin hat Erickson in 5 Phasen beschrieben:

1. Die *Fixierung der Aufmerksamkeit*, in der die Überzeugungen und das Verhalten der Klient*innen genutzt werden, um die Aufmerksamkeit auf die inneren Realitäten zu lenken. Dies geschieht mit Aufforderung zur Fixierung eines Lichtpunktes oder indem der Fokus auf einen Punkt im Körperinneren (z. B. Gefäße oder Atmung) gelenkt wird.
2. Das *außerkraftsetzten gewohnter Schemata und Glaubenssysteme* durch Ablenkung, Schock, Überraschung, Zweifel u. a., die den Bezugsrahmen der Klient*innen aufhebt. Durch die vorangegangene Aufmerksamkeitsfixierung ist nun der/die Klient*in abgelenkt und damit wird der Weg frei für Überraschendes, Phantastisches oder Ungewöhnliches.
3. *Unbewusste Suche* durch Fragen, Wortspiele und hypnotische Formen der Suggestion. Anspielungen, ein Scherz oder neue Interpretationsangebote für wiederkehrende Situationen, Metaphern und Analogien lenken die Aufmerksamkeit auf neue Aspekte. Neue Interpretationen reorganisieren bisherige Erfahrungen.

4. Den *Prozess unbewusst* mit Assoziationen, Fragen, Hypnose, Humor, Wortspiele u. a. in Gang setzen.
5. In der *Hypnose* persönliche und aktive Verhaltenspotentiale entwickeln (vgl. Erikson, Rossi 2008, S. 19–21).

Technik

Bei älteren Formen der direkten Suggestion wiederholt der/die Hypnotherapeut*in dauerhaft immer wieder dieselbe Suggestion. Mit der sogenannten Einstreutechnik will Erickson neue Assoziationen im Trancezustand einflechten. Das kann ein einziges Wort oder ein Satz sein (vgl. Erikson, Rossi 2008, S. 37).

Bei der indirekten Suggestion greift der/die Therapeut*in ein Thema auf, dass auf den ersten Blick nichts mit dem Anliegen des/der Klient*in zu tun hat. Beispielsweise spricht der/die Therapeut*in über die eigene Mutter oder über die Baustelle zu Hause. Erickson warf während des Gesprächs in einer Sitzung ganz beiläufig verschiedene Geschichten, Begriffe und Anekdoten ein. Der/die Klient*in fragte sich, was diese Geschichten nun mit ihm/ihr zu tun haben? *Können über diesen Weg neue Interpretationen und Assoziationen zum persönlichen Anliegen hergestellt werden, ist dies der Beginn der „Umprogrammierung".*

Technik

→ Kapitel 2.13
Rapport, Pacing, Leading

→ Kapitel 2.12.1
Ankern

→ Kapitel 2.12.2
Refraiming

→ Kapitel 2.15 und Kapitel 5.3.2
Dekonstruktion

2.15 Die vier Ohren der Kommunikation – Werte, Persönlichkeit und inneres Team

Der Psychologe und Kommunikationswissenschaftler Friedemann Schulz von Thun entwickelte Ende der 70er Jahre das Kommunikationsquadrat (siehe Abbildung 10) eingeführt. Jede Äußerung enthält eine sachliche Information, eine Information über den Sender, eine Information zur Beziehung zum Empfänger oder zur Meinung vom Empfänger und eine Aufforderung an den Empfänger (vgl. Schulz von Thun 2019a, S. 27 f.). Zwischenmenschliche Kommunikation ist manchmal so schwierig, weil wir es uns frei aussuchen können, auf welchem Ohr man besonders gut hört. Menschen hören gern auf dem Beziehungsohr. Selbst bei reinen Sachdarstellungen wird der Beziehungsaspekt hineininterpretiert. So wird bei einer Sachmitteilung eine zwischenmenschliche Ebene berührt, Nachrichten als Kritik an der eigenen Persönlichkeit bewertet, dem Empfänger einer Nachricht das eigene innere Selbst offenbart und eine Handlung automatisiert ausgeführt, obwohl dies nicht erwartet wurde (vgl. Schulz von Thun 2019a, S. 51 f.).

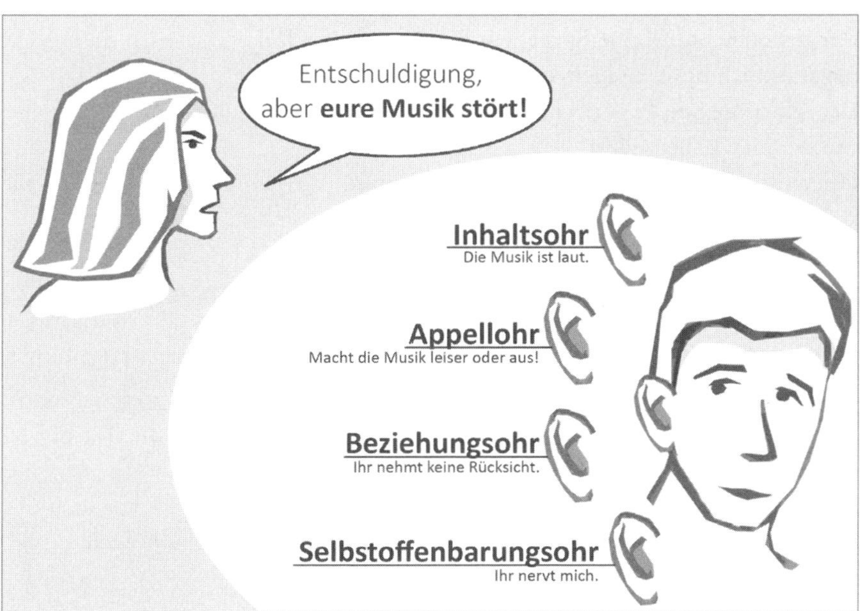

Abb. 10: Das Kommunikationsquadrat nach Schulz von Thun

2.15.1 Kommunikation und Werte

Menschen formen für sich ihre persönlichen Werte und Normen. Jeder Wert hat einen Gegenpol und lässt sich sowohl ins Negative als auch ins Positive umkehren. Beispiel Geiz – Verschwendung (negativ) oder Großzügigkeit (positiv). Die Interpretation und Formulierung der Werte hängen von den Erfahrungen des Individuums, der persönlichen Einschätzung und dem verfügbaren Wortschatz ab. Nach Schulz von Thun ist eine positive Entwicklungsrichtung Geiz – Großzügigkeit erstrebenswert. Sie sorgt für eine positivere Grundhaltung und differenziert gegenteilige Verhaltensweisen, die in den Wort- und Verhaltensschatz aufgenommen werden können (vgl. Schulz von Thun 2019b, S. 43). Dieser Ansatz findet sich im Reframing in NLP und in der systemischen Familientherapie wieder.

→ s. Kapitel 2.16

2.15.2 Persönlichkeitsstile und das innere Team

Wir leben mit einer multiplen Persönlichkeit. Nur ist uns das oft nicht bewusst. Je nach Situation und Stimmung in Verbindung mit Erfahrung, Gelerntem und Erziehung melden sich unterschiedliche Persönlichkeitsstile (siehe Abbildung 11). Diese Stile beeinflussen wiederum unser verbales und nonverbales Verhalten zwischen Sender und Empfänger. Folgende Persönlichkeitsstile werden unterschieden:

Der bedürftig-abhängige Stil: Was soll ich bloß machen? Ich schaffe das nicht alleine, unterstütze mich!

Der helfende Stil: Keine Sorge, ich bin ganz für dich da! Das wird schon! Ich bin stark, ich brauche niemanden.

Der selbstlose Stil: Lass mich doch ganz für dich da sein! Ich bin nichts, sag mir, wie du mich haben willst!

Der aggressiv-abwertende Stil: Du bist schuld, du bist der Hinterletzte, mir kann keiner, bekenne dich schuldig!

Der sich beweisende Stil: Ich bin ohne Fehl und Tadel! Erkenne mich an! Du wirst mich nicht beurteilen. Du wirst nicht mit mir konkurrieren.

Der bestimmend-kontrollierende Stil: Das macht man so und nicht anders! Ich weiß, was richtig ist. Das macht man so und so. Du bist ein Risikofaktor.

Der sich distanzierende Stil: Die Klugheit gebietet, die Sache nüchtern zu sehen. Was in mir vorgeht, tut nichts zur Sache. Komm mir nicht zu nahe. Du bist zu emotional. Es zählen die Fakten.

Der mitteilungsfreudig-dramatisierende Stil: Hört, so bin ich! Wende dich mir zu und bestätige mich! Du bist mir als austauschbares Publikum wichtig (vgl. Schulz von Thun 2019b, S. 69 f.).

Abb. 11: Persönlichkeitsstile nach Schulz von Thun

Unsere Kommunikation wird nicht nur durch eine einzige Haltung oder Meinung geprägt. Vielmehr gibt es verschiedene Aspekte in unserem inneren Team, die um die Vorherrschaft konkurrieren. Das Individuum muss innere Teamkonflikte lösen, die verschiedenen Teams zusammenführen und Synergieeffekte erzielen. In einem inneren Team gibt es z. B. eine/n peinlich Berührte*n, den/die Mitleidige*n, den/die Hartherzige*n, den/die schuldbewusst Privilegierte*n, den/die Eilige*n, den/die Misstrauische*n, den/die Leistungsbetonte*n oder den/die Systemkritiker*in (vgl. Schulz von Thun 2019c, S. 41, 42). Diese inneren Stimmen spiegeln die Pluralität des Lebens wider und sind eine Ansammlung von Familienwerten, Erziehungsstilen und Sozialisationsinhalten.

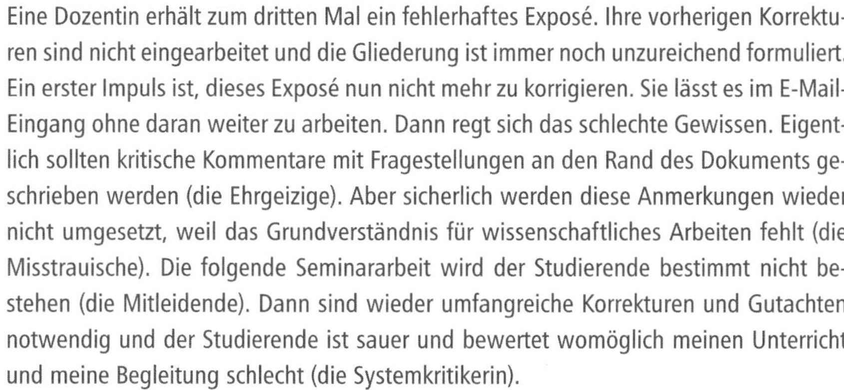

Fallbeispiel

Eine Dozentin erhält zum dritten Mal ein fehlerhaftes Exposé. Ihre vorherigen Korrekturen sind nicht eingearbeitet und die Gliederung ist immer noch unzureichend formuliert. Ein erster Impuls ist, dieses Exposé nun nicht mehr zu korrigieren. Sie lässt es im E-Mail-Eingang ohne daran weiter zu arbeiten. Dann regt sich das schlechte Gewissen. Eigentlich sollten kritische Kommentare mit Fragestellungen an den Rand des Dokuments geschrieben werden (die Ehrgeizige). Aber sicherlich werden diese Anmerkungen wieder nicht umgesetzt, weil das Grundverständnis für wissenschaftliches Arbeiten fehlt (die Misstrauische). Die folgende Seminararbeit wird der Studierende bestimmt nicht bestehen (die Mitleidende). Dann sind wieder umfangreiche Korrekturen und Gutachten notwendig und der Studierende ist sauer und bewertet womöglich meinen Unterricht und meine Begleitung schlecht (die Systemkritikerin).

Tipps

Persönlichkeitsstile sollten weiterentwickelt werden: vom bedürftig-abhängigen Stil hin zu mehr Verantwortung und Autonomie. Statt *„Ich muss"* besser *„Ich will"*. Vom helfenden Stil hin zu mehr Bewusstsein der eigenen Schwäche und sich Abgrenzen lernen. Bei einem selbstlosen Stil weg von der Aufopferungsrolle hin zu mehr Selbstachtung und auch mal *„nein"* sagen können. Statt eines aggressiv-abwertenden Stils Respekt und Taktgefühl zeigen und Lob und Anerkennung aussprechen. Bei einem sich beweisenden Stil sensibel darauf achten wie es ist, geliebt zu werden und sich eigene Fehler und Mängel zugestehen. Vom bestimmend-kontrollierenden Stil hin zu mehr Flexibilität und Offenheit (weg von der Überkontrolle). Bei einem distanzierten Stil weg von der Unnahbarkeit hin zu einer authentischen Entwicklung und Kontaktscheue abbauen. Bei einem mitteilungsfreudig-dramatisierenden Stil von der Redseligkeit und dem Monologisieren weg hin zu Zurückhaltung und Dialog.

Ein inneres Team braucht ein Oberhaupt, das die Führung des inneren Teams übernimmt. Die Aufgaben des Oberhauptes decken sich mit den Aufgaben einer Führungskraft. Selbstkontrolle und Selbstbeherrschung, Integration von individuellen Einzelbeiträgen, Konfliktmanagement, Förderung eines kooperativen Gesamtklimas und die richtige Mannschaft zusammenstellen führen dazu, dass das Individuum mit sich selbst im Reinen ist und authentisch agiert (vgl. Schulz von Thun 2019c, S. 70).

→ s. Kapitel 3.7

Check

Mit welchem Persönlichkeitsstil steht mir der/die Klient*in gegenüber und wie reagiere ich als Berater*in darauf?
Welche Persönlichkeitsstile liegen mir näher als andere?
Inwieweit verhindern die Persönlichkeitsstile die Weiterentwicklung?
Gibt es Muster innerhalb der Familie?
Welcher Aspekt meines inneren Teams steht gerade im Vordergrund?
Wie gestaltet sich der Dialog meines inneren Teams als Berater*in?

Technik

Identifikation der Teilnehmer*innen des inneren Teams

- Anhörung der Einzelstimmen
- Moderation und Strukturierung durch das „Oberhaupt" des inneren Teams
- Brainstorming und dabei das Interesse der jeweiligen Positionen erkennen
- eine Stellungnahme entwerfen

(vgl. Schulz von Thun 2019 c, S. 92 f.).

- Inneres Team sichtbar machen mit Skulpturarbeit, Disneymethode oder die sechs Denkhüte nach De Bono
- Anwendung der gewaltfreien Kommunikation bei der Analyse des inneren Teams und im Gespräch mit den Kommunikationspartnern

2.16 „Wie kann ich Ihnen helfen, damit Sie mich wieder loswerden?" Systemische Begleitung und Beratung

Das Mental Research Institute in Palo Alto im Silicon Valley war der Ort, von dem zwischen 1950 und 1980 zahlreiche systemische Impulse ausgingen. Die wachsende Palo-Alto-Gruppe bestand aus einer Forschergruppe von Psycholog*innen, Psychiater*innen und Sozialarbeiter*innen. Viele der dort beschäftigten Mitglieder, wie Virginia Satir, Salvador Minuchin oder Selvini Palazzoli, nahmen eine bedeutende Rolle in der systemischen Therapie ein. In der systemischen Denkweise rückt das psychosoziale Umfeld des/der Patient*in als wesentliche Komponente für die Entstehung, Aufrechterhaltung und Behandlung psychischer Störungen in den Fokus. Aus der systemischen Familientherapie entwickelte sich die systemische Beratung. Unterschiedliche familientherapeutische Ausrichtungen beeinflussen das Menschenbild der jeweiligen Berater*innen. Die psychodynamische Familientherapie geht von einer generations*übergreifende*n Beeinflussung der Familienmitglieder aus. In der humanistischen Familientherapie setzt man auf die Aktivierung der Selbstheilungskräfte. In der strukturellen Familientherapie nach Minuchin richtet sich der Fokus auf Beziehungen und Grenzen der Subsysteme. Dabei hat jede Familie für sich passende Strukturen mit inneren und äußeren Grenzen entwickelt (vgl. Minuchin 1979, S. 75). Die strategische Familientherapie arbeitet offene oder versteckte Koalitionen einzelner Familienmitglieder heraus. Aufwendige, unangenehme und schwierige Aufgaben bearbeiten Klient*innen bei den Ordeals. Diese Aufgaben müssen anspruchsvoller sein als das gezeigte Symptom. Bei der Kybernetik 1. Ordnung werden komplexe Systeme analysiert und in eine bestimmte vorgegebene Richtung gelenkt. Das System wird von einem/r neutralen Beobachter*in beobachtet und beeinflusst. Bei der Kybernetik 2. Ordnung reagiert das System auf den/die Beobachter*in, wodurch er/sie ein Teil des Systems wird. Es gilt das Prinzip der Selbstorganisation. Der/die Beobachter*in gibt Entwicklungs- und Veränderungsanstöße, die die Selbstorganisation des Klienten aktivieren (vgl. Helle 2019, S. 96).

2.16.1 Systemische Haltung in der Beratung

Der/die Klient*in wird ganzheitlich betrachtet. In der Beratung werden das Anliegen und die Wechselbeziehungen zu unterschiedlichen Systemen, in denen sich der/die Klient*in bewegen, analysiert. Letztlich soll der/die Klient*in Verantwortung für sich selbst übernehmen und sich und sein/ihr Umfeld selbst organisieren. Zwischen Berater*in und Klient*in besteht ein partnerschaftliches Verhältnis. Informationen, Interventionen und Ergebnisse, die im Rahmen der Beratung entstehen, sind für beide Seiten nachvollziehbar und transparent. Wie bei Rogers sind Empathie und Beziehung oft wichtiger als die Beratungsinhalte. Über Verhalten und Motivation der Klientin oder des Klienten sollten keine Vorannahmen oder vorgefertigte Lösungswege bereitstehen. Es gibt viele Sichtweisen und Wirklichkeiten. Alle Veränderungen und Lösungswege sind gegenwartsbezogen und finden im „Hier und Jetzt“ statt. Der/die Berater*in hat Respekt und Vertrauen in die Lösungskompetenz des/der Klient*in. Es gilt aus Problemen Ziele zu erarbeiten.

2.16.2 Therapeutische Glaubenssätze für die systemische Beratung

Virgina Satir (1916–1988) hat als Orientierung für die Grundhaltung eines Beraters Glaubenssätze formuliert:

1. Veränderung ist möglich.
2. Eltern tun zu jedem Zeitpunkt ihr Bestmögliches.
3. Wir verfügen über innere Ressourcen, um unser Leben erfolgreich zu gestalten und zu wachsen.

4. Wir haben die Wahlmöglichkeit entweder auf Stress zu reagieren oder in angemessener Weise damit umzugehen.
5. Therapie sollte sich auf die Möglichkeiten und Gesundheit des Klienten fokussieren.
6. Hoffnung ist ein wichtiger Bestandteil der Veränderung.
7. Menschen treten in Beziehung aufgrund ihrer Gemeinsamkeiten und wachsen aufgrund ihrer Verschiedenartigkeit.
8. Die Therapie soll den Klienten in die Lage versetzen eigenständige Entscheidungen zu treffen.
9. Menschen haben die gleiche Lebenskraft.
10. Die meisten Menschen ziehen die Vertrautheit dem Sich-Wohlfühlen vor, besonders in Stresssituationen.
11. Das Problem liegt nicht am Problem selbst, sondern im Umgang mit dem Problem.
12. Gefühle sind ein Teil von Menschen.
13. Menschen sind im Grunde gut. Sie müssen für ihren Selbstwert den inneren Schatz finden.
14. Eltern wiederholen oft die Muster ihrer Ursprungsfamilie, auch dann, wenn diese Muster dysfunktional sind.
15. Ereignisse der Vergangenheit können wir nicht ändern, lediglich die Auswirkungen.
16. Vergangenheit zu schätzen und zu akzeptieren, vergrößert unsere Fähigkeit, die Gegenwart zu bewältigen.
17. Ein Ziel auf dem Weg zu Ganzheit ist es, Eltern als Menschen anzunehmen und als Person zu begegnen.
18. An den Bewältigungsstrategien zeigt sich, wie es um unser Selbstwertgefühl steht. Je stärker das Selbstwertgefühl, desto gesünder die Bewältigungsstrategien.
19. Menschliche Prozesse sind universell und überall zu finden (Kultur, äußere Umstände und Zusammenhänge).
20. Der Prozess ist der Weg der Veränderung. Zufriedenheit ist der Kontext der Veränderung.
21. Das Ziel ist Kongruenz und ein starkes Selbstwertgefühl.
22. Gesunde zwischenmenschliche Beziehungen gründen auf Gleichwertigkeit.

(vgl. Satir, Banmen u. a. 2000a, S. 33)

2.16.3 Familienregeln und Familienmythen

Systeme und besonders Familiensysteme sind auf Homöostase ausgerichtet. In der verbalen und nonverbalen Kommunikation von Systemmitgliedern wird das Familiensystem stabilisiert und strukturiert. Häufig stabilisieren sich dadurch auch störende Grundmuster und Symptome.

Bei Familienregeln werden durch verbale, nonverbale und affektive Kommunikation (Haltung) Überlebenshaltungen (Regeln) im Kontext der Familie (System) gelernt.

→ Kapitel 2.15.3: Selbstwert und Kommunikation – Übung

Beispiele:

Familienregeln

- In unserer Familie sprechen wir nicht mit Außenstehenden über unsere Privatangelegenheiten.
- Wir kritisieren unsere Mutter nicht.
- Wir bitten niemanden um etwas.
- Wir zeigen keine Zuneigung, wenn jemand es nicht verdient.

Familienmythen

- Vom Vater muss alles Schwierige ferngehalten werden, weil er so viel um die Ohren hat.
- Zur Mutter kann man mit allem kommen.
- Wir Kinder gehorchen, sonst setzt es was.
- Über persönliche Dinge spricht man nicht.
- Wir tun alles für unsere Kinder.

Durch dieselbe Weise entstehen auch Familienmythen.

Beispiele:

- Unsere Familie hat immer Pech.
- In unserer Verwandtschaft haben wir immer zusammengehalten.
- Bei uns ist jeder seine eigenen Wege gegangen.
- Die schwere Geburt.
- Der verlorene Sohn.

→ Kapitel 2.15: Systemische Beratung – Systemische Werkzeuge

Tipps

Eine Vielzahl von Methoden, die auch in anderen Beratungskontexten angewendet werden, finden sich in der systemischen Familientherapie wieder und umgekehrt. So haben die Gestaltpsychologen die Grundhaltung des „Hier und Jetzt" aus der Familientherapie übernommen und Morenos Psychodrama findet sich in der Skulpturarbeit wieder. Die von Rogers geforderte klientenzentrierte, empathische Grundhaltung ist auch die Grundhaltung in der systemischen Beratung. Paradoxe Interventionen nach Watzlawick wurden von Palazzoli u. a. weiterentwickelt und als Hausaufgaben *für Klient*innen* eingeführt.

Palazzoli ist es auch, der vorschlägt, eine positive Symptombewertung zu vermitteln. Das bedeutet im Beratungsfall, das Anliegen, die Problembeschreibung oder das Verhalten positiv anzuerkennen. Beispiel: Ein zehn Jahre altes Kind schläft immer noch bei den Eltern mit im Ehebett. Berater*in zu den Eltern: *„Ihr Kind möchte Sie auch im Schlaf nicht aus den Augen lassen."* Damit erhält der/die Berater*in Zugang zum System. Durch die positive Beschreibung des Problems oder Symptoms kann die Familie die Situation neu bewerten. Gleichzeitig entsteht eine paradoxe Reaktion, in der die Familie nach einer Verhaltensänderung oder Problemlösung sucht (vgl. Palazzoli, u. a. 1988, S. 66).

Check

Welche Auftragslage liegt zugrunde?
Was ist das Ziel der Beratung?
Was ist das Problem und wie zeigt sich das Problem?
Welche Familienmythen und Familienregeln sind zu erkennen?
Gibt es Lösungsideen und wenn ja welche?

Technik

Systemisches Fragen

Zirkuläre Fragen (Was denke ich, was andere denken?)
Beispiel: An die Eltern (Paul ist dabei und hört zu): *„Kann Paul sich längere Zeit auf eine Sache konzentrieren? Wie lange kann er das?"* An Paul: *„Paul, wer in der Familie regt sich am meisten auf, wenn du eine Rüge in der Schule wegen nicht gemachter Hausaufgaben erhältst, wer am wenigsten?"*

Wunderfragen lassen den/die Klient*in fantasieren und intensiver über eine Veränderung nachdenken. Wunderfragen können ungewöhnliche Fragen sein oder auch provozieren.
Beispiel: *„Wenn über Nacht ein Wunder geschehen würde und das Problem auf einmal verschwunden wäre, was wäre dann morgen anders?" „Was würden Sie als Erstes tun?"* „Wer würde als Erstes erkennen, dass ein Wunder geschehen ist, und woran?"

Weitere Frageformen …

- Fragen, die Unterschiede verdeutlichen (Skalierungen, Rangreihen, etc.)
- Fragen zur Wirklichkeitskonstruktion (*„Wie sind die Dinge?"*)
- Fragen zur Möglichkeitskonstruktion (*„Wie könnten die Dinge sein?"*)
- Fragen zu Hypothesen (Zukunftsfragen: *„Mal angenommen …?"*)
- Fragen zu Problem- und *Lösungsszenarien (Problemausnahmen, Ressourcen)*
- Fragen zur Problemorientierung (Verschlimmerungsfragen)
- reflexive Fragen (therapeutische Beziehungen)
- Fragen zu Zukunftsplänen
- Dekonstruktionsfragen

(vgl. Von Schlippe, Schweitzer 2003, S. 146 f.)

→ s. Kapitel 2.12

Kontext-Reframing

Ordeals nach Haley: In der Therapie und Beratung bedeutet Ordeal, dass der/die Klient*in eine Aufgabe erhält. Diese Aufgabe ist schwieriger als das Symptom oder Problem selbst.

Idee: Wenn man es den Menschen schwerer macht ein Symptom zu haben, als es aufzugeben, dann wird es eher aufgegeben. Voraussetzung ist: Der/die Klient*in will unbedingt das Problem lösen, es darf nicht ausbeuterisch sein und es darf keine Rachestrategie haben. Der/die Klient*in will etwas investieren. Die Durchführung soll anstrengend, aber nicht qualvoll sein. Die Handlungen müssen im Bereich der Möglichkeiten der Klientin oder des Klienten liegen, die Familie oder der/die Partner*in muss gut vorbereitet sein (vgl. Von Schlippe, Schweitzer 2003, S. 197, 198).

Beispiel: Der/die Klient*in soll nachts statt zu schlafen etwas anderes tun, was nützlich aber anstrengend ist: Jogging, Wohnung putzen bis zum Erschöpfungszustand.

Paradoxe Interventionen nach Palazzoli: Oft werden bei Klienten oder Klientinnen widersprüchliche Tendenzen beobachtet: der Wunsch der Veränderung und der Wunsch, dass es so bleiben soll. Berater*innen sollen auch den Wunsch nach Nichtveränderung berücksichtigen. Dafür werden Aufträge gegeben, die diesen Nichtveränderungswillen anscheinend unterstützen (vgl. Schwing, Fryszer 2006, S. 249).

Beispiel: Klient*in will abnehmen und hat die Angewohnheit immer nachts nochmals an den Kühlschrank zu gehen und sich eine volle Abendmahlzeit auf die Schnelle zu gönnen. Die paradoxe Intervention wäre: *„Sie gehen immer nachts um zwei Uhr zum Kühlschrank und bereiten sich eine volle doppelte Mahlzeit zu. Essen Sie diese Mahlzeit nicht vor dem Kühlschrank, sondern decken Sie sich dafür den Tisch und setzen Sie sich hin.“*

Hausaufgaben zur Problemlösung nach de Shazer und Molnar: Der/die Berater*in bleibt bei dem Konzept zur Veränderung und hat die Grundannahme, dass der/die Klient*in das Verhaltensrepertoire bereits ausgeschöpft hat. Das Ziel ist es, dem/der Klient*in Problemlösungen aufzuzeigen (vgl. Von Schlippe, Schweitzer 2003, S. 37, 38).

Beispiel: Ein zerstrittenes Paar soll sich einmal am Tag überraschen.
„Wenn Sie sich nicht für eine Stunde Walking entscheiden können, werfen Sie eine Münze.“
„Wenn Sie nicht ins Fitnessstudio gehen wollen, machen Sie sich für die Nacht zurecht und legen Sie sich ins Bett und schlafen.“

Skulpturenaufstellung nach Virgina Satir (Familienaufstellung, Familienstellen, Systembrett): Die Sichtweisen der beteiligten Personen werden körperlich-

→ s. Kapitel 2.10

räumlich dargestellt. Wie ein Bildhauer stellt die Person ihr Erleben im Raum mit Bewegung, Pantomime unter Verwendung von Worten und Sätzen dar. Gegenstand der Skulptur können Beziehungen in Systemen, Entwicklung von Systemen in der Zeit oder innere Szenarien sein. In der Inside-out-Skulptur wird ein Mitglied des Systems gebeten seine Sicht der Beziehungen darzustellen. In der Outside Skulptur spiegelt der/die Berater*in die Beziehungen innerhalb der Skulptur (vgl. Schwing, Fryszer 2006, S. 175 f.). Strukturaufstellungen können im Rahmen von Organisationsberatung oder als Problem- oder Themenaufstellung genutzt werden.

2.17 Exkurs: Das Reflekting-Team

„Was denkst du, dass der andere denkt" oder „Tratschen in Anwesenheit". Beim Reflekting-Team wird die Technik der zirkulären Fragen erweitert. Das Besondere hierbei ist, dass das Beraterteam und die zu Beratenden in einem Raum sitzen und jede Gruppe hört der anderen Gruppe zu, wie sie sich über den jeweils anderen unterhalten. Durch das aktive Spielen mit dem Gedankenaustausch entsteht ein Klima der Kooperation. Die Beziehungen zwischen Dingen, Ereignissen oder Personen werden sichtbar. Das reflektierende Team besteht aus zwei bis vier Personen. In einer Beratungssituation beginnt man immer mit dem ratsuchenden System. Der/die Berater*in versucht über angemessene Fragen Informationen *über den*/die Klient*in zu generieren. Die Klient*innen gehen in Dialog mit dem/der Berater*in. Das reflektierende Team greift nicht in die Beratung ein, sondern hört schweigend zu. Nach ca. 20 bis 25 Minuten bittet das ratsuchende System das reflektierende Team um seine Ideen.

Die reflektierenden Teammitglieder teilen sich gegenseitig ihre Wahrnehmungen, Beobachtungen und Fragen mit. Sie nehmen währenddessen keinerlei Kontakt (auch keinen Blickkontakt) mit dem ratsuchenden System auf. Dieses Vorgehen ermöglicht es den Mitgliedern des ratsuchenden Teams, während des Zuhörens die Sichtweisen des reflektierenden Teams auf sich wirken zu lassen und zunächst für sich selbst damit umzugehen.

Nachdem das reflektierende Team geendet hat, sprechen die Mitglieder des ratsuchenden Systems über ihre Einfälle zu den Reflexionen. Sie führen also „eine Konversation über die Konversation des reflektierenden Teams (vgl. Von Schlippe, Schweitzer 2003, S. 199, 200).

Das reflektierende Team redet meist fünf bis zehn Minuten, manchmal länger. Es wird dabei normalerweise nicht vom ratsuchenden System unterbrochen. Für das Team gelten bestimmte Regeln. Die Teammitglieder hören einander zu und jeder spricht eher zu sich selbst, indem er sich selbst Fragen stellt, wie z. B. „*Ich frage mich gerade, was würde die Großmutter davon halten?*“. Hypothesen und Erklärungen werden beschrieben. Der Dialog ist eher vorsichtig, suchend, unsicher, wie z. B. „*Ich bin mir nicht sicher, aber ich glaube Melanie hat bereits eine Lösung gefunden*“. Die Körpersprache sollte auch beschrieben werden. Die wertschätzende Perspektive ist für den Dialog wesentlich. Provokationen sind durchaus erlaubt, sofern Klient*innen diese Offensive schätzen und vertragen können. Die geäußerten Ideen sollten zum Nachdenken anregen, müssen aber noch nachvollziehbar und anwendbar sein. Es wird nur über das gesprochen, was im direkten Zusammenhang mit dem Interview steht, und auf instruierende Ratschläge verzichtet (vgl. Von Schlippe, Schweitzer 2003, S. 201). Zum Abschluss stellt der/die Berater*in dem ratsuchenden System folgende Fragen: Was war wichtig? Was hätte besser nicht gesagt werden sollen? Was hat gefehlt?

Beratung in Gruppen und Teams

Birgitt Killersreiter

In diesem Kapitel erfahren Sie …

- welche Ideen der Themenzentrierten Interaktion zugrunde liegen,
- wie eine effektive und wertschätzende Moderation von Gruppen erfolgen kann,
- welche Prozesse bei der Bildung von Gruppen zugrunde liegen,
- welche Persönlichkeitsmerkmale Gruppenmitglieder kennzeichnen können,
- wie man wertschätzend und effektiv Feedback erteilt und
- in welchen Formen Gruppenberatungen durchgeführt werden.

3.1 Beratungen in der Gruppe

Eine Beratung in der Gruppe dient zur Schärfung von Zielen oder Visionen und hilft Problemlösungs- und Umsetzungsstrategien zu entwickeln. Berater*innen geben der Gruppe Feedback, regen zum Perspektivwechsel an, verbinden Emotionen, innere Bilder und Gedanken, helfen zu strukturieren und eröffnen neue Handlungsoptionen. Sie nutzen die vorhandenen Kompetenzen der einzelnen Gruppenmitglieder.

In einer Gruppenberatung wird das Potenzial aller Gruppenmitglieder genutzt. Durch die eigene Problembetroffenheit und durch Erfahrungsschilderungen unterstützen sich die Gruppenmitglieder gegenseitig. Dabei werden Themen enttabuisiert und das Selbstwertgefühl gestärkt. Soziale Konsequenzen und persönliche Schwierigkeiten thematisieren Teilnehmer*innen unter Umständen in einer Gruppe leichter. Das setzt allerdings eine große Vertrauensbasis innerhalb der Gruppe voraus. Als lernende Gruppe lernen die einzelnen Gruppenmitglieder bei Problemlösungsversuchen voneinander und finden gemeinsame Strategien. Berater*innen sind dabei gleichzeitig Moderator*innen.

Bei Gruppenberatungen bietet sich eine Beratung zu zweit (Ko-Beratung) an. Die gegenseitige Unterstützung erleichtert den Austausch über Beratungsinhalte und Beratungsrollen in der Vor- und Nachbereitung der Beratung. Durch das gegenseitige Feedback lernen die Berater*innen voneinander. Voraussetzung dafür ist gegenseitiges Vertrauen. Nur dadurch können unterschiedliche Charaktere, Sichtweisen und Herangehensweisen akzeptiert werden.

3.2 Im Hier und Jetzt sein – Themenzentrierte Interaktion

Nach Ruth Cohn (1912–2010) ist eine bestimmte Grundhaltung bei der Leitung von Gruppen notwendig. Gruppenleiter*innen reflektieren wer sie sind, was ihnen wichtig ist, und *überlegen* was für ihre Gruppenteilnehmer*innen wichtig sein könnte. Sie interessieren sich für die Persönlichkeiten innerhalb der Gruppe und die charakterlichen Eigenschaften der Individuen. Gleichzeitig legt Cohn den Fokus auf die Gegebenheiten (Raum, Tageszeit, Struktur und Organisation) und auf das, was die Gruppe lernen will und welche Aufgaben übernommen und erledigt werden müssen. Die Gruppenmitglieder im Hier und Jetzt entscheiden, welche Lernschritte eingeleitet und welche Verhaltensweisen verändert werden (vgl. Cohn 1975, S. 153). In der Themenzentrierten Interaktion wird zwischen dem „Ich", dem „Wir", dem „Es" und dem „Globe" unterschieden. Diese Einteilung erinnert an Freuds „Ich", „Es" und „Über-Ich" Das „Ich" ist die Person, die sich selbst und anderen mit einem Thema zuwendet. Das „Wir" sind die Gruppenmitglieder, die durch die Zuwendung zum Lernstoff und ihre Interaktion zur Gruppe werden. Der in der Gruppe behandelte Lernstoff ist das „Es". Das Umfeld, das die Gruppe beeinflusst und von ihr beeinflusst wird (Umgebung), ist der „Globe" (vgl. Cohn 2018, S. 113, 114).

Die freiheitliche und wertschätzende Grundhaltung der Themenzentrierten Interaktion (TZI) gibt den Aktionsradius sowohl der Gruppenleiter*innen als auch der Gruppenteilnehmer*innen vor.

Axiom 1 – Autonomie

- Jeder ist für sich selbst verantwortlich und trifft Entscheidungen für sich selbst.
- Der Mensch ist Teil des Universums.
- Der Mensch ist eine biologische und psychische Einheit (Körper und Geist).
- Geschehnisse durch uns bedingen einander.

Axiom 2 – Wertschätzung

- Ehrfurcht vor allen Dingen zeigen.
- Respekt vor Wachstum entwickeln.
- Menschlichkeit ist wertvoll.

Axiom 3 – Grenzen erweitern

- Freie Entscheidung innerhalb der Grenzen ermöglichen.
- Freiheit wächst und schrumpft, je nach Anforderung.
- Das Bewusstsein wechselseitiger, universeller Abhängigkeit (Interdependenz) führt zu humaner Verantwortung.

(vgl. Cohn 2018, S. 133, 134)

Fallbeispiel

In der neonatologischen Abteilung trifft sich zum ersten Mal eine neue Elterngruppe. Es sind Väter und Mütter, deren Kinder in der 24. bis 30. Schwangerschaftswoche zur Welt kamen. Sie haben unterschiedlich große Beeinträchtigungen. Manche Kinder werden beatmet, andere erhalten Sauerstoff oder können eigenständig atmen. Ein Kind wurde gerade am Dünndarm operiert. Die Eltern kommen aus dem bürgerlichen Milieu, sind aufgeklärt und sehr an Informationen und Mitsprache interessiert. Die Gruppe trifft sich in einem Nebenraum der Station. Es gibt Getränke und Kekse. Die Eltern lernen sich heute genauer kennen und erfahren gegenseitig die Krankengeschichte ihrer Kinder. Die Gruppe trifft sich regelmäßig im zweiwöchigen Rhythmus. Sie sind Sozialarbeiter*in auf dieser Station und leiten diese Elterngruppe.

Tipps

Aus den von Ruth Cohn formulierten Axiomen werden zwei wichtige Postulate abgeleitet:

1. *Störungen haben Vorrang.* Störungen anerkennen und Aufmerksamkeit widmen, nach Möglichkeiten suchen, sie zu überwinden. Begründung: Das Ziel der Gruppe oder des Gruppenmitglieds kann nur dann erreicht werden, wenn das Hindernis aus dem Weg geräumt ist.
2. *Leite dich selbst und sei deine eigene Chairperson.* Gruppenleiter*innen müssen für die eigenen Interessen und das persönliche Wohlergehen Verantwortung übernehmen. Gleichzeitig sollen die Gefühle und Bedürfnisse der Gruppe und der Umgebung berücksichtigt werden. Begründung:

Für die Moderation und Führung von Gruppen gibt es in der themenzentrierten Interaktion Kommunikations- und Hilfsregeln:

- Gebe und empfange das, was du selbst geben und empfangen möchtest.
- Es spricht nur eine Person.
- Sollte es notwendig sein, unterbreche das Gespräch.
- Ich-Botschaften senden.
- Persönliche Aussagen sind Fragen vorzuziehen.
- Auf Körpersignale bei sich und anderen achten.
- Sach- und Beziehungsebene ist gleichwertig.
- Jeder in der Gruppe ist für sich selbst und sein Befinden verantwortlich (vgl. Cohn 2018. S. 115).

Check

Welche Konflikte, Probleme oder Themen gibt es in der Gruppe?
Welche Gruppen innerhalb der Gruppe haben sich gebildet?
Wie ist die Akzeptanz der Gruppen gegenüber dem/der Gruppenleiter*in und den Gruppenmitgliedern?
Herrscht eine offene und konstruktive Atmosphäre untereinander?
Wie fühle ich mich, wenn ich als Gruppenleiter*in mit der Gruppe arbeite?
Habe ich mich heute auf die Gruppe gefreut?

Technik

- sich kennenlernen mit Namensspielen und Namensschild
- Verhaltensregeln und Ablaufpläne (Programm)
- Stuhlkreis ohne Tische
- Einstiegsrunde mit Befindlichkeitsabfrage im Hier und Jetzt
- Blitzlichtabfrage
- Sprechball demjenigen zuwerfen, der sich zu Wort meldet und spricht
- Aktivierungsspiele
- Entspannungsübungen
- Wettkämpfe mit wechselnden Paaren
- Variationen der Arbeitsgruppen durch Gruppeneinteilung mithilfe von Murmeln, Spielkarten, Süßigkeiten
- Abschiedsrituale und Ausblick für das nächste Treffen

3.3 Von Gruppen, Teams und Arbeitsaufträgen

Menschen treffen sich in Gruppen, weil sie zusammenarbeiten, etwas lernen wollen, Unterstützung und Rat erhalten oder Freund*innen treffen wollen. Teams arbeiten in Arbeitsprozessen und erfüllen ihre zugewiesenen Aufgaben und Rollen. Immer wenn Menschen zusammenkommen, entstehen Sympathie oder Antipathie. Jeder möchte die persönlichen Ziele erreichen. Optimalerweise decken sich die persönlichen Ziele mit den Gruppenzielen.

Gruppen und Teams dienen unterschiedlichen Zwecken. Lockere Gruppen unter Freund*innen treffen sich häufig und kommunizieren unmittelbar in Sozialräumen, in der Teeküche oder bei Konferenzen. Der Kontakt ist angenehm und sozialer Austausch und persönliche Unterstützung zugleich. Teams haben ähnliche Tätigkeiten und werden gleichwertig entlohnt. Sie arbeiten formalisiert zusammen und regeln die Zusammenkunft mit Übergaben, Dokumentationen, Tagesordnungen, Themenvorgaben oder Aufgabenverteilungen. Die Kommunikation ist mit schriftlichen Einladungen und Protokollen formalisiert. Teams können in kleine Arbeitseinheiten unterteilt sein. Die Arbeitsinhalte sind strukturiert und gerecht verteilt. Die Mitglieder dieser Arbeitseinheiten ergänzen sich persönlich, fachlich und sind sich sympathisch. Gefestigte Teams und Gruppen tendieren zur eigenen Aufwertung ihrer Gruppe oder ihres Teams zu einer Abwertung der Außengruppe. Dabei werden die Unterschiede der jeweiligen Innen- und Außengruppe in Beschreibung, Entlohnung oder Belohnung deutlich dargestellt. So unterscheiden sich Intensivstationen von Normalstationen (allein schon die Begrifflichkeit bewertet) und die Versetzung einer neonatologischen Gesundheitspflegerin bzw. -pflegers auf eine kinder- und jugendpsychiatrische Station wird wahrscheinlich größeren Widerstand hervorrufen.

Gruppenarbeit hat viele Vorteile. Zusammenarbeit und Expertise der einzelnen Personen führen zu höheren Leistungen, einem verbesserten Urteilsvermögen und mehr Professionalität. Intensive und häufige Kontakte erleichtern die Weitergabe von Informationen. Das erworbene Wissen wird innerhalb der Gruppe geteilt und stetig ergänzt. Die Kontrolle der Arbeitsaufgaben und Bearbeitungsschritte ist innerhalb einer Gruppe effektiver und erleichtert die Zielerreichung. Eine Gruppe entwickelt bei der Erarbeitung von Ergebnissen Fantasie und die Gruppenmitglieder beflügeln sich gegenseitig.

Fallbeispiel

Sie müssen in Ihrer Institution im Rahmen des Qualitätsmanagements die Grundlagen für die neue Zertifizierung von EFQM auf ISO 9001: 2015 schaffen. Damit die Evaluation und Qualitätssicherung umfassend und nach den Anforderungen der Zertifizierungsgesellschaft erfolgt, sollen möglichst viele Mitarbeiter*innen dafür gewonnen werden. Sie richten als Qualitätsmanagementbeauftragte*r in jeder Abteilung eine Arbeitsgruppe ein, die die Arbeitsprozesse definiert, evaluiert und für die Zertifizierung dokumentiert.

Tipps

Eine Gruppe sollte nicht größer als fünf bis sieben Mitglieder sein. Fachliche Kompetenz, Sympathie, Interesse am Gesamtproblem oder Thema und die fachliche Kompetenz der Gruppenmitglieder sind ausschlaggebend für eine funktionierende Zusammenarbeit. Mit Prozessverlusten muss bei einer Gruppenarbeit immer gerechnet werden. Dazu gehören soziales Bummeln (keiner fühlt sich wirklich verantwortlich), Trittbrettfahren (Einzelne drücken sich auf Kosten anderer) und der „Sucker-Effekt" (man möchte nicht der Dumme sein und reduziert die Anstrengungen). Hier ordnen spezifische Arbeitsregeln (Moderations-, Diskussions-, Dokumentationstechniken) die Zusammenarbeit.

Check

Wer ist wie motiviert?
Wer sorgt sich um sozialen Ausgleich?
Welche Synergieeffekte sind sichtbar?
Welche fachliche Kompetenz kristallisiert sich heraus?
In welchem Prozessstadium befindet sich die Gruppe?
Welche Persönlichkeiten zeichnen einzelne Gruppenmitglieder aus?

Technik

Moderation nach der Themenzentrierten Interaktion → s. Kapitel 3.2
Feedback geben → s. Kapitel 3.7

3.4 Meeting, Workshop und Co – darauf müssen Sie achten

Die Gruppe durchlebt einen Entwicklungsprozess in vier Phasen.

Phase 1: Ankommen, auftauen, sich orientieren

Die Teilnehmer*innen kommen von ihrer Arbeit oder von zu Hause. Sie nehmen ihre Eindrücke aus der Arbeit, von zu Hause oder von der Anreise mit, und mit diesen Eindrücken im Gepäck warten die Teilnehmer*innen erst einmal ab, „was noch so kommt". Nach einer anfänglichen Distanz wird langsam Kontakt zu den anderen Teilnehmer*innen aufgenommen. Diese Kontaktaufnahme ist durch Smalltalk geprägt. Einerseits wollen sie anonym bleiben, andererseits sich zeigen und darstellen. Jeder will akzeptiert werden und dazugehören. Dabei ist Individualität wichtig, aber nicht zu sehr, man möchte sich nicht von der Gruppe abheben.

Es wird zunächst erwartet, dass der/die Gruppenleiter*in Verantwortung übernimmt und über relevante Informationen verfügt, die die Gruppenmitglieder benötigen. Sie fühlen sich abhängig, brauchen Anleitung, auf die sie aber eigentlich verzichten möchten. Je nach Vorerfahrungen projizieren die Gruppenmitglieder ihre Vorstellung auf den/die Gruppenleiter*in (vgl. Langmaak, Braune-Krickau 2010, S. 71).

Check

Wer sind die anderen Gruppenteilnehmer*innen? Was wollen sie?
Wo ist hier was? Was darf ich und was nicht?
Was kann ich hier für mich erreichen und was nicht?

Technik

Anforderungen und Wünsche	Aufträge und Aufgaben
Teilnehmer*innen sollen Ruhe finden und Stress und Ängste reduzieren	Für Gastlichkeit am Empfang sorgen (erste Kontaktaufnahme und Austausch)
Teilnehmer*innen sollen Beziehungen zu anderen und zum Thema aufnehmen	Vorstellungsrunden (Kennenlern-Spiele), Einstiegsübungen, Einstiegsthema, Ablaufplan
Teilnehmer*innen benötigen Orientierung (Ort, Zeit, Ablauf)	Infomationen: Raumnummer, Anfahrts-, Unterkunftsbeschreibung, Tageszeit des Ankommens, Verpflegung, Raumausstattung, Entspannungsangebot
Ziele und Erwartungen für Inhalt und Zusammenarbeit klären	Tagesablauf, Wochenablauf, Themenvorstellung, Erwartungsabfrage
Abmachungen miteinander treffen (Wie? Woran? Womit?)	Spielregeln vereinbaren (Pausen, Pünktlichkeit, Vertraulichkeit, Störungen)
Teilnehmer*innen müssen die persönliche Verantwortung für das eigene Lernen übernehmen	Aufgaben verteilen, Arbeitsweise klären

Tabelle 1: Phase 1 Aufgaben und Anforderungen: Ankommen, auftauen und sich orientieren (eigene Darstellung, vgl. Langmaak, Braune-Krickau 2010, S. 72)

Phase 2: Gärung und Klärung und langsam „warm werden"

Die Gruppenteilnehmer*innen zeigen mehr von sich selbst. Die Rollen und der Status innerhalb der Gruppe sind verteilt und das Leitthema klar. Die eigenen Interessen werden offen dargestellt und wenn es sein muss auch verteidigt. Von dem/der Gruppenleiter*in wird einerseits erwartet, dass er/sie die Gruppe mit Anweisungen lenkt und die Richtung vorgibt, andererseits will die Gruppe eigenständig agieren. Die fachlichen und sozialen Fähigkeiten des/der Gruppenleitenden werden mit Testfragen auf den Prüfstand gestellt (vgl. Langmaak, Braune-Krickau 2010, S. 73).

Check

Wie wird der/die Gruppenleiter*in eingeschätzt?
Welche Hilfen erwartet die Gruppe, was muss sie tatsächlich selbst erarbeiten?
Decken sich die Zielvorstellungen der Einzelnen mit denen der Gruppe?
Inwieweit kommen einzelne Gruppenmitglieder den anderen entgegen?
Wer gibt innerhalb der Gruppe den Ton an und wer zieht sich zurück?

Technik

Anforderungen und Wünsche	Aufträge und Aufgaben
Strategie entwickeln	Wünsche und Vorkenntnisse abfragen, dokumentieren und in Ablauf und Inhalt einbauen
Inhalt, Themen und Ziele vorstellen	Lernziele, Gruppenziele und Lerninhalte, Aufgaben und Projektziele darstellen, begründen und dokumentieren
Prozessentwicklung beobachten, begleiten und lenken	Die Lerndynamik und Kommunikation der Gruppe beobachten, analysieren, ggf. thematisieren und dokumentieren. Prozess immer wieder an Lernziele, Gruppenziele und Lerninhalt ausrichten
Vorgehen planen, vorbereiten und vorstellen	Ablaufplanung, Zeitplanung und Inhaltsplanung vorstellen, Aufgaben beschreiben und erklären, Arbeitsweise, -methoden und -techniken erklären
Leitungsfunktion annehmen und ausfüllen	Eigene Wünsche und Bedürfnisse und die der Gruppe erkennen und artikulieren, wertschätzend moderieren und spiegeln. Sich nicht durch direkte und indirekte Angriffe verunsichern oder verärgern lassen. Kompetent Antworten und Fragen nicht aus dem Wege gehen

Tabelle 2: Phase 2 Aufgaben und Anforderungen: Gärung und Klärung und langsam „warm werden" (eigene Darstellung, vgl. Langmaak, Braune-Krickau 2010, S. 73)

Phase 3: Arbeitslust und Produktivität

Mit Ende der zweiten Phase entsteht bereits das Bewusstsein, damit man voneinander lernen kann und eine gemeinsame Aufgabe bewältigen muss. In der dritten Phase erkennen die Gruppenmitglieder die Unterschiede an, arrangieren sich und nutzen die vorhandenen Fähigkeiten. Mit der freigesetzten Energie entsteht eine stabile Arbeitsfähigkeit. Die Gruppe kann Aufgaben und Ziele selbst organisieren. Das Klima ist gekennzeichnet von gegenseitigem Geben und Nehmen und einer guten Umgangsweise. Erste engere Kontakte werden geknüpft. Gemeinsam entsteht das Bedürfnis, Resultate zu erzielen. Konflikte werden leichter gelöst und die Anfangsphasen wiederholen sich (Minizyklen) (vgl. Langmaak, Braune-Krickau 2010, S. 76).

Check

Welche Ziele sind geplant und welche Ziele formulieren die Teilnehmer*innen?
Wer hat in der Gruppe welche Fähigkeiten und Vorerfahrungen?
Welche Ergebnisse werden erwartet und entstehen tatsächlich?
Wie soll das Feedback gestaltet werden?

Technik

Anforderungen und Wünsche	Aufträge und Aufgaben
Zusammenarbeiten, lernen und sich näher kennenlernen	Fähigkeiten und Fertigkeiten der Teilnehmer*innen erkennen und fördern, Aufgaben nach Fähigkeiten und Fertigkeiten verteilen, die Bedürfnisse der Gruppe berücksichtigen (Ruhe, Gespräch, Bewegung, Zuhören), Gruppendynamik beobachten und ansprechen, Motivation der Gruppe berücksichtigen und Methoden anpassen
Ziele erkennen und anpassen	Zielschärfung (Grobziele, Feinziele, versteckte Ziele), Wünsche ermitteln und berücksichtigen
Inhalte erarbeiten und bewerten	Arbeitsmaterial und Informationen bereitlegen, Ergebnissicherung und Präsentation, Feedback
Struktur berücksichtigen	Ablauf- und Zeitplanung, gemeinsames Gestalten der Arbeits- und Pausenphasen, Gruppenarbeiten, Projektarbeiten

Tabelle 3: Phase 3 Aufgaben und Anforderungen: Arbeitslust und Produktivität (eigene Darstellung, vgl. Langmaak, Braune-Krickau 2010, S. 76)

Phase 4: Abschluss und Abschied

Eine Gruppe kann im Prinzip so lange weiterarbeiten, bis die gestellten Ziele erreicht wurden, keine neuen Ziele formuliert werden oder neue Interessen entstehen. Bei Workshops, Arbeits-, Beratungs- oder Lerngruppen ist das Ende definiert. Die Beendigung der Zusammenarbeit geschieht hier ohne Rücksicht auf die noch nicht erreichten Ziele, den Gesprächsbedarf oder das erledigte Thema. Endphasen und Abschiede müssen berücksichtigt und vorbereitet werden (vgl. Langmaak, Braune-Krickau 2010, S. 77).

Check

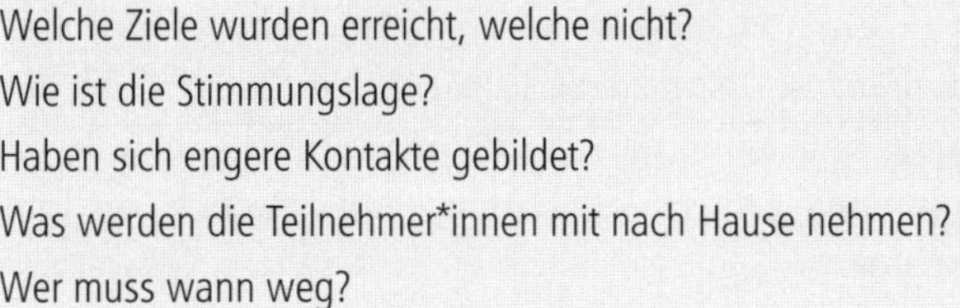

Welche Ziele wurden erreicht, welche nicht?
Wie ist die Stimmungslage?
Haben sich engere Kontakte gebildet?
Was werden die Teilnehmer*innen mit nach Hause nehmen?
Wer muss wann weg?

Technik

Anforderungen und Wünsche	Aufträge und Aufgaben
Abschluss Organisation	Zeitplanung, Raumabgabe, Abrechnungen, Teilnahmebestätigungen
Lerninhalte sichern	Abschluss der Themen, der laufenden Arbeit, Ziele des Auftraggebers evaluieren
Transfer planen und bereitstellen	Tipps und Tricks, Unterlagen und Ergebnisse bereitstellen (analog, digital), Anschluss- und Nachfolgeaktivitäten planen, verabreden, Kontaktdaten
Evaluation und Feedback	Fragebogen, Feedbackrunden usw. über Ablauf und Organisation. Lerninhalte und Methoden, Atmosphäre und Weiterempfehlung
sich verabschieden	Abschiedsrituale für die Gruppe, persönliche Verabschiedung und die guten Wünsche für den Weg

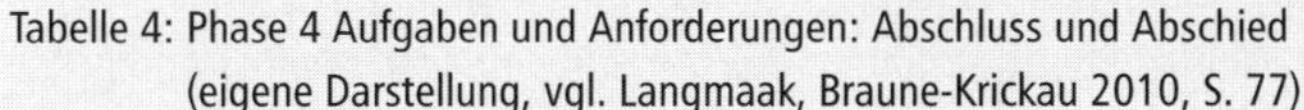

Tabelle 4: Phase 4 Aufgaben und Anforderungen: Abschluss und Abschied (eigene Darstellung, vgl. Langmaak, Braune-Krickau 2010, S. 77)

3.5 Das Gruppenmitglied – eine eigene Spezies

Innerhalb einer Gruppe gibt es immer Bestrebungen nach Veränderung und Anpassung, Geborgenheit und Distanz, Struktur und Autonomie. Je nachdem, wie viele Persönlichkeiten sich unter den Gruppenmitgliedern verstärkt positionieren, wird eine Grundstruktur sichtbar und aktiv. Diese Bedürfnisse teilen nicht immer alle Gruppenmitglieder gleichzeitig oder in der gleichen Intensität. Die Erfahrung zeigt: Es gibt immer wieder ganz bestimmte Typen in einer Gruppe, die besondere Aufmerksamkeit benötigen.

Der distanzierte Typ

Der distanzierte Typ ist kühl und zurückhaltend. Man kommt ihm schwer näher. Beziehungen knüpft er über Sachinhalte und ist dabei ein*e kritische*r und distanzierte*r Beobachter*in. Distanzierte Typen sind die Ersten, die den/die Gruppenleiter*in infrage stellen und dabei selten offensiv vorgehen. In den Pausen und in Gruppenarbeiten geht er auf Distanz und löst sich am Ende schnell aus der Gruppe heraus.

Tipps

Distanzierte Typen brauchen viel Kontaktangebote, persönliche Ansprache und gleichzeitig Freiräume und Rückzugsmöglichkeiten.

Der nähe-brauchende Typ

Der nähe-brauchende Typ ist herzlich, offen und geht vertrauensvoll auf die Angebote der Gruppenleitung ein. Er möchte zur Gruppe gehören und legt viel Wert auf persönliche Beziehungen. Deshalb übernimmt der nähe-brauchende Typ Aufgaben für die Gruppe und ist hilfsbereit, auf den ersten Blick eine sehr positive Verhaltensweise. Aber Achtung! Nähe-brauchende Typen sind leicht klammernd und anspruchsvoll, wenn es um die persönliche Beratung geht. Erfahren sie keine ausreichende Zuwendung und Wertschätzung, so brechen enttäuschte Gefühle als unaufhaltbare Konflikte hervor, oder sie ziehen sich in ihre „Höhle“ zurück.

Tipp

Nähe-brauchende Typen brauchen Nähe, aber auch Grenzen. Sie müssen immer wieder Aufmerksamkeit und Wertschätzung erfahren. Der/die Gruppenleiter*in muss genau auf die eigenen, persönlichen Grenzen achten. Grenzüberschreitungen dürfen nicht zugelassen werden. Nähe-brauchende Typen sind hilfsbereit, sollten aber nicht ausgenutzt werden. Darauf müssen Gruppenleiter*innen achten und die Aufgaben gerecht verteilen.

Der ordnend-bewahrende Typ

Der ordnend-bewahrende Typ ist sachlich, nüchtern und nicht affektiv. Er will von Anfang an genau wissen, wo es langgeht und was er dafür zu tun hat. In Gruppenarbeiten gibt er den roten Faden vor und erwartet die Einhaltung von Regeln und Absprachen. Zeitpläne und geplante Inhalte müssen unbedingt eingehalten werden. Spontane Veränderungen verunsichern. Ordnend-bewahrende Typen haben ein gutes Gedächtnis und führen immer wieder zu Sachthemen hin. Sie scheuen keine Auseinandersetzung und wollen bei Konflikten als Sieger hervorgehen. Sie korrigieren gern Niederschriften, machen hierzu ihre Anmerkungen und schreiben gern selbst das Protokoll (vgl. Langmaak, Braune-Krickau 2010, S. 115–118).

Tipps

Veränderungsschritte nur in kleinen Dosen einleiten. Die Abläufe (Tagesordnungen, Gliederung, Ablaufplanungen, Zeitplanung) transparent darstellen und gestalten.

Der überschwänglich-schwungvolle Typ

Der überschwänglich-schwungvolle Typ sucht ständig nach neuen Reizen und benötigt Publikum. Dabei ist er unverbindlich, freundlich und anregend, aber auch polarisierend. Überschwänglich-schwungvolle Typen verlieren schnell das Interesse an Sachthemen, vergessen Abmachungen und schweifen gern ab. Rollenspiele werden gern übernommen. Entweder man liebt diese Typen oder sie gehen einem „auf die Nerven".

Tipps

Grenzen setzen und nicht „überfluten" lassen. Immer wieder zum Thema hinführen und Abmachungen deutlich machen (vgl. Langmaak, Braune-Krickau 2010, S. 115–118).

Check

Wer in der Gruppe hat welche Bedürfnisse und Ansprüche?
Welche Persönlichkeitsmerkmale und Verhaltensweisen sind sichtbar?
Zu welchen Gruppenmitgliedern besteht eine Zuneigung, zu welchen besteht eine Abneigung, und warum?

Technik

Struktur geben:

- Zeitmanagement und Ablaufplanung vorstellen und fixieren
- für Visualisierung sorgen
- Hintergründe und Zusammenhänge klären
- für klare Vereinbarungen sorgen
- Zwischenergebnisse festhalten
- Endergebnisse sichern

Zuwendung, Wertschätzung und Lernen:

- gutes Verständnis sicherstellen
- für Konkretisierung sorgen

- Wortmeldungen zuteilen
- stille Gesprächsteilnehmer*innen aktivieren
- Vielredner*innen bremsen
- zum Thema zurückführen
- Wesentliches herausarbeiten

Miteinander sprechen und führen:

- Meinungs- und Interessensunterschiede offenlegen
- Konflikte bearbeiten
- Verständigung im Team zum Thema machen
- Gefühle und Empfindungen ansprechen
- eigene Gefühle zeigen
- Feedback geben
- einzelnen Teammitgliedern Feedback geben
- gemeinsame Bilanz und Manöverkritik

Systemische Fragen für die Gruppenmoderation

- *„Wie geht es Ihrem rechten Nachbarn?"*
- *„Wer von Ihnen ist am skeptischsten hierhergekommen?"*
- *„Wie ist es Ihnen ergangen?"*
- *„Können Sie etwas damit anfangen?"*
- *„Könnt ihr noch?"*
- *„Können Sie die Sache mittragen?"*
- *„Was genau meinen Sie, wenn Sie sagen …?"*
- *„Wo wurde schon einmal ein solches Problem gelöst?"*
- *„Wenn Sie Ihren Bauch sprechen lassen, was sagt er?"*
- *„Was können wir alles tun, um zu scheitern?"*
- *„Was genau gefällt Ihnen nicht?"*
- *„Verstehe ich Sie richtig, dass …?"*
- *„Was genau ist Ihnen daran wichtig?"*
- *„Inwiefern?"*
- *„Was wäre das Schlimmste, was passieren kann?"*
- *„Was meinen die anderen?"*
- *„Woran möchten Sie weiterarbeiten?"*
- *„Was würde geschehen, wenn …?"*
- *„Was kann ich tun, damit Sie …?"*
- *„Was genau möchten Sie verändern?"*
- *„Worauf können Sie am ehesten verzichten?"*
- *„Was ist jetzt anders als vorher?"*

3.6 Exkurs: Besprechungen planen

➔ Kapitel 3.6: Protokollvorlage

Team- oder Arbeitsbesprechungen strukturieren in Dienstleistungsbetrieben die Zusammenarbeit. Sie sind Grundlage für Entscheidungen innerhalb der Organisation, der Abteilung oder Einrichtung. Diese Entscheidungen umfassen sowohl Arbeitsabläufe als auch Arbeitsinhalte und Ausrichtung der Organisation oder des Betriebes. Häufig sind es Führungspersonen, zu deren Aufgabe es gehört, diese Besprechungen vor- und nachzubereiten und durchzuführen. Für diese Aufgabe hat sich folgende Herangehensweise bewährt.

Informieren:

- Tagesordnung festlegen
- Zeitplan festlegen
- die Tagesordnung entweder auf der Besprechung oder vorab per Umlauf oder E-Mail bekannt geben
- Rückmeldungen und Wünsche einbauen
- Visualisierung vorbereiten (Texte, Tabellen, Filme, Powerpoint)
- funktionierende Technik bereitstellen
- Protokoll vom letzten Treffen kontrollieren und erneut versenden

Erarbeiten:

- Gruppeneinteilung vorab überlegen, inklusive Zeitplanung und Arbeitsaufträge
- Gruppenergebnisse sichern (Protokoll, Flipchart, Foto usw.)
- als Gruppenleitung nicht das Protokoll schreiben, sondern vorab delegieren

Entscheiden:

- Einschätzung der Ergebnisse, Informationen und Meinungen
- Entscheidungsmethode festlegen (Abstimmen, Entscheidungsvorlage erstellen lassen)

Verbindlich planen:

- Ergebnis sichern
- Verantwortung für entschiedene Aufgaben übertragen
- Zeitplan erstellen, bis wann die Aufgabe erledigt sein muss
- möglichst alle in die Planung miteinbeziehen (Betroffene zu Beteiligten machen)

→ Kapitel 3.7: Feedback geben

3.7 Rückmeldungen in der Beratung – das gelungene Feedback

Ein gelungenes Feedback führt zu neuen Horizonten und Lernerfahrungen. Voraussetzung dafür ist, dass Ziele, Arbeits- und Lerninhalte allen Beteiligten vorab bekannt sind. Besondere Sorgfalt erfordern Rückmeldungen zu Verhaltensweisen der Klient*innen. Sie berühren immer auch die psychologischen und kognitiven Persönlichkeitsmerkmale. Diese Rückmeldungen können schnell übergriffig erscheinen. Das Feedback soll dem/der Klient*in oder dem/der Gruppenteilnehmer*in zu einer realistischen Selbsteinschätzung verhelfen und nicht der Profilierung des/der Beratenden dienen.

Tipps

Nicht zu viel Feedback auf einmal. Das kann schnell zu Überforderung führen. Beobachten Sie, ob der/die Klient*in oder die Gruppe Ihre Offenheit annehmen kann und annehmen will. Nehmen Sie sich genügend Zeit für das Feedback. Nicht alles, was am Verhalten auffällig ist, muss thematisiert werden. Beschränken Sie sich auf das Wesentliche und bleiben Sie konkret. Kritisieren Sie nur das Verhalten oder bestimmte Merkmale in bestimmten Situationen und nicht die gesamte Person oder Gruppe. Verbinden Sie die Kritik mit konkreten und realisierbaren Änderungsvorschlägen. Beschreiben Sie Aussagen und Verhalten und interpretieren Sie nicht. Beispiel: *„Du hast keine Lust auf Schule."* Besser: *„Du hast in der letzten Woche dreimal in der Schule gefehlt."* Beziehen Sie sich mit dem Feedback auf möglichst aktuelle Situationen. Rechnen Sie nicht das Verhalten in der Vergangenheit auf. Wir sind häufig defizitorientiert und verlieren den Blick auf das Gelungene. Melden Sie positive und negative Dinge zurück. Bei aller Kritik: Bleiben Sie wertschätzend und verständnisvoll. Fragen Sie nach, wie das Feedback beim Empfänger angekommen ist. Das beugt Missverständnissen vor (vgl. Fengler 2017, S. 28). Beachten Sie die Privatsphäre, den Datenschutz und die Schweigepflicht.

Check

Wie kann ich das Verhalten, die Lösung beschreiben?
Welche positiven Aspekte ergeben sich?
Welche Verhaltensweisen kann der/die Klient*in oder das Gruppenmitglied ändern, welche nicht?
Möchte der/die Klient*in oder die Gruppe das Feedback?
Was erwartet der/die Klient*in oder die Gruppe für ein Feedback?

Technik

Gewaltfreie Kommunikation → s. Kapitel 2.5
Transaktionsanalyse → s. Kapitel 2.8
Themenzentrierte Interaktion → s. Kapitel 3.2
Schulz von Thun, die vier Seiten der Kommunikation und das innere Team → s. Kapitel 2.15
Reflekting-Team → s. Kapitel 2.17
Skalierungsfragen
Blitzlicht
Soziogramm stellen lassen
Skulpturarbeit
Evaluation mit analogem oder digitalem Fragebogen
Abfrage mittels Online-Quiz-Tools
Abfrage mittels Vier-Felder-Tafel und Klebepunkten

3.8 Beratung für Berater*innen – zwischen Fallvorstellung und Selbstreflexion

Eine professionelle Beratung kann nur erfolgen, wenn Berater*innen den Fall vorbereiten, durchführen und im Anschluss reflektieren und nachbereiten. Neue Perspektiven und Erkenntnisse helfen, die Klientin oder den Klienten wirkungsvoll zu unterstützen. Menschen in beratenden und helfenden Berufen benötigen für diese Beratungsleistung Unterstützung. Dafür sind Balintgruppen oder eine Supervision geeignet. Coaching unterstützt Entscheidungsprozesse in Führungsfragen, Fragen zu Lebensperspektiven oder zu Prozessabläufen.

3.8.1 Balintgruppe

Michael Balint (1896–1970) hat als Psychoanalytiker und Arzt die Balintgruppen als unterstützende und beratende Gruppentherapie eingeführt. Zielgruppe waren Ärztinnen bzw. Ärzte und Pflegepersonen, die in der Patientenversorgung arbeiteten. In der Balintgruppe werden Patientenfälle vorgestellt. Die Teilnehmer*innen sollen am Patientenfall lernen und wachsen, eigene Widerstände erkennen und Zugang zu ihrem Unterbewussten finden. Balint war überzeugt, dass das Unbewusste Helfer*innen in ihren Handlungen beeinflusst. Ziel der Balintgruppen ist es, diese unbewusste Dynamik und Bedeutung der Beziehung zwischen Patient*innen und Ärzt*innen, zwischen Helfer*innen und Hilfesuchenden zu erkennen und für die therapeutische Arbeit zu nutzen.

Dieses unbewusste Geschehen wird in der Psychoanalyse mit Übertragung und Gegenübertragung beschrieben. Erlebnisse oder Personen werden im therapeutischen Kontext zwischen Patient*innen oder Klient*innen auf die Ärztin/den Arzt oder den/die Helfer*in übertragen und umgekehrt (vgl. Roth 1988, S. 44). Hierbei können sich die typischen Abwehrmechanismen entwickeln.

→ s. Kapitel 2.7

Tipps

Eine funktionierende Arzt-Patienten-Beziehung unterstützt den Heilungsprozess. Eine verständnisvolle Helfer*innen-Beziehung ermöglicht das Empowerment.

Balintgruppen unterstützen den Beziehungsprozess, helfen Vorurteile gegenüber Patient*innen und Klient*innen zu überwinden und sich selbst zu verstehen.

Die Teilnehmer*innen der Balintgruppen müssen regelmäßig mit Patient*innen und Klient*innen arbeiten und über berufliche Erfahrungen verfügen. Sie sollen den Wunsch und das Interesse haben, ihre Erfahrungen mit anderen Kolleg*innen über einen längeren Zeitraum hinweg zu teilen. Die Zusammentreffen sind regelmäßig und verpflichtend und unterliegen der Schweigepflicht (vgl. Roth 1988, S. 63, 64).

Check

Wie hoch ist das Interesse an einer regelmäßigen Teilnahme?

In welchem Umfang besteht Interesse an einer psychologischen Aufarbeitung von Themen?

Wie hoch sind die Belastungen in einer Abteilung oder in einem Team?

Technik

Der Fall wird von einem Gruppenmitglied frei vorgetragen. Wichtig ist, alle Empfindungen und Gedanken einfließen zu lassen, auch solche, die schmerzhaft, peinlich oder anstößig sind. Die Gruppe hört dabei aufmerksam zu, fragt nicht nach und kommentiert die Äußerungen nicht. In einer freien Gesprächsatmosphäre soll eine freie Assoziation möglich werden. Die Balintgruppe trifft sich möglichst außerhalb der Klinik oder Einrichtung. Der/die Gruppenleiter*in ermutigt die Erzählenden. Dabei darf er/sie keine Partei ergreifen. Ein weiteres methodisches Element ist die sogenannte gleichschwebende Aufmerksamkeit der Gruppenleitung (Analytiker*in). Damit meint man die Fähigkeit des Wahrnehmens und Zuhörens ohne innere Wertung und Zensur. An einer bestimmten Stelle unterbricht der/die Gruppenleiter*in die Erzählung. Die anderen Teilnehmer*innen bringen ihre Einfälle und Assoziationen ein (vgl. Roth, 1988 S. 86 f.).

3.8.2 Supervision

→ s. Kapitel 3.8.2: Moderation von Gruppen – Diskussionsmethoden

Die Supervision richtet sich an Personen in professionellen Feldern der Beziehungsarbeit, z. B. soziale, erzieherische, pädagogisch-didaktische, psychotherapeutische, pflegerische Tätigkeitsfelder. Ziel ist es die Qualität der Arbeit zu sichern, Ziele zu schärfen, die in Bezug zu Klient*innen entstehen sowie Konflikte und Entscheidungen zu reflektieren. Kerngegenstand ist meistens die Beziehungsarbeit mit den Klient*innen. Es gibt Einzel-, Team- oder Fallsupervisionen in unterschiedlichen Settings.

Je nach Kontext stellen die professionellen Berater*innen und Helfer*innen ihren Fall vor. Dabei werden Erwartungen, Gefühle und Fantasien benannt. Wiederholte und eingefahrene Denkmuster zeigen sich durch die Fallvorstellung. In diesen Gesprächssituationen werden

- spontane Übertragungen aufgrund äußerer Merkmale (Stimme, Mimik, Gestik, Umgebung),
- rollentypische Übertragungen (Ärztin/Arzt – Patient*in, Lehrer*in – Schüler*in, Sozialarbeiter*in – Klient*in) aufgrund unterschiedlicher Machtverhältnisse und
- notorische Übertragungen aufgrund früherer unbewusster Sozialisationserfahrungen deutlich.

Diese Gegenübertragungen sind keine Störfaktoren, sondern ein wichtiges Diagnoseinstrument und Hilfsmittel für den Reflexionsprozess (vgl. Belardi 2020, S. 65 f.).

Tipps

Übertragungen werden angesprochen und gemeinsam bearbeitet. Es wird nicht therapiert, sondern Therapiemöglichkeiten für den/die Klient*in benannt. Der/die Kolleg*in, der/die den Fall vorstellt, ist kein/e Klient*in, sondern eine professionelle Helferin oder ein professioneller Helfer. Alle Äußerungen sachlich kommentieren und interpretieren! Seien Sie vorsichtig mit Deutungen! Besser ist es, wenn der- oder diejenige, der oder die den Fall vorstellt, den Zusammenhang selbst erkennt. Blockaden und Widerständen begegnet man einfühlsam mit wertschätzender Beschreibung des wahrgenommenen Zustandes. Für die Lösung des Falles sollten unterschiedliche Vorgehensweisen aufgezeigt und Aufgaben gestellt werden.

Check

Wie setzt sich der Helferkreis zusammen?

Wer stellt den Fall vor?

Nachbereitung: Was ist aus dem vorherigen Fall geworden?

Haben alle Beteiligten die Regeln und den Beratungsablauf verstanden?

Technik

→ s. Kapitel 1.0

- Beratungsablauf beachten
- Fragen zum Fall: *„Worum geht es?" „Welche Problembeteiligte sind bekannt?"*
- Fragen zur wahrgenommenen Übertragung: *„Woher kennen Sie das?" „Kommt Ihnen das bekannt vor?" „Von wem kennen Sie das?"*
- Fragen zur Aufgabenstellung: *„Was ist der nächste Schritt?" „Wie gestalte ich das anstehende Gespräch mit xy?" „Wie ist es gelaufen?"*

→ s. Kapitel 2.16

- Systemische Fragen
- Supervisor*innen achten darauf,
- wie sich Gefühle auf Verhalten und Gespräche, die in den Sitzungen stattfinden, und auf den Supervisionsverlauf auswirken
- wie Gefühle genutzt werden, um Interaktionsmuster zu entwickeln
- wie Gefühle die Interaktion des Kommunikationssystems fördern, problematisieren oder regeln
- wie Gefühle von den Beteiligten gedeutet und formuliert werden
- wie sich Gefühle zwischen Supervisor*innen und Team äußern und gedeutet werden, damit sich brauchbare Veränderungen ergeben.

Exkurs: Die Vielfalt von Ansätzen im Coaching

Eva-Maria Rottlaender

Fallbeispiel

Anton, 8 Jahre alt, stört massiv den Unterricht in der Schule, die Lehrer*innen vermuten eine ADHS Diagnose und weisen die Mutter daraufhin, solch eine Diagnostik durchführen zu lassen.

Die Mutter von Anton ist sehr gestresst durch diese Situation und auch ein Stück weit verzweifelt. Ihr Bauchgefühl sagt ihr entgegen der Empfehlung der Lehrkräfte sehr deutlich, dass es einen anderen Grund für Antons Verhalten gibt.

Auf Empfehlung eines Bekannten hin wendet sie sich an einen Coach (Martin), der u. a. mit den Methoden von WingWave® und Hypnosetherapie (vgl. Kap. 2.14) arbeitet und dadurch die Möglichkeit hat, auch unbewusste Anteile der Psyche miteinzubeziehen.

In der Coaching-Sitzung erzählt Anton, dass er in der Schule häufig schnell sehr müde wird und dann gerne einfach schlafen möchte. Die Lehrer*innen lassen ihn jedoch nicht schlafen und schimpfen mit ihm. Das macht ihn sehr wütend und diese Wut macht ihn unruhig, so dass er fortwährend im Unterricht stört durch Stühle kippen, dazwischen rufen und mit den Nachbar*innen quatschen.

So eine richtige Idee hat Anton nicht, warum das so ist. Er weiß nur noch ganz genau, wie das Alles angefangen hat, als er in die Schule gekommen ist. Vorher war das in der KiTa kein Problem.

Der Coach fragt die Mutter von Anton, ob bei seiner Geburt irgendetwas auffällig oder besonders gewesen sei. Daraufhin berichtet diese davon, dass es Kompliaktionen beim Geburstvorgang gegeben hat: ab einem bestimmten Zeitpunkt während der Geburt ging es nicht weiter – Anton hing im Geburtskanal fest und konnte sich nicht mehr bewegen. Er hat sich sehr angestrengt, jedoch wurden die Herztöne irgendwann immer schwächer – bis er dann mit Hilfe einer Zange geholt werden konnte.

Aus dem Wissen heraus, dass Geburtstraumata bis in die Gegenwart hinein einen Einfluss nehmen können, testet Martin in der Beratung via WingWave® aus, ob dieses Ereignis mit dem heutigen Verhalten Antons in der Schule in Verbindung steht. Und siehe da: der Muskeltest zeigt deutlich an, dass durch die Leistungssituation in der Schule der Trigger gesetzt wird, der das Unbewusste von Anton aktiviert und ihn in die Situation von damals zurückversetzt, in dem er keinen Einfluss auf das Geschehen nehmen konnte – egal, wie sehr er sich angestrengt hat, es ging nicht weiter (während der Geburt). Dieses Gefühl der Ohnmacht und Erschöpfung von damals zeigt sich in Antons Müdigkeit in der Schule.

Der Coach führt eine Intervention durch und klopft minutenlang abwechselnd die Oberschenkel von Anton, während die Geschichte seiner Geburt von der Mutter erzählt wird. Dieses abwechselnde Klopfen aktiviert die Stressverarbeitung im Gehirn und bewirkt, dass der Trigger von damals sich beruhigen kann.

Eine Woche später ruft die Mutter den Coach an und berichtet davon, dass Anton seit der Sitzung gerne in die Schule gehe und sich in dieser nun auch konzentrieren könne und leistungsfähig sei.

Hintergrundinformationen

Verhaltensauffälligkeiten von Kindern und Jugendlichen im Kontext Schule zeigen eine immense Bandbreite auf (vgl. Dusolt, 2018, S. 67ff.). Die Ursachen für Verhaltensauffälligkeiten im Kindes- und Jugendalter sind dabei in der Regel multikausal und deren Analyse und Betrachtung hängen u. a. im Wesentlichen davon ab, aus welcher Perspektive und Profession man auf diese blickt.

Aus systemischer und humanistsicher Sicht – welche diesem Buch innewohnt und die Haltung der Autorin repräsentiert – hat das Verhalten eines Menschen immer einen Informationswert (vgl. dazu Kap. 2.15.1). Dies bedeutet, dass das gezeigte Verhalten eines Menschen nicht darauf zurückzuführen ist, dass mit diesem etwas „nicht stimmt" (pathologisieren). Das gezeigte Verhalten – sichtbar in Kommunikations- und Interaktionsprozessen in Wechselwirkung mit der Umwelt – ist immer ein Versuch des Menschen, für die Befriedigung seiner Bedürfnisse zu sorgen. Die erlebten Gefühle – Zufriedenheit, Glück, Freude, Ärger, Wut, Traurigkeit, Druck, Unruhe etc.- geben uns Auskunft darüber, wie gut uns diese Bedürfnisbefriedigung zum aktuellen Zeitpunkt gelingt (zum Zusammenhang zwischen Gefühlen und Bedürfnissen vgl. Kap.2.5, sowie Rosenberg, 2013; Schlippe, Schweitzer, 2016, S. 156 f.).

In unserem Fallbeispiel zeigt Anton durch sein störendes Verhalten im Unterricht deutlich, dass es ihm in Kontext Schule und Unterricht nicht gut zu gehen scheint. Er bringt dies durch sein störendes und unruhiges Verhalten zum Ausdruck.

Die Lehrkräfte reagieren darauf pathologisierend ohne die Kontextbedingungen miteinzubeziehen: mit Anton stimmt etwas nicht, er ist das Problem – die Ursache für das störende Verhalten liegt in ihm selbst – er muss sich ändern und therapiert werden, damit er im Schulbetrieb funktionieren kann.

Für den Umgang mit solch einer Situation bieten sich für die Erziehungsberechtigten von Anton verschiedene – konstenfreie und kostenpflichtige - Beratungs- und Unterstützungsmöglichkeiten an. Kostenfrei sind alle Angebote, die durch die Kinder- und Jugendhilfe (z. B. Erziehungsberatung), die Schule (z.B. schulpsychologischer Dienst) oder die Krankenkassen (z. B. Kinder- und Jugendpsychotherapie, sozialpädiatrische Zentren[1]) bereit gestellt werden.

Coaching stellt dabei eine mögliche kostenpflichtige Option dar. Dabei arbeiten Coaches mit unterschiedlichen Methoden und Techniken. Die angewendeten Methoden stehen dabei in Abhängigkeit zu den Fähigkeiten und Angeboten, die der Coach bereit stellt.

In unserem Fallbeispiel wendet der Coach Martin eine Methode an, die einer expliziten Weiterbildung bedarf: das WingWave® Coaching.

Was ist Coaching?

Coaching richtet sich an gesunde Menschen, die Rat und Unterstützung brauchen. Dabei ist Coaching in der Regel eine themenbezogene und zielorientierte Arbeitsbeziehung, die Klient*innen in Entscheidungsprozessen begleiten und helfen soll, dass der/die Ratsuchende selbst eine Lösung herbeiführen (vgl. König, Volmer, 2019, S. 11). Begonnen hat die Verbreitung des Coaching-Ansatzes in Deutschland in den 1980er Jahren als Beratung für Führungskräfte (vgl. Rauen, S. 2014, S. 1). Wie Rauen (2021) ausführt, ist Coaching mittlerweile eine in Praxis und Wissenschaft anerkannte Profession, die zu vielfältigen Themen in den verschiedensten Arbeitsfeldern zur Anwendung kommt. Auch Privatpersonen – wie im Fallbeispiel ersichtlich- stehen Coaches zur Verfügung, die diese zur Lösung von Problemen und Bewältigung von Herausforderungen im Alltag als Unterstützung hinzuziehen können.

Im Coaching werden Ziele oder Visionen geschärft, Problemlösungs- und Umsetzungsstrategien entwickelt. Die Ratsuchenden erhalten Klarheit bezüglich Handlungs-, Beziehungs-, Leistungs- und Bewältigungskompetenz. Der Coach gibt Feedback, regt zum Perspektivwechsel an, verbindet Emotionen, innere Bilder, Gedanken, hilft zu strukturieren und eröffnet neue Handlungsoptionen (vgl. Rauen 2014, S. 2 f.). Nach Rauen (2014) besteht im Gegensatz zur klassischen Beratung und klassischen Therapieansätzen zwischen dem Coach und dem/der Klient*in kein Beziehungsgefälle. Im Coaching arbeiten beide miteinander auf Augenhöhe und wählen Ziele und Inhalte gemeinsam aus. Der/die Klient*in erarbeitet sich die Lösung selbst (vgl. Rauen 2014, S. 11). Die Problemanalyse ist wichtig, jedoch nicht Schwerpunkt der Arbeit

[1] Die Sozialpädiatrischen Zentren (SPZ) in Deutschland sind Einrichtungen der ambulanten Krankenversorgung, die auf Kinder und Jugendliche spezialisiert sind. https://www.kindergesundheit-info.de/themen/entwicklung/foerdern-unterstuetzen/sozialpaediatrische-zentren-spz/

im Coaching. Wie im obigen Fallbeispiel veranschaulicht, fokussieren Coaching-Prozesse auf eine ressourcenorientierte Lösungsfindung. Der zeitliche Rahmen von Coaching-Prozessen ist dabei eher kurz angesetzt und richtet sich voll und ganz nach den individuellen Wünschen und Bedarfen des*der Klient*in.

Coaching setzt ein ausgearbeitetes Coaching-Konzept voraus, das der Coach zu Beginn seiner Arbeit mit Klient*in diesem offenzulegen hat. So kann der Coach Transparenz schaffen bzgl. seiner verwendeten Techniken, Methoden und Interventionsmöglichkeiten (vgl. König, Volmer, 2019, S. 10). Dadurch kann Klient*in verstehen, wie das Coaching funktioniert, was er*sie davon zu erwarten und ob die Ziele, die Klient*in erreichen möchte, mit diesen Methoden und Techniken erreichbar sind (vgl. u. a. Rauen, 2014, S. 3).

Was ist WingWave® und warum wird da geklopft?

In der Psychotherapie und ihr anverwandten Ansätzen werden Problemlagen und psychische Erkrankungen mit Hilfe von Gesprächen behandelt. In diesen Gesprächen werden je nach Ausrichtung des therapeutischen Settings Kindheitserinnerungen beleuchtet, Konflikte analysiert und Lösungswege erarbeitet, sowie neue Verhaltensweisen entwickelt und erprobt.

Es ist der amerikanischen Physiotherapieforschung, genauer gesagt der Kinesiologie, zu verdanken, dass diese rein kognitive und sprachlich-gebundene Bearbeitung erweitert wurde und wird durch körperbezogene Techniken und Methoden.

Als erste dieser Art wurde das EMDR (Eye Movement Desensitization and Reprocessing) entwickelt – es beruht auf der Beobachtung, dass mittels Augenbewegung die Stressverarbeitung im Gehirn angeregt werden kann (vgl. Hofmann, 2005). Die Ausbildung in EMDR ist nur für ausgebildete Psychotherapeut*innen zugänglich.

Die Psychologen Cora Besser-Siegmund und Harry Siegmund entwickelten auf Grundlage eigener beruflichen Praxis und den Erkenntnissen der Hirnforschung die Interventionsmethode des Wing Wave® Coachings (vgl. Besser-Siegmund, Siegmund, 2015). Diese Form der Intervention arbeitet mit der Methode des EMDR in Kombination mit den sogenannten „Klopftechniken“, die in der Fachliteratur unter der „Prozess- und Embodiment Psychologie“ zu finden sind (vgl. Bohne, 2022).

Weiterbildungen in diesem Bereich stehen allen Berufsgruppen offen.

Technik

- Wie lautet Ihr Ziel für die heutige Sitzung? Wie soll es Ihnen am Ende unserer Sitzung gehen?
- Wann tritt das Problem auf? Gibt es auch Momente, in denen das Problem weniger stark oder gar nicht auftritt? Wenn ja: was genau war anders in dieser Situation? Was haben Sie anders gemacht?
- Wie wäre Ihr Leben, wenn Sie dieses Problem nicht mehr hätten? Beschreiben Sie mal, wie sich das anfühlt (positive Imaginationen stärken; konkrete Zielvorstellungen visualisieren)
- Skalierungsübung: von 0–10 > Klient*in soll sich positionieren, wo er*sie gerade steht und wo er*sie hin will. Genaue Erforschung dieser Positionen: Wie fühlt sich das gerade? Was fühlst Du im Körper? Wie ist Dein Stand? Kommen Dir Bilder, Gedanken, Farben?
- Ankern → s. Kapitel 2.12.1
- Reframing → s. Kapitel 2.12.2
- Systemische Haltung in der Beratung → s. Kapitel 2.15.1
- Klientenzentrierte Beratung → s. Kapitel 2.4
- Gewaltfreie Kommunikation → s. Kapitel 2.5

Beratung und Begleitung im Lebenszyklus

Eva-Maria Rottlaender

5.1 Familienplanung, Geburt und Erziehung

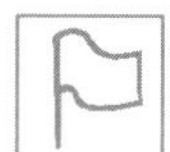

In diesem Kapitel erfahren Sie …

- was die plurale Lebensform Familie im 21. Jahrhundert kennzeichnet,
- vor welche besonderen Herausforderungen sich Eltern gestellt sehen, die eine Sterilitätsbehandlung durchführen lassen,
- welche Themen in der Beratung und Begleitung von Pflegeeltern von besonderer Relevanz sind,
- wie mit speziellen Anliegen in der Erziehungsberatung umgegangen werden kann.

Die Familie als plurale Lebensform im 21. Jahrhundert:

„Familie, so unterschiedlich sie sich heute auch darstellt und so vielfältig ihre Formen des Zusammenlebens auch sind, wandelt sich in einem „intensiven und dynamischen Prozess“ (Andresen, Hurrelmann 2010, S. 80).

Familie stellt im 21. Jahrhundert eine plurale Lebensform dar, die in sehr unterschiedlicher Art und Weise gestaltet und gelebt wird. Neben der klassischen „Vater-Mutter-Kind“-Familie leben Menschen in Patchwork-, Stief-, Pflege-, Adoptiv- und Regenbogen-Familien mit einem oder zwei Elternteilen zusammen.

Die folgende Abbildung veranschaulicht die dynamische Entwicklung von Familienstrukturen und verweist u. a. auch darauf, dass Heirat und Familiengründung zunehmend unabhängig voneinander gelebt werden (vgl. Lenz 2009).

Die Veränderungen der Familienformen gehen mit gesamtgesellschaftlichen Wandlungsprozessen der Individualisierung von Lebenslagen (Beck, 1983) und dem allgemeinen Wertewandel einher (Baumann, 1993).

Zusätzlich zu diesen Einflussfaktoren nehmen die Möglichkeiten der Reproduktionsmedizin sowie die sich stärker ausweitende Nutzung von Leihmutterschaft im Ausland Einfluss darauf, auf welche Weise und mit welchen Mitteln Paare Familien gründen: Analog zur projektorientierten Arbeit ist auch Elternschaft zu einem Projekt geworden (vgl. Burkart 2013, S. 399).

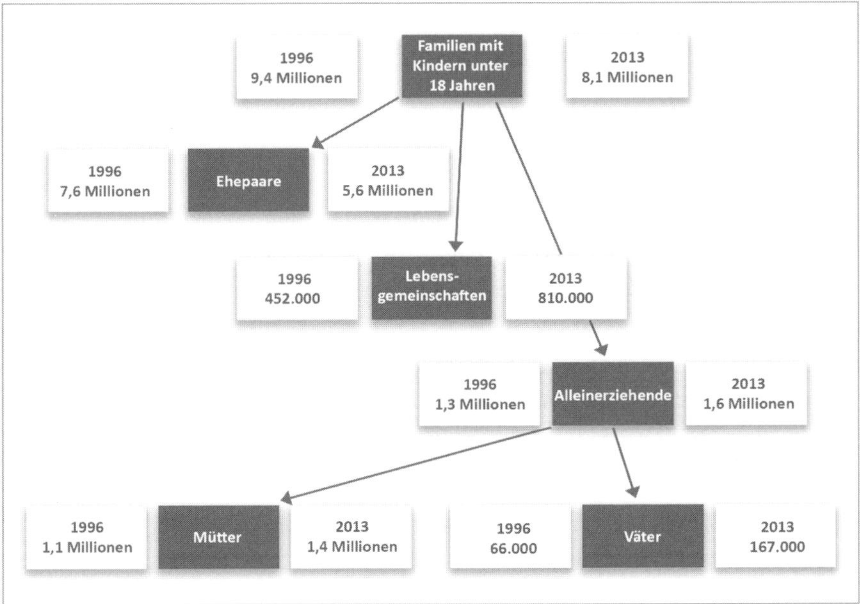

Abbildung 12: Familienformen im Wandel, Bründel/Hurrelmann, 2017, S. 48

➔ s. Kapitel 5.1: Diagnostikinstrumente für die Beratung

Unabhängig von der Art und Weise der Familiengründung gelten für alle Familienformen heute:

a) Eine Familie zu werden ist im 21. Jahrhundert eine **Entscheidung,** die in den allermeisten Fällen **bewusst** und **willentlich** gefällt wird. Dieser Umstand macht die Entscheidung der Familiengründung zu einer Wahl- und Abwägeentscheidung (vgl. Tyrell 2006).
b) Damit geht einher, dass die Personen, die sich willentlich und bewusst für die Gründung einer Familie entscheiden, damit positive Emotionen, Hoffnungen und die Vorstellung der Verwirklichung eines Lebensmodells verbinden.

Dieses Lebensmodell schließt häufig die Vorstellung mit ein, dass Familie ein Ort ist, an dem Menschen Vertrauen, Rückhalt, Geborgenheit und Verlässlichkeit erfahren (vgl. Rätz, Schröer & Wolff 2014, S. 123). Diese Erwartungen und Ansprüche machen trotz aller Pluralität auch heute noch den *Exklusivitätsanspruch* aus, den die Familie als besondere Sozialform innehat. Dieser Anspruch, eine Sozialform von besonderer Bedeutung und von besonderem Wert zu sein, wird durch die mediale Repräsentation von glücklichen Eltern und ihren Kindern in Sozialen Medien und Print-Werbung stark befördert. Diese mediale Inszenierung hat mit der sozialen Lebenswelt von Familien i. d. R. wenig gemein (vgl. Ette, Ruckdeschel 2007, S. 41 f.). Gleichzeitig bleiben immer mehr Frauen und Männer in Deutschland gewollt und ungewollt kinderlos (vgl. BMFSFJ 2014, S. 29).

5.1.1 Beratung bei Sterilitätsbehandlung

Fallbeispiel

Er: *„Dies ist nun unser dritter Versuch einer künstlichen Befruchtung. Ich bin so müde von dieser Prozedur und den ganzen Strapazen, die damit einhergehen. Ich bin mir zum gegenwärtigen Zeitpunkt nicht mehr sicher, ob dies der richtige Weg ist. Ich zweifel immer öfter daran und ertappe mich selbst dabei, wie ich darüber nachdenke, ob nicht doch eine Adoption oder Pflegschaft für uns eine Möglichkeit sein könnte, ein Leben als Familie mit Kind zu führen."*

Sie: *„Ich weiß, dass es anstrengend ist. Für mich ist es das auch. Mir wäre es auch so viel lieber, wenn das Alles hier nicht nötig wäre. Aber – ich möchte wirklich sehr gerne ein Kind. Ich möchte, dass wir ein Kind zusammen haben. Ich möchte, dass ein Kind in mir heranwächst – unser Kind. Ich weiß nicht, was ich machen soll, wenn das nicht gelingt."*

Er: *„Ja – und genau das ist meine Sorge und genau das fände ich wichtig, dass wir dies nun zusammen mit der Beraterin hier jetzt besprechen: was ist, wenn es nicht klappt? Was machen wir dann? Und wann sagen wir auch, dass es jetzt reicht?"*

Sie: *„Ich weiß nicht, ob ich schon bereit bin, darüber zu sprechen. Ich bin eine Frau – ich möchte mich auch als Frau fühlen und ein Kind gebären."*

Hintergrundwissen

In Deutschland leben mehrere Millionen Menschen gewollt oder ungewollt ohne Kinder: Im Alter zwischen 20 und 50 Jahren ist jede/r Zehnte kinderlos (vgl. BMFSFJ 2020, S. 6).

Kinderlosigkeit hat vielfältige Ursachen, weswegen die Gruppe der „Kinderlosen" nicht als eine homogene Gruppe beschrieben werden kann.

Eine repräsentative Studie im Auftrag des Bundesministeriums für Familie, Senioren, Frauen und Jugend aus dem Jahr 2013 ermittelte in der Gesamtgruppe der gewollt und ungewollt kinderlosen Personen zwischen 20 und 50 Jahren folgende Gründe und Motive dieser Kinderlosigkeit: gesundheitliche Erkrankungen; Partner*in will keine Kinder; mit dem/der aktuellen Partner*in kommt keine Familiengründung infrage; man ist selbst oder Partner*in eingeschränkt fruchtbar; es besteht ein Kinderwunsch, jedoch aktuell keine Partnerschaft; es besteht keinerlei Kenntnis über die Möglichkeiten der Reproduktionsmedizin und das Paar ist ahnungslos, warum es mit dem Kinderwunsch nicht gelingt. Von dieser Gruppe sind 25 % ungewollt kinderlos (vgl. BMFSFJ

2014). Die im Anschluss in den Jahren 2019/20 durchgeführte Untersuchung richtete ihren Fokus explizit auf diese Personengruppe und führte eine repräsentative Befragung von 3.000 Fällen durch.

Die zentralen Befunde dieser Befragung, die für unseren Kontext von Bedeutung sind, werden nun im Folgenden kurz dargelegt:

a) **Psychosoziale Beratung** wird im Kontext von Fertilitätsbehandlungen nur in geringem Umfang genutzt: 2 % der Frauen im Alter von 20 bis 40 und 5 % im Alter von 40 bis 50 Jahren nehmen daran teil. Bei den Männern liegt die Beteiligung deutlich darunter, wird jedoch nicht mit genauen Prozentangaben beziffert. Bei Männern erzeugt die Bezeichnung „psychosoziale Beratung" eine starke Abwehrreaktion:

   „*Wer solche in Anspruch nimmt, dokumentiert mangelnde Robustheit, leichte Verletzbarkeit, allzu große Sensibilität und auch mangelnde Härte, was einen Makel der Männlichkeit bedeutet*" (BMFSFJ 2020, S. 9).

b) Zum Kinderwunsch existieren eine Vielzahl an **Einstellungen**, wozu u. a. gehört, dass man ein Kind aufwachsen sehen möchte, ein Kind substanzieller Bestandteil des eigenen Lebenssinns ist, ein Ausweis eines bestimmten sozialen Status mit dem Beleg dafür, in genügendem Maße ein Mann und eine Frau zu sein. Dieser Zusammenhang zwischen der Vater- und Mutterrolle und dem Mann- und Frausein hat im Vergleich zur Untersuchung aus dem Jahre 2013 dabei sogar noch zugenommen: „*Mutterschaft gehört zum Frausein dazu*" sagen 63 % der ungewollt Kinderlosen (2013: 58 %); „*Vaterschaft gehört zum Mannsein dazu*" sagen 56 % (2013: 50 %) (BMFSFJ 2020, S. 11).
c) Eine Mehrheit der Befragten berichtet von Ausgrenzung, Stigmatisierung und Diskriminierung in der Gesellschaft aufgrund der vorhandenen (ungewollten) Kinderlosigkeit. Gleichzeitig wird von einer Tabuisierung dieser Thematik im öffentlichen Diskurs berichtet.

Reproduktionsmedizin

Die Prozesse der Reproduktionsmedizin verändern den Vorgang der Befruchtung und Empfängnis grundlegend. Ist es bei einem „natürlichen Verlauf" so, dass eine Frau und ein Mann im Zuge einer innigen körperlichen Vereinigung ein Kind zeugen, bindet der Vorgang der Reproduktion neben der biologischen Mutter und dem biologischen Vater verschiedene weitere Personen mit ein (vgl. Bernard 2014): der Zeugungsakt wird entintimisiert und entmedikalisiert zugänglich gemacht (Beck 2014, zitiert nach: Bründel, Hurrelmann 2017, S. 59).

Die Reproduktionsmedizin hat sich in den letzten 20 Jahren kontinuierlich weiterentwickelt und bietet heutzutage Paaren, die ungewollt kinderlos sind, eine Vielzahl an Fertilitätsbehandlungen an (vgl. BMFSFJ 2020, S. 11). Studien weisen darauf hin, dass eine Fertilitätsbehandlung den Alltag von Paaren in erheblichem Maße beeinflusst. Es wird von Anspannung und Stimmungsschwankungen berichtet, die durch eine Mischung von Hoffnung und Zuversicht einerseits, Angst und depressiven Verstimmungen andererseits gekennzeichnet sind. Häufig verheimlichen Paare gegenüber Freund*innen und der Familie, dass sie sich in Fertilitätsbehandlung befinden, und ziehen sich sozial stark zurück. Dies führt zu einer Fixierung auf den Kinderwunsch, dem alles andere untergeordnet wird. Frauen geben z. B. ihre Berufstätigkeit auf, die Sexualität des Paares gerät in eine Krise. Sexualität wird im Zuge der Fertilitätsbehandlung häufig stark funktionalisiert, was zu Libidoverlust und Sexualitätsstörungen führt. Klinische Studien weisen darauf hin, dass diese psychischen Belastungen deutlich stärker wirken und massiver ausfallen als die physischen Nebenwirkungen wie Zystenbildung und hormonelle Überstimulation bei der Frau. Als besonders belastend werden von den Paaren die passive Wartezeit in Behandlungsabschnitten sowie die Erfahrung eines (erneuten) Fehlschlags empfunden (vgl. Deutsches Ärzteblatt 2006, S. 461, 462).

„Da die Fertilitätsbehandlung in erster Linie das Leben der Frauen veränderte, litten diese auch wesentlich heftiger unter einem Misserfolg als ihre Partner. Sie berichteten von depressiven Verstimmungen, Wut, Schuldgefühlen und starker Enttäuschung“ (Deutsches Ärzteblatt 2006, S. 461, 462).

Studien mit Paaren, deren Fertilitätsbehandlung zum Erfolg führte, zeigen auf, dass diese Paare sich zwar glücklich darüber äußern, dass sie nun Eltern eines leiblichen Kindes sein können. Der Akt der Zeugung bleibt diesen dennoch verbunden mit den Strapazen und Anstrengungen in unangenehmer Erinnerung (vgl. Deutsches Ärzteblatt 2006, S. 461, 462).

73 % der Paare, deren erste Fertilitätsbehandlung missglückt ist, führen einen zweiten Versuch durch. Neue medizinische Methoden, der Rat der Ärztinnen und Ärzte oder der Erfolg anderer Paare motivieren zu dieser Entscheidung. Fehlschläge werden in diesem Zusammenhang häufig rational erklärt. Paare halten dabei emotional stark an der Überzeugung fest, dass ausschließlich die Geburt eines leiblichen Kindes ihre emotionalen Bedürfnisse befriedigen könne. Die Beendigung einer Fertilitätsbehandlung stellt für viele Paare eine große Herausforderung dar, bedeutet dies doch einen dauerhaften Abschied vom (leiblichen) Kinderwunsch.

Mutter-Sein = Frau-Sein (?)

Das oben geschilderte Fallbeispiel offenbart neben der bewussten Entscheidung und dem Wunsch, Familie zu werden, eine weitere Dimension: die soziale Konstruktion von „Frau-Sein“ (gender) als etwas, das mit dem Gebären von einem Kind/Kindern in Zusammenhang steht. Die Geschlechterforschung unterscheidet in diesem Zusammenhang zwischen den Begriffen sex und gender (vgl. Rendtorff 2016). Mit *sex* ist das biologische Geschlecht eines Menschen gemeint, das genetisch vorgegeben ist. Der Begriff *gender* verweist im Gegensatz dazu darauf, wie sich eine Person in ihrer Geschlechtlichkeit konstruiert, darstellt, selbst versteht und wahrnimmt. Dies wird in der Regel in der Fachliteratur unter dem Begriff Geschlechtsidentität zusammengefasst (vgl. Rauchfleisch 2019, S. 20). Diese Unterscheidung ermöglicht eine Reflexion darauf, dass die bloße körperliche Erscheinung eines Menschen nicht zwingend in der Folge zu einer bestimmten Geschlechtsidentität führen muss. Die bloße Anwesenheit spezifischer körperlicher Merkmale definiert Menschen nicht in ihrem Verständnis als Frau, Mann, *. Die Konstruktion von Weiblichkeit, Männlichkeit oder * wird beeinflusst und durchdrungen von gesellschaftlichen Prozessen:

„*Geschlecht >an sich< gibt es nicht, denn jede gesellschaftliche Wirklichkeit, jeder Diskurs >über etwas< spielt sich auf der Ebene von Bedeutungen ab. Im Diskurs geben wir den Dingen Bezeichnungen, Sinn und Wertigkeit*“ (Rendtorff 2016, S. 9).

Die Frau in unserem Fallbeispiel offenbart in ihrer Äußerung: „*Frauen bekommen Kinder – also auch ich*“, ihre Konstruktion von Weiblichkeit, die für sie Bedeutung, Sinn und Wertigkeit besitzt. Gleichsam drückt sie aus, dass sie sich der Gruppe der Frauen, die diese Konstruktion von Weiblichkeit ebenfalls teilen, zugehörig fühlen und ein Teil dieser Gruppe sein möchte. Sich „zugehörig zu fühlen“ ist ein elementares Grundbedürfnis von uns Menschen als soziale Wesen (vgl. Kap. 2.5) und sollte aufgrund dessen neben den anderen Themen im Gespräch mit dem Paar einen Platz einnehmen.

Tipps

Stellen Sie eine kontinuierliche Aufklärung und Information über Erfolgschancen und Risiken der Fertilitätsbehandlung sicher.

Regen Sie zur Reflexion der Geschlechtsidentität(en) und des Selbstkonzeptes der Partner*innen an: *Wie verstehe ich mich als Mann*Frau? Was bedeutet es für mich, Vater*Mutter sein zu wollen? Welche Einstellungen habe ich zu Elternschaft und Familie?*

Aktivieren Sie Ressourcen des Paares und halten Sie die Paarbeziehung im Blick.

Erarbeiten Sie mit dem Paar Handlungsalternativen und alternative Lebensmodelle.

Ggf. kann es auch Sinn ergeben, dem Paar den Besuch einer Selbsthilfegruppe vorzuschlagen, damit diese spüren und erleben, dass sie mit ihren Themen und Gefühlen nicht allein sind.

Check

Geht es hier eigentlich noch um die Fertilitätsbehandlung oder sind ganz andere Themen zwischen dem Paar zu besprechen?
Ergibt eine Weiterbehandlung zum aktuellen Zeitpunkt Sinn?
Sind Partnerin und Partner ausreichend informiert über Chancen, Risiken und finanzielle Belastungen einer weiteren Fertilitätsbehandlung?
Was kann ich in meiner Rolle als Berater*in, Therapeut*in, Pflegende für das Paar tun?

Technik

→ s. Kapitel 2.4 Klientenzentrierte Beratung nach Rogers
→ s. Kapitel 2.5 Gewaltfreie Kommunikation nach Rosenberg
→ s. Kapitel 3.2 Themenzentrierte Interaktion
→ s. Kapitel 2.6 Verhandeln als sozialer Austausch

5.1.2 Adoption und Pflegekinder

Fallbeispiel

Er1: *„Wir haben die leiblichen Eltern von Sophia und Jacob vorgestern kennengelernt. Der Vater hat der Pflegschaft direkt zugestimmt. Die Mutter nicht. Diese hat gesagt: „Ne – ich geb meine Kinder doch nicht weg. Ich will die doch bald zurück. Die sollen doch wieder zu mir kommen."*

Er2: *„Daraufhin haben wir dann der leiblichen Mutter gesagt, dass das völlig okay für uns ist. Wir wollen nicht vorübergehend Eltern sein. Wir wollen Kinder in unser Leben aufnehmen, die bleiben."*

Er1: *„Am nächsten Tag rief uns das Jugendamt an und sagte uns, dass die Mutter ganz begeistert von unserer Offenheit war, so dass sie der Pflegschaft zugestimmt hat. Für sie war in dem Zusammenhang wohl auch wichtig, dass sie die einzige Mama für die Kinder bleiben wird, weil Sophia und Jacob ja dann bei zwei Männern aufwachsen werden."*

Er2: *„Ja, das war wohl ein sehr wichtiger Punkt. Die Mama ist ja schon noch mal eine andere Figur als der Papa. Und dass wir jetzt zwei Papas sind und nicht eine andere Frau zu der leiblichen Mutter in Konkurrenz tritt, ist glaube ich auch für unsere beiden Kinder sehr wichtig. Ich glaube, das macht es in gewisser Weise für sie leichter, weil sie uns lieb haben dürfen ohne in Loyalitätskonflikte mit der Mama zu geraten."*

Hintergrundwissen

Das Adoptions- und Pflegekinderwesen ist Teil der Hilfen zur Erziehung und wird von sozialpädagogischen Mitarbeitern und Mitarbeiterinnen des Jugendamtes, mit der Aufgabe betrauten Fachdiensten der jeweiligen Stadt oder des jeweiligen Kreises organisiert bzw. verwaltet (vgl. Van Santen, Pluto & Peucker 2019).

Hilfen zur Erziehung sind Bestandteil des differenzierten Dienstleistungsangebots der Kinder- und Jugendhilfe in Deutschland. Zielsetzung der Kinder- und Jugendhilfe ist in § 1 des SGB VIII formuliert, in dem es heißt:

„Jeder junge Mensch hat ein Recht auf Förderung seiner Entwicklung und auf Erziehung zu einer eigenverantwortlichen und gemeinschaftsfähigen Persönlichkeit“ (Van Santen, Pluto & Peucker 2019, S. 20). Die Kinder- und Jugendhilfe hat die Aufgabe, über die Verwirklichung dieses Rechts zu wachen und dazu beizutragen, Benachteiligungen abzubauen und für positive Lebensbedingungen von Kindern, Jugendlichen und ihren Familien Sorge zu tragen.

Kinder, die in Pflegeverhältnisse oder zur Adoption vermittelt werden, befinden sich in der Regel in der Situation, dass ihre leiblichen Eltern nicht in der Lage sind, vorübergehend oder dauerhaft für diese Sorge zu tragen und ihren Erziehungsrechten und Erziehungspflichten nachzukommen (vgl. Art. 6 GG). Der Staat übernimmt in dieser Situation eine Erziehung in Stellvertretung und sorgt für eine angemessene Betreuung, Förderung und Erziehung der Heranwachsenden. Dafür stehen verschiedene Formen der stationären Kinder- und Jugendhilfe zur Verfügung, die nach § 34 SGB VIII/KJHG beschrieben, organisiert und ausdifferenziert worden sind.

Eine Form der stationären Hilfen zur Erziehung ist die Unterbringung von Heranwachsenden in Pflegefamilien bzw. die Vermittlung von zur Adoption freigegebenen Kindern an adoptionswillige Paare.

Paare, die Pflege- oder Adoptiveltern werden möchten, müssen dafür einen Bewerbungsprozess beim Jugendamt durchlaufen. Die Bewerbung umfasst neben allgemeinen Formalien eine Darlegung der derzeitigen Wohn- und Lebenssituation, Lebensberichte, die sich auf die eigene Biografie und Herkunftsfamilie beziehen, sowie die Absolvierung eines Vorbereitungskurses beim von der Stadt oder dem Kreis angegebenen Träger. Nach der Bewerbung erfolgen mehrere Hausbesuche und Gespräche mit den sozialpädagogischen Fachkräften – diese dienen dem allgemeinen Kennenlernen, der Information sowie der Beurteilung, ob das jeweilige Paar die Voraussetzungen für die Aufnahme eines Pflegekindes oder die Adoption eines Kindes erfüllt (vgl. § 44 SGB VIII/KJHG).

Zum 01.04.2021 ist das Adoptions-Hilfe-Gesetz inkraftgetreten. Dieses Gesetz umfasst die im Folgenden genannten Änderungen:

- **umfangreiche Beratung:** Rechtsanspruch auf Beratung auch nach der Adoption für Adoptiv- und Herkunftsfamilien. Bei Stiefkindadoptionen ist eine Beratung für alle beteiligten im Vorfeld verpflichtend. Ausnahme: die Partnerin der leiblichen Mutter beantragt die Adoption des Kindes, das in die Ehe oder bestehende feste Partnerschaft hineingeboren wird.
- **Aufklärung und Offenheit:** Kinder sollen frühzeitig über ihre Adoption aufgeklärt werden. Ein Kontakt zur Herkunftsfamilie soll gefördert werden.
- **Stärkung der Vermittlung:** ein Aufgabenkatalog für Vermittlungsstellen sorgt für Transparenz und Klarheit im Vermittlungsprozess. Gleichzeitig sind diese im Sinne des Kooperationsgebotes dazu angehalten, Beziehungen zu angrenzenden Beratungsstellen zu pflegen.
- **begleitete Auslandsadoptionen:** jede Adaption aus dem Ausland muss von einer anerkannten Vermittlungsstelle begleitet werden. Diese Stelle stellt die Einhaltung internationaler Schutzstandards hinsichtlich der Rechte des Kindes sicher. Ist das Kind hier in Deutschland angekommen, muss ein Anerkennungsverfahren für ausländische Adoptionen durchgeführt werden, um für die Adoptiveltern als auch das Kind eine juristisch eindeutige und klare Ausgangssituation herzustellen.

Umfangreiche Informationsmaterialien werden vom Familienministerium für abgebende und aufnehmen Eltern, als auch Adoptivkinder unter dem folgenden Link zur Verfügung gestellt: https://www.bmfsfj.de/bmfsfj/themen/familie/schwangerschaft-und-kinderwunsch/adoption/publikationen-zum-thema-adoption

Pflegekinderwesen

„Pflegeverhältnisse sind durch eine Vielzahl, häufig emotional stark aufgeladener Beziehungen gekennzeichnet. Das Zusammenspiel von Herkunftsfamilien, Pflegekind, Pflegefamilie und Jugendamt ist komplex“ (Van Santen, Pluto & Peucker 2019, S. 15).

Dieser Komplexität wird in der Praxis des Pflegekinderwesens durch eine sorgfältige Auswahl der Pflegeeltern, intensive Beratung und Begleitung im Anbahnungsprozess, Beratung und Begleitung während des Pflegeverhältnisses sowie die Bereitstellung von Fortbildungsangeboten und Elterngruppen begegnet.

Mit dem Begriff „Pflegekinder“ sind Kinder und Jugendliche gemeint, die *„im Rahmen einer Hilfe zur Erziehung nach § 33 SGB VIII in einer Pflegefamilie untergebracht sind“* (van Santen, Pluto & Peucker 2019, S. 15).

Im Pflegekinderwesen wird zwischen der Bereitschaftspflege und der Vollzeitpflege unterschieden.

Als **Vollzeitpflege** wird eine Form der öffentlichen Erziehungshilfe verstanden, in der das Kind in einer privaten Familie untergebracht wird und dort seinen Lebensmittelpunkt hat. Die Pflegeeltern sind anders als die pädagogischen Fachkräfte in Wohngruppen und Heimen in der Regel „Laien“. Die Mitarbeiter*innen des Jugendamtes beraten und begleiten sie in ihrer Rolle als Pflegeeltern. Innerhalb eines Pflegeverhältnisses liegt die elterliche Sorge weiterhin bei den leiblichen Eltern. Die Pflegeeltern agieren als sogenannte soziale Eltern, d. h. sie üben im Alltag der Kinder die Rolle der Eltern aus, wozu die leiblichen Eltern nicht (mehr) in der Lage sind.

In der Literatur werden Beziehungsgeflechte in Pflegeverhältnissen mitunter als „Beziehungsvieleck“ (Gassmann 2010, S. 28) bezeichnet. Damit ist gemeint, dass neben den bereits erwähnten Akteur*innen wie Jugendamt, leibliche Eltern, Pflegekind(er), Pflegeeltern diverse andere Personen, wie z. B. Großeltern, Geschwister, Tanten oder Onkel im Leben der Pflegekinder und ihrer Pflegeeltern eine Rolle spielen. Schließlich nehmen Pflegeeltern ein Kind in ihr bestehendes Lebenskonstrukt auf, in dem sich viele weitere Personen wie die eigenen Eltern, die dann zu Großeltern werden, Geschwister der Pflegeeltern und Freund*innen der Pflegeeltern befinden. Für die Pflegekinder bedeutet dies, dass sie „zweifach“ Familie haben: die leiblichen Eltern und die dazugehörigen Großeltern etc. sowie ihre Pflegeeltern und deren familiäre und soziale Netzwerke.

Als **Bereitschaftspflege** werden familiäre Bereitschaftsbetreuungsplätze bezeichnet. Kinder und Jugendliche, die bei ihren Herkunftsfamilien nicht mehr leben wollen oder können, werden hier für eine kurze Zeit aufgenommen (Rätz, Schröer & Wolff 2014, S. 169).

Adoption

„*Eine Adoption soll einem Kind, das dauerhaft nicht bei seinen leiblichen Eltern leben kann, das Aufwachsen in einer stabilen und rechtlich abgesicherten familiären Struktur in Form einer sozialen Elternschaft ermöglichen*“ (Fendrich, Bränzel & Hornfeck 2017, S. 24).

In den Jahren 2007 bis 2017 wurden in Deutschland nach Angaben des Statistischen Bundesamtes in Deutschland 45.000 Kinder und Jugendliche adoptiert. Im Vergleich dazu wurden allein im Jahr 2015 96.000 Heranwachsende in ein Heim aufgenommen (Statistisches Bundesamt 2017). Im Vergleich zu anderen Formen der stationären Kinder- und Jugendhilfe sind Kindsannahmen durch eine Adoption in Deutschland relativ selten.

Es existieren in Deutschland verschiedene Arten der Adoption, die in der folgenden Tabelle überblicksartig dargestellt sind:

Adoptionen im Inland:	
Fremdadoptionen	Kinder werden von Nichtverwandten adoptiert.
Stiefkindadoptionen	Ein nicht-verwandter Elternteil nimmt das Kind seines Partners bzw. seiner Partnerin an.
Verwandschaftsadoptionen	
○ in gerader Linie	Großeltern nehmen das Kind an.
○ in Seitenlinie bis zum dritten Grad	Geschwister, Tante/Onkel nehmen das Kind an.
Auslandsadoptionen	Ein Paar, in Deutschland wohnhaft, adoptiert ein Kind im Ausland.

Tabelle 5: Arten und Formen der Adoption

Zahlenmäßig machen die Stiefkindsadoptionen den größten Anteil der Adoptionen in Deutschland aus. Ihr Anteil liegt bei 62 % (Statistisches Bundesamt 2017).

Matching – das Finden der „richtigen" Pflegeeltern

„In den letzten zehn Jahren ist die Anzahl der Kinder in Vollzeitpflege kontinuierlich angestiegen (..). Gleichzeitig bestehen Schwierigkeiten, genügend Menschen zu finden, die ein Kind in Vollzeitpflege aufnehmen" (Van Santen, Pluto & Peucker 2019, S. 116).

Der Mangel an zur Verfügung stehenden potenziellen Pflegeeltern wird u. a. mit veränderten Lebensbedingungen und Lebensmodellen von Paaren begründet, als auch mit der Tatsache, dass es weiterhin eine geringe gesellschaftliche Akzeptanz gegenüber Pflegeverhältnissen gibt. Aufgrund dessen wird der Öffentlichkeitsarbeit und Sichtbarmachung dieser Thematik in der Diskussion eine wichtige Rolle zugeschrieben.

Die Bestimmung des Passungsverhältnisses zwischen Herkunftsfamilie, Pflegeeltern und Pflegekind erfolgt bei fast zwei Drittel der Jugendämter (63 %) durch zuvor festgelegte Kriterien (vgl. Van Santen, Pluto & Peucker 2019, S. 133). Die fünf Kriterien, die im Matching-Prozess am häufigsten zur Anwendung kommen, sind: erzieherische Bedarfe des Kindes, Alter der Kinder in der Pflegefamilie, Anzahl der Kinder in der Pflegefamilie, Alter der Pflegeeltern und Wertorientierungen. Dabei zeigen Forschungsergebnisse, dass das Vorhandensein eines jüngeren leiblichen oder nicht-leiblichen Kindes in der Pflegefamilie das Risiko erhöht, dass das Pflegeverhältnis vorzeitig abgebrochen wird (vgl. Van Santen, Pluto & Peucker 2019, S. 135).

Die Herkunftseltern sind im Prozess des Aufbaus und der Gestaltung eines neuen Pflegeverhältnisses von entscheidender Bedeutung. Die leiblichen Eltern müssen das Gefühl haben, dass ihr Kind oder ihre Kinder in der Pflegefamilie gut aufgehoben sind. Die Vermeidung eines Konkurrenzgefühls oder Konkurrenzerlebens ist dabei elementar. Die Bedeutung dieser Beziehung zwischen Herkunfts- und Pflegefamilie lässt sich dabei auch empirisch nachweisen. Nach Kalland und Sinkkonen (2001) sowie Rock u. a. (2008) erhöht eine mangelnde Akzeptanz des Pflegeverhältnisses durch die leiblichen Eltern die Wahrscheinlichkeit einer vorzeitigen Beendigung des Pflegeverhältnisses in erheblichem Maße.

Tipps

Die Zusammenführung von Pflegeeltern und Pflegekindern bedarf einer ausgiebigen Reflexion der Bedürfnisse des Kindes oder der Kinder und der Persönlichkeit(en) und Lebenssituation der aufnehmenden Pflegeeltern. Durch die zuvor erstellten Lebensberichte und Hausbesuche existieren umfangreiche Informationen über die jeweiligen Pflegeeltern. Dies gilt es in jedem Fall zuvor von der pädagogischen Fachkraft sorgfältig zu prüfen und sich aus einem systemischen Blickwinkel heraus ein Bild über bestehende und zukünftige Beziehungskontexte zu machen. Dabei kann es hilfreich sein, sich nach dem Stil der Genogrammarbeit ein Bild der Familienverhältnisse zu erstellen.

→ Kapitel 2.16: Systemische Beratung – Systemische Werkzeuge

Check

Wie gut kenne ich die Fallakte(n) des Kindes oder der Kinder?

Liegen medizinische und psychologische Diagnostiken zum Kind vor, wenn ja, in welcher Weise sind diese für die Auswahl der Pflegeeltern von Bedeutung?

Sollte und muss ich diese auf bestimmte Dinge aufmerksam machen?

Sollte ich eine/n Kolleg*in zum kollegialen Austausch zu Rate ziehen?

Wie bereite ich mich selbst auf das Gespräch mit den leiblichen Eltern und den zukünftigen Pflegeeltern vor?

Habe ich alle aus meiner Sicht notwendigen Informationen über die Familiensysteme der Herkunfts- und zukünftigen Pflegefamilie?

Technik

Klientenzentrierte Beratung nach Rogers → s. Kapitel 2.4

Gewaltfreie Kommunikation nach Rosenberg → s. Kapitel 2.5

Themenzentrierte Interaktion → s. Kapitel 3.2

Systemische Begleitung und Beratung → s. Kapitel 2.16

Gestalttheorie und Kommunikation → s. Kapitel 2.9

5.1.3 Exkurs: Regenbogenfamilien

„*Regenbogenfamilien sind Familien, in denen mindestens ein Elternteil entweder gleichgeschlechtlich liebt oder transgeschlechtlich lebt*“ (Familienportal, BMFSFJ, 2020).

In Deutschland lebten laut Daten des Mikrozensus 2016 95.0000 gleichgeschlechtliche Paare in Deutschland in einem gemeinsamen Haushalt (vgl. Statistisches Bundesamt 2017, S. 77, 78). Es wird angenommen, dass jede zehnte dieser Partnerschaft eine Regenbogenfamilie ist. Regenbogenfamilien stellen eine sehr vielfältige Familienform dar, weswegen eine genaue Schätzung ihrer Anzahl aufgrund der herrschenden Datenlage schwierig ist (vgl. Buschner, Bergold 2017).

Unter dem Begriff „Regenbogenfamilie“ finden sich Adoptiv- und Pflegefamilien ebenso wie Familien, deren Kinder aus einer heterosexuellen Partnerschaft stammen oder mittels Insemination, also der künstlichen Übertragung von Samen, in der aktuellen lesbischen Beziehung geboren wurden (vgl. Rupp, Dürnberger 2010). Homosexuelle Eltern haben häufig ein hohes Bildungsniveau und eine gute soziale Position. Häufig sind im Unterschied zu heterosexuellen, verheirateten Paaren beide Mütter oder beide Väter voll berufstätig (vgl. Eggen, Rupp 2011, S. 23, 32).

Gleichgeschlechtliche Paare sehen sich in ihrem Leben, was die Ausgestaltung ihrer Partnerschaft und ihrer Elternschaft betrifft, mit einem deutlichen Mangel an normativen und institutionellen Vorgaben konfrontiert. Dieser Mangel an durch Sozialisation und Erziehung vorgelebten Werten und Normen eröffnet diesen Menschen eine enorme Freiheit in Bezug auf die Ausgestaltung dieser sozialen Rollen. Studien verweisen darauf, dass die Aufgaben innerhalb der Familien von gleichgeschlechtlichen Paaren mit Kindern häufig sachlich gleicher verteilt sind und die Aufgaben flexibel passend zu den persönlichen Präferenzen von Partner*innen übernommen werden. Gleichzeitig sehen sie sich mit einem kritischen Diskurs homosexueller Elternschaft, Vorurteilen und rechtlichen Ungleichbehandlungen konfrontiert (vgl. Eggen 2010, S. 38, 53).

5.1.4 Erziehungsberatung in speziellen Situationen

Behinderung

Fallbeispiel

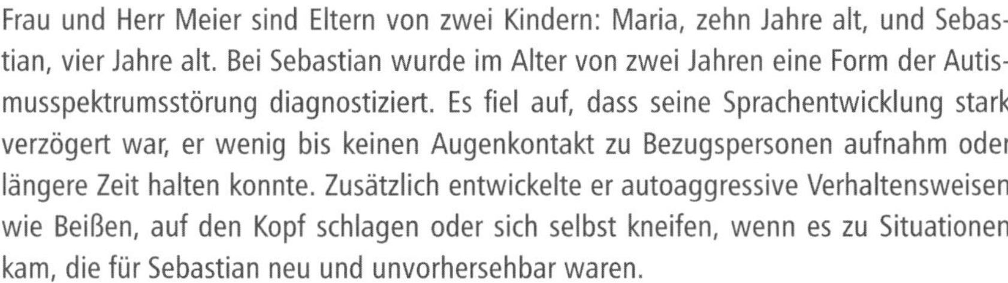

Frau und Herr Meier sind Eltern von zwei Kindern: Maria, zehn Jahre alt, und Sebastian, vier Jahre alt. Bei Sebastian wurde im Alter von zwei Jahren eine Form der Autismusspektrumsstörung diagnostiziert. Es fiel auf, dass seine Sprachentwicklung stark verzögert war, er wenig bis keinen Augenkontakt zu Bezugspersonen aufnahm oder längere Zeit halten konnte. Zusätzlich entwickelte er autoaggressive Verhaltensweisen wie Beißen, auf den Kopf schlagen oder sich selbst kneifen, wenn es zu Situationen kam, die für Sebastian neu und unvorhersehbar waren.

Frau Meier ist Informatikerin in einem großen, weltweit agierenden Wirtschaftsunternehmen. Herr Meier ist Chemiker und arbeitet in der Automobilbranche. Beide sind in ihrem Job sehr erfolgreich. Die Partnerschaft beschreiben beide als stabil und glücklich. Ihre Tochter Maria wird im Sommer auf das städtische Gymnasium gehen, Sebastian geht in einen heilpädagogischen Kindergarten. Trotz der gut funktionierenden Alltagsstruktur sind die Eltern unzufrieden mit der Freizeitgestaltung am Wochenende. Es kommt immer häufiger dabei zu „Ausrastern" von Sebastian. Frau und Herr Meier fühlen sich in diesen Situationen häufig sehr verunsichert und ohnmächtig. Auch haben sie immer häufiger ein starkes schlechtes Gewissen der älteren Tochter Maria gegenüber. Sie haben Angst, dass diese sich vernachlässigt fühlt. Darüber hinaus wünschen beide sich schöne Erlebnisse mit Maria. Sie haben beobachtet, dass diese sich immer mehr in ihr Zimmer zurückzieht und sich immer weniger ihren Eltern mitteilt. Die Eltern glauben, dies würde sich ändern, wenn sie mehr Zeit mit Maria allein verbringen würden. Sie überlegen, für Sebastian eine stundenweise Betreuung am Wochenende zu organisieren, sodass sie Zeit mit Maria verbringen können. Gleichzeitig wäre es darüber hinaus auch schön, wenn sie als Eltern auch Zeit für sich haben könnten, um sich von der anstrengenden Arbeitswoche zu erholen.

Die Eltern wollen sich nun beraten lassen, welche Möglichkeiten sie haben und welche Unterstützungsleistungen vom Staat ihnen zustehen.

Hintergrundwissen

Eltern eines Kindes mit Behinderung sind im Vergleich zu Eltern eines gesunden Kindes mit zusätzlichen Herausforderungen konfrontiert.

Gefühle der Enttäuschung, Trauer, Schuldgefühle, Vorwürfe oder Zorn sind möglich.

Da das Alltagsverständnis von Kindheit und Jugend in diesem Falle nicht greift, besteht eine große Unsicherheit über die Entwicklungsperspektive und die Entwicklungsverläufe des Kindes. Aus diesem Grund sind diese Eltern in hohem

Maße von professioneller Beratung und Information abhängig. Die Behinderung des Kindes beeinträchtigt die Kontaktaufnahme und das Bindungsverhalten zu seinen Eltern. In der Regel haben Kinder angeborene Reflexe und Verhaltensmuster (z. B. Greifreflex, Schreien, Lächeln), mit denen sie u. a. Kontakt zu ihren Bezugspersonen aufnehmen. Dem gegenüber steht die biologische Prädisposition bei der Mutter, Fürsorgeverhalten gegenüber dem Kind zu zeigen (vgl. Jungbauer 2017, S. 59). Emotionaler Stress und Belastungen können Einfluss nehmen auf das Ausmaß und die Qualität des Fürsorgeverhaltens der Bezugspersonen (vgl. Jungbauer 2017, S. 33). Das belastende Verhalten des Kindes führt gegenüber dem Kind zu negativen Gefühlen. Das Erleben der Behinderung des Kindes ist von verschiedenen Faktoren abhängig: Art und der Grad der Behinderung, Persönlichkeitsstruktur der Eltern, Vorhandensein von Bewältigungsstrategien sowie vorhandene soziale Ressourcen. Dabei sind Familien mit einem Kind mit Behinderung von sozialer Isolierung bedroht (vgl. Sarimski 2015).

Laut einer Studie der AOK aus dem Jahre 2014 treten in diesen Familien häufig finanzielle, innerfamiliäre und soziale Belastungen auf (vgl. Kofahl, Lüdecke 2014, S. 14). In 80 % der Fälle sind die Mütter die zentralsten Bezugspersonen der Kinder, von diesen sind 14 % alleinerziehend. Eine gleichberechtigte Aufteilung der Sorge für das Kind bei gleichzeitiger Vollbeschäftigung beider Elternteile wie im oben genannten Fall ist eher eine Ausnahme als die Regel (17 %).

Tipps

Wie in Kap. 5.1 beschrieben, ist die Sozialform der Familie heutzutage eine plurale Lebensform – dies gilt auch für Familien mit Kindern mit Behinderung. Aufgrund dessen ist es notwendig, sich im Erstgespräch einen Überblick über die vorhandenen Familienmitglieder und Beziehungsnetzwerke zu verschaffen. Eine Analyse der Risikofaktoren und Schutzfaktoren (Ressourcen) ist anzuraten. Auf Grundlage dieser Kenntnisse ist eine gemeinsame Bearbeitung des Anliegens der Klient*innen möglich. Bezogen auf das Fallbeispiel ist die Kenntnis von Unterstützungsangeboten wie Informationsmaterial oder Fortbildung für Eltern mit Kindern mit Beeinträchtigung notwendig. Das Portal „einfach teilhaben" des Bundesministeriums für Familie, Senioren, Frauen und Jugend informiert u. a. zu den Themenbereichen: Kinderbetreuung, Pflege von Kindern, Rechtliche Betreuung, Eltern mit Behinderungen und Rehabilitation von Kindern und Jugendlichen.[2] Das Familienportal dieses Bundesministeriums informiert darüber hinaus über weitere grundsätzliche Unterstützungsleistungen.[3]

In jeder Kommune stehen in der Stadtverwaltung Ansprechpartner*innen für Familien mit Kindern mit Behinderung zur Verfügung.

---

2 https://www.einfach-teilhaben.de/DE/AS/Themen/KindheitFamilie/kindheitfamilie_node.html;jsessionid=F87CB558826CFB6EBD4CAAEE4AA105F1.2_cid355

3 https://familienportal.de/familienportal/lebenslagen/leben-mit-behinderung/eltern-mit-behinderung/eltern-mit-behinderung/148360

Check

Habe ich ausreichend Kenntnis über den Sachstand der Thematik?

Sollte/kann ich ggf. an erfahrene Kolleg*innen verweisen?

Gibt es regionale Elterngruppen, an die ich die Eltern verweisen kann?

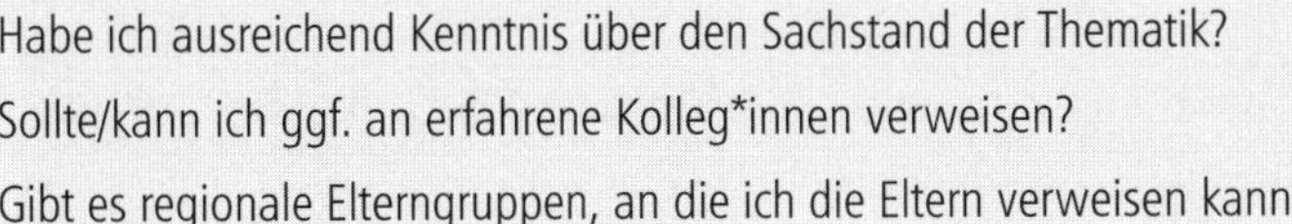

Technik

Klientenzentrierte Beratung nach Rogers → s. Kapitel 2.4

Gewaltfreie Kommunikation nach Rosenberg → s. Kapitel 2.5

Themenzentrierte Interaktion → s. Kapitel 3.2

Systemische Begleitung und Beratung → s. Kapitel 2.16

Schlafstörungen

Fallbeispiel

Mutter: *„Mit Luisa (8 Jahre) war das Thema Schlafen irgendwie schon immer ein schwieriges Thema. Sie konnte zu Hause nur schlafen, wenn es absolut dunkel im Zimmer ist und keine Geräusche von außen zu hören sind. Jeden Abend muss auf jeden Fall alles so hergestellt werden, wie es für Luisa richtig und passend ist. Luisa kann nicht bei anderen Kindern schlafen und es kann auch niemand bei ihr schlafen. In der Vergangenheit konnte sie ab und zu mit sehr viel Überredungskunst und sehr großen Anstrengungen mal bei den Großeltern übernachten – aber auch das geht seit einiger Zeit gar nicht mehr. Irgendwie ist dieses ganze Thema Schlafen einfach nur ein riesengroßes Drama. Alles muss immer nach demselben Ritual und Muster ablaufen. Wenn es das nicht tut, „bricht die Hölle los" und Luisa findet nicht zur Ruhe. Ich habe keine Idee mehr, was ich noch machen soll …"*

Hintergrundwissen

Schlafstörungen im Kindesalter stellen eine häufig auftretende Belastung für betroffene Kinder und ihre Eltern dar. Die Erscheinungsformen von Schlafstörungen erstrecken sich dabei von Ein- und Durchschlafproblemen über häufiges nächtliches Erwachen bis zu Alpträumen (vgl. Owens u. a. 2000).

Schlafprobleme treten häufig komorbid mit psychischen Erkrankungen auf. Dieser Zusammenhang lässt sich empirisch nachweisen – die stärkste Korrelation besteht in diesem Kontext zwischen den hyperkinetischen Stö-

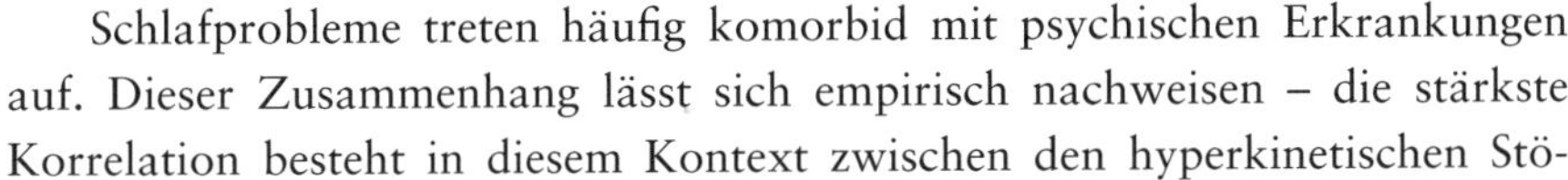

rungen und Schlafproblemen (vgl. Corkum u. a., 1999). Es besteht häufig ein Zusammenhang zwischen Angststörungen, aggressiven Verhaltensweisen und Schlafstörungen (vgl. Schlarb, Brandhorst, 2016). Neben den psychischen Erkrankungen können auch organische Erkrankungen (z. B. Neurodermitis) Begleitursachen für Schlafprobleme sein. Häufig sind die Schlafprobleme der Kinder sehr belastend für die Eltern, da deren eigener Schlafrhythmus durch die Schlafstörung des Kindes gestört und die Schlafqualität verringert wird. Zur Behandlung von Schlafstörungen im Kindes- und Jugendalter stehen verschiedene Behandlungsansätze zur Verfügung. Im Kindesalter sind schlafedukative Maßnahmen am häufigsten anzutreffen. Dazu gehören Einschlafrituale, Einhalten eines geregelten Tag-Nacht-Rhythmus mit gleichbleibenden Zubettgehzeiten und Aufstehzeiten sowie das Herstellen einer angenehmen Einschlafsituation durch abendliches Vorlesen usw. Zusätzlich kann ein Stofftier als beschützende Helferfigur beim Schlafen eingesetzt werden (vgl. Schlarb, 2014). Treten Schlafstörungen im Jugendalter auf, können neben der Fortführung eines Schlafhygieneplans mit regelmäßigen Schlafenszeiten Methoden der progressiven Muskelentspannung oder die Imagination eines Ruheortes Abhilfe schaffen (vgl. Schlarb 2014).

Die Qualität des Schlafes wird in erheblichem Maße von den allgemeinen Lebensbedingungen beeinflusst. Beziehungsqualität zu nahen Bezugspersonen und im Alltag gemachte Erfahrungen mit Gleichaltrigen oder pädagogischen Fachkräften spielen eine entscheidende Rolle. Neben den zuvor genannten psychischen und physischen Erkrankungen können Schlafstörungen bei Kindern und Jugendlichen Hinweise darauf geben, dass diese nicht in ausreichendem Maße über Coping-Strategien für bestehende Problemlagen und Herausforderungen verfügen oder durch diese in erheblichem Maße belastet sind. Hier ermöglicht ein systemischer Blick, der das gesamte Lebensumfeld des Kindes oder Jugendlichen in den Blick nimmt, weiterführende Einsichten.

Tipps

Verschaffen Sie sich ein umfangreiches Bild der Lebenssituation des betroffenen Kindes oder Jugendlichen.

Sprechen Sie möglichst offen mit den Eltern und legen Sie dar, dass die Ursachen von Schlafstörungen meist multikausal und komplex sind und es Sinn ergibt, sich mit einer gewissen Ruhe der Analyse der Situation zuzuwenden.

Checkliste

Seit wann treten die Schlafstörungen auf?

Gibt es Phasen der Verbesserung oder Verschlechterung?

Haben die Eltern oder ein Elternteil ebenfalls Schlafstörungen?

Wie ist die allgemeine Lebenssituation des Kindes oder des Jugendlichen zu beurteilen?

Wie stellt sich die Balance zwischen Risiko- und Schutzfaktoren dar?

Wie ist die Beziehungsqualität zwischen Eltern und Kind bzw. zwischen den Eltern als Paar?

Ist der Alltag in Bezug auf Alltagsroutinen, Regeln und Konsequenzen sowie Schlafroutinen ausreichend strukturiert?

Technik

Neurolinguistisches Programmieren (NLP) in der Beratung → s. Kapitel 2.11

Klientenzentrierte Beratung nach Rogers → s. Kapitel 2.4

Gewaltfreie Kommunikation nach Rosenberg → s. Kapitel 2.5

Themenzentrierte Interaktion → s. Kapitel 3.2

Systemische Begleitung und Beratung → s. Kapitel 2.16

5.2 Kindergarten, Schule und Beruf

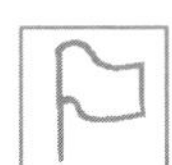

In diesem Kapitel erfahren Sie …

- unter welchen Bedingungen eine Kooperation zwischen Eltern und pädagogischen Fachkräften gelingen kann.
- welche spezifischen Herausforderungen mit der Lebensphase Jugend einhergehen und wie diesen begegnet werden kann.
- was die Lebenssituation von schwulen, lesbischen, bisexuellen Jugendlichen im Besonderen kennzeichnet.
- wie junge Heranwachsende in ihrer beruflichen Orientierung unterstützt und begleitet werden können.

Kindergarten

Fallbeispiel

Vater: *„Gestern waren wir zum Elterngespräch in der KiTa. Die Erzieher*innen berichteten, dass unsere Tochte Ronja wenig Kontakt zu anderen Kindern aufnimmt und sich sehr an den Erwachsenen orientiert."*

Mutter: *„Darüber hinaus zeigt Ronja wohl auch Schwierigkeiten, in Spielprozesse generell reinzufinden, zu malen oder zu basteln. Was man halt in diesem Alter so macht. Ronja knetet am liebsten und ansonsten ist sie nur draußen und klettert. Am Tisch sitzen, sich mal in Ruhe konzentrieren ist wohl sehr schwierig für sie."*

Vater: *„Sie ist im Alltag schon auch echt viel mit uns zusammen und wenig mit anderen Kindern. Freund*innen hat sie so gut wie keine. Das sollten wir jetzt mal angehen. Vielleicht würden Hobbies ja auch was bringen oder so etwas. Da sind ja dann auch andere Kinder ... und man macht was zusammen ... so wie Fußball spielen oder so. Da kann sie dann rennen und sich auspowern und hat zusätzlich Kontakt zu anderen Kindern."*

Mutter: *„Ja, das klingt gar nicht schlecht. Wir haben mit den Erzieher*innen ja dann auch nochmal überlegt, ob wir für Ronja mal einen Termin beim SPZ[4] machen. Vielleicht braucht sie ja Ergotherapie oder so etwas, um sich im Spielen und Konzentrieren zu üben ..."*

Vater: *„Auf jeden Fall war es für uns hilfreich, die Perspektive der Erzieher*innen in dem Gespräch zu hören. Sie kennen sich ja mit Kindern aus und sehen tagtägliche viele Kinder in Ronjas Alter. Da können sie ja gut einschätzen, was ‚auffällig' und was ‚normal' ist."*

Mutter: *„Ja, das finde ich auch. Das war sehr hilfreich. Auch, dass diese signalisiert haben, dass sie weiterhin ein offenes Ohr für uns haben. Ich fühle da sehr unterstützt."*

Hintergrundwissen

Neben der Familie verbringen Kinder und Jugendliche in der Phase ihres Aufwachsens sehr viel Zeit in pädagogischen Institutionen wie Kindertagesstätten, Schulen, Vereinen und sonstigen Einrichtungen, die speziell für Kinder und Jugendliche konzipiert worden sind. Kindertagesstätten, Grundschulen und weiterführende Schulen sind nach der Familie die Orte, in denen Sozialisation und Persönlichkeitsentwicklung stattfindet. Darüber hinaus tragen diese Institutionen in erheblichem Maße zu einer gelungenen Integration der Heranwach-

4 SPZ = Sozialpsychiatrisches Zentrum

senden in die umgebende Gesellschaft bei und sichern damit gesellschaftliche Teilhabe (vgl. Bründel, Hurrelmann 2017, S. 91). Für eine solche Anregung ist wichtig, dass die Entwicklungsumwelten der pädagogischen Einrichtungen zu denen der Familie passen und umgekehrt. Mit Passung ist in diesem Sinne eine weitestgehende Übereinstimmung grundsätzlicher Haltungen in Fragen der Erziehung gemeint. Darüber hinaus sind pädagogische Einrichtungen zentrale Steuerungs- und Aufsichtsinstitutionen, wenn es um die Durchsetzung des Rechts des Kindes auf eine gewaltfreie Erziehung sowie auf eine Förderung seiner Entwicklung geht (§ 1631 Abs. 2 BGB). Dieser Schutzauftrag ist in § 8a und 8b SGB VIII/KJHG gesetzlich verankert. Alle Menschen, die beruflich mit Kindern und Jugendlichen in Verbindung stehen, sind verpflichtet, mögliche Gefährdungsrisiken zu erkennen und tätig zu werden (vgl. Dusolt 2018, S. 74).

Darüber hinaus haben Kindertagesstätten und Schulen einen staatlich formulierten Erziehungs- und Bildungsauftrag, der u. a. die Partizipation und Kooperation mit den Eltern in ihrem beruflichen Alltag miteinschließt.

Elternarbeit als Erziehungs- und Bildungspartnerschaft

In der pädagogischen Praxis der Kindertagesstätten hat die Elternarbeit in den letzten Jahren einen höheren Stellenwert eingenommen. Unter dem Begriff Elternarbeit sind dabei unterschiedlichste Formen der Zusammenarbeit zwischen der pädagogischen Einrichtung und den Eltern gemeint. Jede pädagogische Einrichtung entscheidet selbst, in welcher Form und Intensität diese Zusammenarbeit mit den Familien gestaltet wird.

Konzeptionell kann Elternarbeit dabei als eine Erziehungs- und Bildungspartnerschaft verstanden werden. Dieses Konzept verfolgt die Idee einer Zusammenarbeit auf Augenhöhe, die von Anfang an auf der Grundlage von gegenseitiger Akzeptanz und Wertschätzung geschlossen wird. Mittelpunkt der Zusammenarbeit ist das Kind, das in beiden Systemen – Kindertagesstätte und Familie – ein fester Bestandteil ist. Die gemeinsame, zielorientierte Förderung der Entwicklung des Kindes steht im Vordergrund aller erzieherischen Bemühungen. Dabei soll durch den kontinuierlichen kommunikativen Austausch zwischen pädagogischem Personal und Eltern das Kind vor Zerrissenheit und Loyalitätskonflikten geschützt werden. Eine Klärung der Erwartungen, die die Eltern gegenüber der Kindertagesstätte haben und die Kindertagesstätte gegenüber den Eltern, stellt den Auftakt dieser Erziehungs- und Bildungspartnerschaft dar. Diese Klärung soll von Anfang an für Klarheit hinsichtlich der Rollen und Aufgaben im Erziehungs- und Bildungsprozess des Kindes sorgen. Inhalte weiterführender Gespräche sind dann der Austausch über Erziehungsgrundsätze und -haltungen, Informationen über die Lebenswelt des Kindes sowie besondere Ereignisse als auch die Schilderung von aktuellen Entwicklungsschritten und -herausforderungen. Dabei werden die Eltern als Expert*innen angesehen für die familiäre Lebenswelt des Kindes. Die Pädagog*innen werden als Expert*innen für pädagogisches Fachwissen, den Umgang mit Kindern im Allgemeinen sowie für das jeweilige Kind im Umgang mit Gleichaltrigen betrachtet (vgl. Dusolt 2018).

Tipps

Eltern haben in der Regel eine intensive emotionale Beziehung zu ihrem Kind. Dies kann dazu führen, dass sie sich in Gesprächen mit pädagogischen Fachkräften schnell angegriffen fühlen oder das Gefühl haben, sie müssten ihr Kind verteidigen oder in Schutz nehmen. Durch eine offene, wertschätzende Haltung kann ein solches Abwehrverhalten vermieden werden. Gleichzeitig ist es wichtig, bei Äußerungen über das Kind stets sachlich und präzise zu sein. Das bedeutet, das Kind nicht als Person zu bewerten, sondern Verhaltensbeobachtungen aus dem Alltag zu schildern und im Anschluss daran mit den Eltern in ein offenes Gespräch zu gehen darüber, was Ursachen solcher Verhaltensweisen sein könnten. Von vorschnellen Diagnosen ist in jedem Fall immer abzusehen! Diese Aufgabe sollte dem Fachpersonal in sozialpsychiatrischen Zentren oder Kinderärztinnen und -ärzten überlassen werden.

Im Rahmen der gegebenen Möglichkeiten können Erzieher*innen Unterstützung und Förderung des Kindes anbieten. Eine Therapie durchzuführen zählt jedoch nicht zu deren Aufgaben. Darüber sollte im Gespräch Klarheit erzielt werden.

Check

Wie reagieren die Eltern auf die Verhaltensbeobachtungen der Erzieher*innen?

Wie nehme ich (als Erzieher*in) die Beziehung der beiden Elternteile untereinander wahr?

Wie ist die Atmosphäre des Gesprächs?

Wie sprechen die Eltern über ihr Kind? Welche Haltung nehmen sie gegenüber diesem ein?

Wie werde ich als Erzieher*in von den Eltern gesehen? Verstehen die Eltern, was hier tagtäglich in der Kindertagesstätte passiert, was unsere Aufgaben und unsere Förderziele sind?

Teilen mir die Eltern wichtige Aspekte der Lebenswelt des Kindes mit, die bisher nicht bekannt waren und auch für meine Kolleg*innen von Relevanz sein könnten?

Technik

→ s. Kapitel 2.4 Klientenzentrierte Beratung nach Rogers

→ s. Kapitel 2.5 Gewaltfreie Kommunikation nach Rosenberg

→ s. Kapitel 3.2 Themenzentrierte Interaktion

5.2.1 Besondere Herausforderungen in der Lebensphase Jugend

Fallbeispiel

Julian, 16 Jahre alt, möchte sehr gern mit seinen Freund*innen ein Wochenende allein verbringen – mal ohne die nervenden Eltern einfach das tun, was einem so in den Kopf kommt. Julian und sein bester Freund Sven haben sich überlegt, dass sie gern übers Wochenende campen fahren wollen. Sie sind gerade mit ein paar Freund*innen in der Schule noch im Gespräch darüber, wohin es gehen soll und wer alles so mitkommt. Julian und Sven sind die Initiatoren dieses Projektes, was in der Schule bei vielen für Begeisterung gesorgt hat. Mittlerweile sind sie eine Gruppe von 15 Personen, die gemeinsam verreisen wollen.

Julian berichtet jeden Tag beim Abendessen von den neuen Entwicklungen dieses Projektes. Die Eltern sind überrascht über das Engagement ihres Sohnes und seine organisatorischen Fähigkeiten. Dieses Verhalten haben sie so von ihm noch nicht erlebt. Ganz im Gegenteil, alles, was die Schule und die Übernahme von Tätigkeiten im Haushalt angeht, macht Julian nur widerwillig und nur unter Androhung von Sanktionen. Hierzu gab und gibt es häufig Streit. Gerade deswegen sind die Eltern ganz froh darüber, dass ihr Sohn Julian zurzeit so guter Stimmung ist und es dadurch weniger Reibungspunkte mit den Eltern gibt.

Als jedoch zehn Tage vor dem geplanten Camping-Wochenende Julian mit zwei mangelhaften Klausuren nach Hause kommt, ist diese „gute Phase" vorbei.

Die Eltern sind außer sich. Sie haben Julian so oft daran erinnert und ihn gebeten, für diese Klausuren zu lernen. Haben ihm so oft versucht klarzumachen, dass ein guter Schulabschluss für das weitere Leben von elementarer Bedeutung ist.

Julian fühlt sich missverstanden und äußert: *„Nie darf ich Spaß haben im Leben! Immer muss ich zu Hause sein und lernen. Ich bin doch jung – da sollte man doch auch mal was Cooles machen dürfen! Immer nur lernen – was bringt das denn?!"*

Julians Vater: *„Einen guten Job und finanzielle Sicherheit bringt das, mein Sohn. Aber das wirst Du schon früh genug merken … Jetzt hast Du erstmal vier Wochen Hausarrest und arbeitest die Inhalte nach. Ich besorge Dir gleich morgen einen privaten Nachhilfelehrer."*

Julian: *„Das geht nicht! In zwei Wochen gehen wir campen. Das planen wir jetzt schon seit drei Monaten!"*

Julians Vater: *„Und wir sagen Dir seit drei Jahren, dass Du mehr für die Schule machen musst. Wer so faul ist wie Du, der fährt auch nicht zum Camping. Ende der Diskussion."* Julian knallt die Tür hinter sich zu, stopft ein paar Sachen in seinen Rucksack und verlässt die Wohnung. Er kommt in den nächsten zwei Tagen nicht nach Hause zurück. Nach mehreren Telefonaten finden die Eltern heraus, dass Julian sich bei seinem besten Freund Sven aufhält. Julian will nicht nach Hause zurückkommen.

Zur Not müssten die Eltern ihn mit der Polizei abholen kommen, sagt er ihnen am Telefon und legt auf. Die Eltern von Julian sind verzweifelt und nehmen einen Termin bei der Erziehungsberatungsstelle wahr.

Hintergrundwissen

„Die Pubertät markiert (..) einen tief greifenden punktuellen Einschnitt in der Lebensgestaltung und Persönlichkeitsentwicklung eines Menschen und kennzeichnet den Übergang in einen neuen Lebensabschnitt, der durch völlig neue, gegenüber der Kindheit qualitativ andersartig gestaltete Form der Verarbeitung von physiologischen und psychischen Anforderungen gekennzeichnet ist" (Hurrelmann, Quenzel 2016, S. 31).

Von einer eigenständigen Lebensphase „Jugend" spricht man in der Entwicklungspsychologie seit dem 20. Jahrhundert. Es gab bereits im 19. Jahrhundert Vorläufer der Jugendarbeit, aber erst seit der Jugendbewegung zu Beginn des 20. Jahrhunderts kann von einer Etablierung dieser Lebensphase in der Gesamtgesellschaft gesprochen werden (vgl. Rätz, Schröer & Wolff 2014, S. 102). In allen differenzierten, hochentwickelten Industrienationen erfuhr die Lebensphase Jugend seit Beginn des 20. Jahrhunderts eine immense Expansion. Der steigende Wohlstand, der Ausbau des Bildungswesens gerade im tertiären Bereich (Hochschule, Universität) sowie die Entwicklung hin zur Ein-Kind-Familie machten diese Entwicklungen möglich. Die Lebensphase Jugend gilt heute als eigenständige sozialkulturelle Statuspassage, die durch spezifische Erfahrungen, Kompetenzen und Entwicklungsaufgaben gekennzeichnet ist (vgl. Hurrelmann, Quenzel 2012, S. 21 f.).

In der Fachliteratur wird zwischen den Begriffen Pubertät und Adoleszenz unterschieden: Mit dem Begriff Pubertät werden die körperlichen und hormonellen Veränderungen beim Übergang vom Kind zum jungen Erwachsenen bezeichnet. Der Begriff der Adoleszenz entstammt der Entwicklungspsychologie und beschreibt die psychosoziale Entwicklung in dieser Lebensphase. Der Begriff Lebensphase Jugend hat sich als Oberbegriff für diese parallel verlaufenden und sich gegenseitig beeinflussenden Prozesse durchgesetzt (vgl. Jungbauer 2017, S. 171 f.).

In diesem Kapitel wird durchgängig der Begriff **Lebensphase Jugend** in der oben genannten Bedeutung verwendet.

Die Lebenssituation der meisten Jugendlichen ist heutzutage durch eine relative ökonomische Sicherheit sowie durch eine Vielfalt an Angeboten gekennzeichnet. Diese neue Vielfalt bringt dabei auch Entscheidungszwang sowie Risiken des Versagens mit sich. Als Entwicklungsaufgaben des Jugendalters werden Qualifizieren, Binden, Konsumieren sowie Partizipieren aufgeführt (vgl. Hurrelmann, Quenzel 2016, S. 24 f.).

Qualifizieren verweist auf die Aufgabe, seine sozialen und intellektuellen Fähigkeiten zu entwickeln, einen Schulabschluss zu erwerben, um den Eintritt in das berufsbildende System zu ermöglichen.

Mit der Aufgabe der Bindung ist die Notwendigkeit verbunden, ein kohärentes Selbst- und Körperbild zu entwickeln, sowie die Konstruktion einer sozialen Identität, die es erlaubt, mit anderen Menschen Kontakte zu pflegen sowie emotional bedeutsame intime Beziehungen zu führen.

Die Aufgabe des Konsumierens verweist auf die Ausbildung von Strategien und Verhaltensmustern den Alltag so zu gestalten, dass eine Balance zwischen Anspannung und Entspannung gefunden werden kann, und einen reflektierten und kontrollierten Umgang mit Angeboten der Medien-, Freizeit- und Konsumwelt zu finden.

Die Entwicklungsaufgabe des Partizipierens umreißt die Anforderung, ein eigenes Werte- und Normensystem zu entwickeln, sowie die Fähigkeit, sich aktiv an der Gestaltung von sozialen Lebensbedingungen zu beteiligen (vgl. Hurrelmann, Quenzel 2012, S. 25).

Diese Entwicklungsaufgaben haben individuelle und gesellschaftliche Funktionen und ergänzen einander. Die Bewältigung dieser Aufgaben führt zu einer persönlichen Individuation auf der Ebene des Subjekts und zur sozialen Integration auf der Ebene der Gesamtgesellschaft. In diesem Zusammenspiel wird deutlich, dass in der Verschränkung von „Ich“ und „Gesellschaft“ die Jugendlichen vor der Aufgabe stehen, sich selbst als eigenständige Person wahrzunehmen sowie gleichzeitig sich als diese Person in der Gesellschaft zu verorten. Dies macht deutlich, dass Identitätsentwicklung von sozialen und kulturellen Rahmenbedingungen geprägt und abhängig ist. Unterstützung bei der Bewältigung dieser komplexen Entwicklungsaufgaben erhalten Jugendliche dabei (in der Regel) vom Elternhaus, Gleichaltrigen sowie von Bildungsinstitutionen und deren pädagogischen Fachkräften. Die Erziehungs- und Sorgeberechtigten haben innerhalb dieses Prozesses einen erheblichen Einfluss auf die Persönlichkeitsentwicklung des Jugendlichen sowie „direkte Auswirkungen auf dessen Leistungs- und Sozialentwicklung“ (Hurrelmann, Quenzel 2016, S. 29). Das Elternhaus bestimmt u.a. auch in hohem Maße darüber, inwieweit ein/e Jugendliche*r seine/ihre Fähigkeiten im schulischen Qualifikationsprozess entfalten kann und wie erfolgreich generell die schulische Laufbahn verläuft. Der Einfluss des Elternhauses nimmt mit zunehmendem Alter des Heranwachsenden kontinuierlich ab und die Gleichaltrigen sowie die pädagogischen Institutionen gewinnen an Bedeutung und Einfluss hinzu:

„Entscheidend für das Gelingen der jugendlichen Sozialisation ist nicht nur, wie gut jede einzelne Sozialisationsinstanz funktioniert, sondern auch, wie gut die Impulse der einzelnen Instanzen miteinander harmonieren“ (Hurrelmann, Quenzel 2016, S. 30).

Loslösung vom Elternhaus und Entwicklung eigenständiger Jugendkulturen

Das Autonomiebestreben ist wesentliches Merkmal der Lebensphase Jugend und „fester Bestandteil der Statuspassage in das Erwachsenenleben“ (Hurrelmann, Quenzel 2016, S. 158). Die Eltern-Kind-Beziehung durchläuft im Jugendalter eine grundlegende Transformation. Standen in der Kindheit noch emotional nahe sowie schützende Kontakte im Vordergrund, so muss sich dies nun in eine begleitende und Selbstständigkeit fördernde Haltung dem Heranwachsenden gegenüber wandeln. Ablösung, verbunden mit Distanzierung und Eigenständigkeit, ist Voraussetzung für die Weiterentwicklung der Persönlichkeit in der Adoleszenzphase (Berk 2011, Silbereisen, Weichold 2012, zitiert nach Hurrelmann, Quenzel 2016, S. 154). Dieser Ablösungsprozess umfasst die psychische, emotionale, intime, kulturelle, räumliche und materielle Ebene. Die Bewältigung dieses vielschichtigen und komplexen Prozesses erfordert von allen Beteiligten ein hohes Maß an Empathie sowie Kommunikations- und Kooperationsfähigkeiten.

Es ist wichtig, Jugendlichen ein gewisses Maß an Eigenständigkeit zu ermöglichen, damit diese sich auf die Anforderungen des Erwachsenenlebens vorbereiten bzw. in diese Anforderungen hineinwachsen können. Wenn es Eltern gelingt, eine Balance zwischen unterstützender Kontrolle und Stimulation von Autonomie zu finden, so können auch sie durch den Ablösungsprozess von ihren jugendlichen Kindern profitieren. Nicht nur, dass sie selbst wieder mehr zeitliche Freiräume zur Verfügung haben, da die jugendlichen Kinder nicht mehr permanent beaufsichtigt werden müssen – sie können auch eine andere Art von Beziehung zu ihren Kindern aufbauen und die heutige Welt aus Sicht der Jugendlichen wahrnehmen lernen.

Im Vergleich zu früheren Generationen zeigen Studien, dass Eltern heutzutage stärker die Rechte der jugendlichen Kinder auf Unabhängigkeit und Selbstständigkeit anerkennen und diesen Raum geben (vgl. Ferchhoff 2010). An die Stelle von autoritären Erziehungsvorstellungen, die von Kindern Gehorsam und Unterordnung verlangen, sind Erziehungsmuster getreten, die die Selbstständigkeit und Selbstverantwortung der Heranwachsenden betonen (vgl. Fend 2005, S. 149).

In Zusammenhang mit den Erfahrungen der Weltwirtschaftskrise, dem Umbau des Sozialstaats sowie den rasanten Entwicklungen auf dem Arbeitsmarkt „hat sich der Erwartungsdruck der Eltern auf Jugendliche enorm verstärkt“ (Hurrelmann, Quenzel 2012, S. 158). Dieser Erwartungsdruck zielt häufig im Kern auf den Erwerb eines sehr guten Schulabschlusses, der einen gelungenen Einstieg ins Berufsleben wahrscheinlicher macht. Die Möglichkeit den sozialen Status zu verlieren, den das Elternhaus den Heranwachsenden zur Verfügung gestellt hat, erzeugt bei vielen Eltern eine diffuse Angst, die sich u. a. in erhöhtem Leistungsdruck gegenüber ihren heranwachsenden Kindern äußert. Sichtbar werden in diesem Zusammenhang die Effekte der Individualisierung von Lebensläufen. Die postmoderne, postindustrielle und digitalisierte Gesellschaft des 21. Jahrhunderts bietet Jugendlichen eine Vielzahl an Bildungs- und Berufsmöglichkeiten (siehe Kap. 5.2.3). Diesen Möglichkeiten steht die Notwendigkeit gegenüber, diese auch zu nutzen. Das bedeutet, Jugendliche müssen proaktiv tätig werden und Entscheidungen treffen, die ihren eigenen Werdegang betreffen. Entscheidungsmöglichkeiten bringen in diesem Sinne auch Entscheidungszwänge mit sich. Versagen Jugendliche innerhalb dieser Prozesse, müssen diese die Konsequenzen selbst tragen und aktiv nach Lösungen suchen (Selbstverantwortung) (vgl. Beck 1983). Nach vorliegenden Studien gelingt es der Mehrheit der Jugendlichen in Deutschland sehr gut, *„die Freiheitsräume der offenen Gesellschaft kompetent auszuschöpfen und in Vorteile für die eigene Persönlichkeitsentwicklung umzusetzen"* (Hurrelmann, Quenzel 2012, S. 60). 20 % der Jugendlichen eines jeden Jahrgangs fühlen sich jedoch überfordert und reagieren mit verschiedenen Symptomen der Belastung darauf wie Aggressionen, Gewalt, Drogenkonsum und gesundheitliche Beeinträchtigungen. Diese Jugendlichen stammen häufig aus Elternhäusern, die durch Armut und ein niedriges Bildungsniveau der Elternteile geprägt sind. Ungünstige Lebensbedingungen hindern Jugendliche daran, den sozialen Anschluss zu halten. Die soziale Segregation ist heutzutage deutlicher ausgeprägt als noch vor 20 Jahren. Heute stehen sich Freiheit und Selbstverantwortung in einem Spannungsverhältnis gegenüber. Dies zeigt sich in elterlichen Verhaltensweisen. Auf der einen Seite fördern Eltern die Selbstständigkeitsbestrebungen ihrer jugendlichen Kinder, beäugen diese jedoch in banger Sorge, dass sich aus diesen Entscheidungen Nachteile für den späteren Lebensweg ergeben könnten. In der Praxis äußert sich dies häufig in einem Wechsel zwischen Verhaltensweisen des Loslassens und der fürsorglichen Unterstützung (vgl. Masche 2006).

Tipps

Bezogen auf das Fallbeispiel ist der Besuch einer Erziehungsberatungsstelle ein guter Schritt, um eine unbeteiligte dritte Person als Berater*in miteinzubeziehen. Im Gespräch mit dem/der Berater*in können die Eltern ihr Anliegen darlegen und Wünsche für die Zukunft formulieren. Der Sohn kommt zu einem geeigneten Zeitpunkt hinzu oder spricht allein mit der/dem Berater*in. In jedem Fall sollte sichergestellt sein, dass alle Beteiligten die Möglichkeit haben, ihre Bedürfnisse, Gefühle und Gedanken zu äußern. Auf Grundlage der Anerkennung dieser Bedürfnisse jedes Einzelnen kann gemeinsam an einer Lösung der Situation gearbeitet werden.

Check

Warum hilft Julian nicht gern im Haushalt mit? Ist es Widerwille oder gibt es dafür noch andere Gründe?

Was ist in der Schule wirklich los? Sind seine schulischen Leistungen im Ganzen schlecht oder betrifft dies nur einzelne Fächer?

Wie geht es Julian denn im Allgemeinen in Bezug auf die Bewältigung der Entwicklungsaufgaben des Jugendalters? Hat er Sorgen oder Probleme, die ihn belasten und ggf. die Ursache für seine geringen schulischen Leistungen sind?

Wie sehen die Eltern sich selbst in ihrer Elternrolle? Wie geht es den Eltern mit der Situation zu Hause? Wie geht es den Eltern allgemein in Bezug auf ihre Gesundheit, Partnerschaft und ihr Berufsleben? Gibt es dort Themen, die belasten oder Stress auslösen?

Technik

Kommunikation ist Beziehung: über die gestörte Kommunikation, Symptome und ihre Folgen ➔ s. Kapitel 2.2

Klientenzentrierte Beratung nach Rogers ➔ s. Kapitel 2.4

Gewaltfreie Kommunikation nach Rosenberg ➔ s. Kapitel 2.5

Themenzentrierte Interaktion ➔ s. Kapitel 3.2

Systemische Begleitung und Beratung ➔ s. Kapitel 2.16

Gestalttheorie und Kommunikation ➔ s. Kapitel 2.9

5.2.2 Grenzüberschreitungen, Alkohol- und Drogenkonsum

Fallbeispiel

Josephine und Klara, beide 15, sind seit Grundschultagen beste Freundinnen. Sie sind unzertrennlich und stets dabei, wenn es um aufregende Aktionen und verbotene Dinge geht. Klara wächst bei einem alleinerziehenden Vater auf – ihre Mutter ist vor fünf Jahren an Brustkrebs verstorben. Josephine hat noch zwei kleinere Geschwister, drei und fünf Jahre alt. Sie ist häufig sehr genervt von ihnen und hasst es, dass ihre Eltern so oft von ihr erwarten, dass sie den Babysitter spielt. Sie reden dann immer von „große Schwester" und „Vorbild" und so.

Immer häufiger verweigert Josephine ihren Eltern die Unterstützung und zieht stattdessen mit Klara um die Häuser. Einfach nur weg von zu Hause. Auf einem von diesen Streifzügen lernen Josephine und Klara Mike und Phillip kennen. Die sind echt „mega cool". Mike ist 16 und Phillip schon fast 17. Beide besitzen Mopeds, mit denen sie immer häufiger Ausflüge machen. Mike und Phillip wissen auch immer, wo illegale Partys steigen, wo auch Minderjährige Zutritt haben und Alkohol bekommen. Josephine und Klara waren schon des Öfteren dabei und es war immer großartig! Der Alkohol hat ihren Kopf frei gemacht – endlich konnten sie sich unbeschwert fühlen und ihre Alltagssorgen vergessen. So war es auch am vergangenen Samstag: Sie waren ausgiebig feiern bis in die Morgenstunden. Auf dem Weg mit dem Fahrrad nach Hause prallte Klara mit einem Auto zusammen. Ein Kioskbesitzer sah den Unfall und rief sofort einen Krankenwagen. Im Krankenhaus wurde ein Blutalkoholwert von 2,5 Promille festgestellt. Das Drogen-Screening wies die Einnahme von Kokain nach.

Hintergrundwissen

Die Bewältigung der unter Kap. 5.2.2 genannten Entwicklungsaufgaben im Jugendalter kann in unterschiedlicher Qualität gelingen. Nach der Theorie der produktiven Realitätsverarbeitung nach Klaus Hurrelmann (vgl. Hurrelmann, Quenzel 2012, S. 96 f.) betreibt jede/r Jugendliche eine aktive Auseinandersetzung mit den körperlichen, psychischen und sozialen Veränderungsprozessen in dieser Lebensphase. In Bezugnahme auf die zur Verfügung stehenden personalen (Intelligenz, Empathie, Sozialkompetenz, Reflexionsfähigkeit, Resilienz) und sozialen (Freund*innen, Familienangehörige, soziale Netzwerke) Ressourcen bearbeitet jede*r Heranwachsende die an ihn gestellten Entwicklungsaufgaben und bewältigt diese sehr gut, gut, zufriedenstellend, ausreichend oder auch gar nicht. Feste Vorgaben für die Bewältigung der Entwicklungsaufgaben gibt es nicht. Jede*r Heranwachsende muss und kann in unserer pluralistischen und offenen Gesellschaft seinen/ihren Weg finden. Sozialen Netzwerken mit Unterstützungsquellen fällt dabei eine besondere Bedeutsamkeit zu. Aus Studien ist bekannt, dass sich die Chancen einer positiven Bewältigung der Entwicklungsaufgaben deutlich erhöhen, wenn Jugendliche in soziale Netzwerke einbezogen sind (vgl. Erhart, Wille und Ravens-Sieberer 2008); besonders bei persönlichen Problemlagen, die nicht unmittelbar durch eigenes Handeln beeinflusst werden können, wie z. B. die Trennung der Eltern, das Versterben eines Elternteils, eine schwere Erkrankung eines Geschwisterkindes. Häufig sind jugendliche Kinder überfordert. Als Ressource und für die Entwicklung individueller Bewältigungsstrategien sind soziale Beziehungen im nahen Umfeld von elementarer Relevanz. Misslingt die Bewältigung der Entwicklungsaufgaben, führt dies zu erheblichen Schwierigkeiten des Individuations- und Integrationsprozesses, was die Persönlichkeitsentwicklung sowie die Gesundheit der Heranwachsenden negativ beeinflusst (vgl. Hurrelmann, Quenzel 2012, S. 223).

Problemverhalten im Jugendalter kommt zustande, wenn Jugendliche sich bemühen, die an sie gestellten Aufgaben zu bewältigen, dabei scheitern und unter diesem Scheitern leiden. Durch das Scheitern entsteht ein Entwicklungsdruck, der sich häufig in Überforderung und genereller Unzufriedenheit äußert. Die Scham über den Misserfolg kann nicht lange ausgehalten und muss in irgendeiner Weise zum Zwecke des Selbstschutzes überspielt oder versteckt werden. Je nach Situation und Persönlichkeitsstruktur greifen Jugendliche dann zu verschiedenen Verhaltensweisen, die als Risikowege bezeichnet werden (vgl. Hurrelmann, Quenzel 2012, S. 230). Wenn diese problematischen Verhaltensweisen über einen längeren Zeitraum andauern und sich verfestigen, führen diese zu einer gestörten weiteren Persönlichkeitsentwicklung (vgl. Flammer, Alsaker 2011). Idealtypisch gibt es drei Formen von Risikowegen:

Nach außen gerichtete (externalisierende)	Jugendliche*r reagiert auf den Entwicklungsdruck mit Aggressionen gegen andere.
Ausweichende (evadierende)	Jugendliche*r zeigt fluchtförmige Verhaltensweisen; bildet wechselhafte Beziehungsmuster aus; zeigt suchtgefährdende Verhaltensweisen durch den Konsum von legalen und illegalen Drogen, Nahrungsmitteln und uneingeschränktem Medienkonsum; es zeigen sich fremdaggressive und selbstaggressive Züge.
Nach innen gerichtete (internalisierte)	Jugendliche*r reagiert auf die unangenehme Situation mit Rückzug und Isolation; Desinteresse und Apathie; psychosomatische Störungen und depressive Verstimmungen; selbstverletzendes Verhalten (Selbstaggressionen) bis hin zu Suizidversuchen.

Tabelle 6: Risikowege des Jugendalters, eigene Darstellung in Anlehnung an Hurrelmann 2012, S. 231

→ s. Kapitel 5.2.2: Schwierige Gespräche – Was geht und was geht nicht?

Motive für den Konsum von Alkohol und Drogen

Ausweichendes Problemverhalten dient der Manipulation der eigenen psychischen Befindlichkeit. Es wird nach Möglichkeiten gesucht, sich „besser zu fühlen“, um den unangenehmen Gefühlslagen und Belastungen zu entkommen.

Eine sehr verbreitete Form dieses Problemverhaltens ist der Konsum von Alkohol und Drogen.

„Drogen sind Substanzen, die über das Zentralnervensystem die subjektive Befindlichkeit eines Konsumenten direkt beeinflussen und Gefühle von Entspannung, Euphorie, Grenzüberschreitung und Rausch vermitteln. Darunter fallen die legalen Genussmittel Alkohol und Tabak, sedierende und schmerzlindernde Arzneimittel sowie illegale Drogen wie Haschisch, Halluzinogene, Amphetamine, Opiate (..) und Kokain“ (vgl. Hurrelmann, Quenzel 2012, S. 237).

Die subjektive Logik hinter dem Konsum von Alkohol und Drogen ist es, mithilfe dieser die Entwicklungsaufgaben besser bewältigen zu können (vgl. Niekrenz, Ganguin 2010); auch dienen sie der Befriedigung von individuellen Bedürfnissen.

Alkohol dient zur Bewältigung von erlebten Belastungen und Überforderungen (vgl. Jungbauer 2017, S. 210).

Tipps

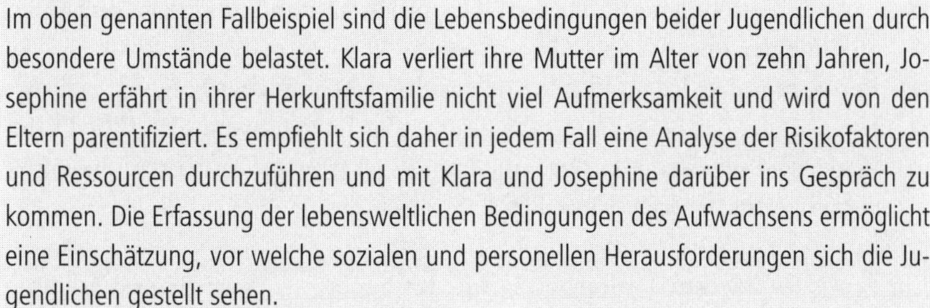

Im oben genannten Fallbeispiel sind die Lebensbedingungen beider Jugendlichen durch besondere Umstände belastet. Klara verliert ihre Mutter im Alter von zehn Jahren, Josephine erfährt in ihrer Herkunftsfamilie nicht viel Aufmerksamkeit und wird von den Eltern parentifiziert. Es empfiehlt sich daher in jedem Fall eine Analyse der Risikofaktoren und Ressourcen durchzuführen und mit Klara und Josephine darüber ins Gespräch zu kommen. Die Erfassung der lebensweltlichen Bedingungen des Aufwachsens ermöglicht eine Einschätzung, vor welche sozialen und personellen Herausforderungen sich die Jugendlichen gestellt sehen.

Ein besonderes Augenmerk sollte dabei auf die Ursachen ihres Alkohol- und Drogenkonsums gelegt und nach Alternativlösungen gesucht werden.

Check

Wie oft und wie viel Alkohol trinken die Jugendlichen?

Wie häufig und welche Drogen werden konsumiert?

Werden Alkohol und Drogen nur in Gesellschaft oder auch allein konsumiert?

Seit wann ist dieses Konsumverhalten schon so ausgeprägt?

Haben die Jugendlichen Vertrauenspersonen, mit denen sie über ihre familiäre Situation sprechen? Gibt es in der Schule evtl. Lehrer*innen, die von Bedeutung sind?

Was wünschen sich die Jugendlichen von ihren Eltern? Was für Bedürfnisse haben sie und wie können sie diese befriedigen?

Wie ist das Leistungsverhalten in der Schule?

Gibt es Hobbys, denen die Jugendlichen in ihrer Freizeit nachgehen?

Welche Wünsche und Ziele haben die Jugendlichen für die Zukunft?

Technik

Klientenzentrierte Beratung nach Rogers → s. Kapitel 2.4

Gewaltfreie Kommunikation nach Rosenberg → s. Kapitel 2.5

Themenzentrierte Interaktion → s. Kapitel 3.2

Systemische Begleitung und Beratung → s. Kapitel 2.16

Exkurs: Konsum von Alkohol und Drogen im Spiegel gesellschaftlicher Verhältnisse und die Theorie der Suchtpersönlichkeit nach Garbor Maté

Verhaltensweisen, die mit den Begriffen der Sucht oder Abhängigkeit betitelt werden, weisen laut dem amerikanischen Arzt und Psychiater Maté folgende Charakteristika auf:

- „zwanghafte Beschäftigung bzw. Hauptbeschäftigung mit dem Verhalten,
- Störung der Impulskontrolle,
- Verharren oder Rückfall trotz nachweislich schädlicher Folgen,
- Unzufriedenheit, Erregung oder starkes Verlangen, wenn das Objekt der Begierde – sei es eine Droge, eine Handlung oder ein anderes Ziel – nicht sofort verfügbar ist“ (Maté 2021, S. 124).

Ein zentrales Merkmal jeglicher Form der Sucht ist, dass dieses Verhalten trotz zum Teil erheblicher negativer Folgen aufrechterhalten wird.

Dabei arbeitet Maté in seinem weltweit anerkannten Werk zum Thema Sucht heraus, dass alle Süchte – unabhängig davon, ob diese stoffgebunden (Drogen, Alkohol, Essen) oder stoffungebunden (Sex, Spielen, Kaufen, Medienkonsum etc.) sind, – dieselben biochemischen Prozesse im Gehirn aufweisen (vgl. ebd. S. 124). Aus dieser biochemischen Sicht heraus haben alle Süchte dasselbe Ziel: Es soll ein anderer physiologischer Zustand im Gehirn hervorgerufen werden, der u. a. von der Reduktion von Spannungszuständen, Wohlbefinden, Glücksgefühlen, Befreiung von körperlichen Schmerzen u. Ä. gekennzeichnet ist. Dabei kann Sucht nicht allein auf diese biochemische Perspektive reduziert werden: Wie u. a. auch eine Veröffentlichung aus dem Jahre 2020 der Zeitschrift der Bundeszentrale für politische Bildung zeigt, sind die Themen „Rausch und Drogen“ immer schon mit der Menschheitsgeschichte verknüpft gewesen. Seit dem 19. Jahrhundert jedoch entwickelten sich erste Formen der Verbote von bestimmten Substanzen – der Beginn einer ersten Form der Drogenpolitik, die seitdem in den Ländern dieser Erde einem stetigen und immer währendem Wandel unterworfen war und ist: „Welche Drogen Mode sind und wie Staaten und Gesellschaften mit ihnen umgehen, könnte Ausdruck der jeweiligen gesellschaftlichen Verhältnisse sein“ (Feustel 2020, S. 5).

In Deutschland zum Beispiel ist das Trinken von Alkohol ein fester Bestandteil der sogenannten Alltagskultur: sei es das Glas Wein oder eine Flasche Bier am Abend, am Wochenende beim Essengehen mit Freund*innen, das Glas Sekt an Silvester oder an Weihnachten, das Anstoßen auf den Erfolg nach bestandener Prüfung oder zu Ehren des Geburtstagskindes – aus Sicht der deutschen Kultur völlig „normale“ Ereignisse im Alltag.

Für unseren Themenzusammenhang wichtig zu bedenken: Kinder und Jugendliche wachsen mit diesen Mustern des alltäglichen Alkoholkonsums auf – es prägt ihr Bild eines „normalen" Umgangs mit Alkohol als auch die selbstverständliche Integration dieses Konsummittels in ihre Lebenswelt.

Dabei konsumieren männliche Jugendliche weitaus häufiger als weibliche Alkohol, Zigaretten als auch illegale Drogen in einem lang anhaltendem und als bedenklich zu bezeichnenden Ausmaß. Bründel und Hurrelmann skizzieren in ihrem 2021 erschienen Werk zur „Erziehung zur Männlichkeit?!" Ursachen innerhalb der geschlechtsspezifischen Erziehung und Sozialisation von Jungen, die zu diesem verstärkten Konsumverhalten führen.

Theorie der Suchtpersönlichkeit nach Garbor Maté

➔ s. Kapitel 5.2.2

Wie in Kap. 5.2.2 veranschaulicht, kann das Verhalten von Josephine und Klara als ausweichender Risikoweg des Jugendalters beschrieben werden, welches darauf hinweist, dass die heranwachsenden Frauen mit der Bewältigung der an sie gestellten Entwicklungsaufgaben überfordert sind, bzw. dass sie nicht über ausreichende Ressourcen verfügen, um diese Aufgaben zu bewältigen und dadurch in einen Zustand der Überforderung geraten. Die beschriebenen Lebensumstände der Heranwachsenden (Klara: früher Tod der Mutter und emotional nicht erreichbarer Vater; Josephine: abwesende Eltern, mangelnde Aufmerksamkeit und Zuwendung, Parentifizierung) geben klare Hinweise darauf, wodurch die Gefühle von Überforderung zustande kommen. Und damit sind auch Hinweise darauf gegeben, zu welchen Themen spezifische Interventionen und Hilfestellungen nun zu leisten sind.

Ergänzend zu diesen Überlegungen eröffnet Garbor Maté eine weitere Perspektive auf die Entstehungsbedingungen von Suchterkrankungen, indem er die *emotionale Selbstregulation* zum Ausgangspunkt seiner Betrachtungen macht:

Demnach sind Menschen anfälliger für die Entwicklung einer Suchterkrankung, wenn deren Selbstregulation versagt und dies bedeutet, „eine Unfähigkeit, eine einigermaßen stabile, interne, emotionale Atmosphäre aufrechtzuhalten" (Maté 2021, S. 219). Menschen werden nicht mit der Fähigkeit zur Selbstregulation geboren, sondern wir erlernen diese (oder auch nicht) durch Interaktion und Kommunikation mit unseren unmittelbaren Bezugspersonen. D. h., die Fähigkeit zur Selbstregulation ist das Ergebnis einer gelungenen Entwicklung und damit das Abbild dieser. Eine nicht-gelungene Selbstregulation weist auf ein Elternhaus hin, in dem die Bezugspersonen nicht in der Lage waren, dem Kind in angemessener Weise Hilfestellung zu geben, seine physischen und psychischen Bedürfnisse zu regulieren. Ein Aspekt dieser Selbstregulation ist die Impulskontrolle: die Fähigkeit, innere Triebe, Wünsche und Bedürfnisse wahrzunehmen und die Reaktion auf diese bewusst steuern zu können. Ein Mangel an Impulskontrolle zeigt sich dadurch, dass das Verhalten von Menschen sprunghaft ist und diese von ihren Gefühlen und Bedürfnissen gesteuert werden, anstatt diese zu steuern.

Maté beschreibt diese Menschen als Erwachsene, die dauerhaft auf externe Unterstützung angewiesen sind, „um ihr Unbehagen zu bezwingen und ihre Angst zu lindern“ (ebd., S. 219).

Check

➜ s. Kapitel 5.2.2

Ergänzend zu den Ausführungen in Kap. 5.2.2 können *Selbstregulation* und *Impulskontrolle* der Jugendlichen zum Ausgangspunkt der beraterischen Tätigkeit gemacht werden:

Wie nehmen die Jugendlichen Gefühlsregungen wahr?

Wie reagieren die Jugendlichen auf ihre inneren Gefühlszustände?

Können die Jugendlichen plötzlich auftretende Bedürfnisse, Wünsche und Gefühle beherrschen und einen bewusst gesteuerten Umgang mit diesen tätigen?

Welche Hilfestellungen können gegeben werden, um Impulskontrolle zu erlernen und im Alltag einzuüben?

Technik

➜ s. Kapitel 2.12
➜ s. Kapitel 2.5
➜ s. Kapitel 4

- Kap. 2.12 Neurolinguistische Programmieren (NLP) in der Beratung
- Kap. 2.5 Gewaltfreie Kommunikation
- Kap. 4 Coaching

5.2.3 Essstörungen bei Jugendlichen

Birgitt Killersreiter

Hintergrundwissen

Unter den Essstörungen sind Anorexie und Bulimie besonders wichtig. Sie werden unter den ICD-10 Nummer F50.2/50.3 erfasst. Das immer größer werdende Problem Adipositas im Kindheits- und Jugendalter wird, als reine Gewichtsdefinition unter den endokrinen Ernährungs- und Stoffwechselkrankheiten unter E65 bis E68 aufgeführt.

Die Verbreitung von Essstörungen ist kulturabhängig. In Kulturen mit Lebensmittelmangel tauchen sie fast nicht auf. Lebensmittelüberschuss, die obsessive Beschäftigung mit Essen (Inhaltsstoffe, Nahrungsmittelallergien, Kochen, Diäten) oder Essen als Zeichen von Status- und Schichtzugehörigkeit zeigt die psychosoziale Verstrickung der Nahrungsaufnahme. So wird Fasten als ein politisches Druckmittel eingesetzt oder Essen zur Entspannung und als Lustgewinn gesehen. Essen ist Ausdruck von Liebe und Zuwendung oder Ausdruck von Selbstdisziplin, Bescheidenheit oder Gier (vgl. von Schlippe, Schweitzer 2016, S. 167).

5.2.3.1 Anorexie

Anorexie ist eine Hungerstrategie, die mit einer Gewichtsreduktion durch Fasten, selbstinduziertes Erbrechen, Abführen, exzessive körperliche Aktivität oder mit Medikamentenmissbrauch (Appetitzügler, Diuretika) einhergeht. Die Betroffenen haben eine übertriebene Angst vor einem dicken oder schlaffen Körper, ein falsches Körperschema und bei Mädchen bleibt im fortgeschrittenen Stadium die Monatsblutung aus. Essanfälle werden mit selbstinduziertem Erbrechen oder dem Gebrauch von Abführmitteln „ausgeglichen". Auffallend ist die Verleugnung des Untergewichts und die damit einhergehenden Symptome der körperlichen Schwäche. Trotz des starken Übergewichts haben die Betroffenen Angst, dick zu werden. Die Anorexie gehört zu den gefährlichsten und folgenreichsten Erkrankungen adoleszenter Mädchen und junger Frauen. Trifft auf ein vulnerables Kind eine gewisse familiäre Dynamik, wie z. B. Leistungsanforderung, Umgang mit Essen, Probleme rund um die Ablösung vom Elternhaus, die Begrenzung von Autonomiebestrebungen oder die Unterdrückung einer sicheren Geschlechtsidentität, begünstigt dies die Entstehung von Anorexie (vgl. von Schlippe, Schweitzer 2016, S. 168, 169).

Familiäre Beziehungsmuster bei Anorexie

Der systemische Familientherapeut Minuchin hat bereits in den 80er-Jahren durch Beobachtungen innerfamiliäre Beziehungsmuster bei anorektischen Kindern und Jugendlichen beschrieben.

1. *Verstrickung:* In einer verstrickten Familie herrscht eine hohe Intensität von Nähe und Interaktionen. Veränderung von einzelnen Systemmitgliedern wirken sich sofort auf das ganze System aus: z. B. werden Zweiergespräche durch Dritte unterbrochen, die Türen in der Wohnung stehen auf, es gibt keine abgrenzten Lebensbereiche und die Bewegungsspielräume sind eingegrenzt (vgl. von Schlippe, Schweitzer 2016, S. 170).
2. *Überfürsorglichkeit:* Die einzelnen Familienmitglieder zeigen ein übermäßiges Interesse aneinander und mischen sich in die Angelegenheiten der anderen ein.
3. *Starrheit:* Wenn eine Familie ihre bisherigen Regeln nicht abändern kann, erlebt sie Außenanforderungen als störend und belastend. Sie reagieren abwehrend und Regelerhaltend, denn nur das gibt Sicherheit.
4. *Konfliktvermeidung:* Die betroffenen Familien haben eine sehr niedrige Konfliktschwelle und ständig besteht die Gefahr von heftigen Zusammenstößen. Mit moralisch begründeten Geboten sollen Konflikte vermieden werden. Sie „schwelen" im Untergrund weiter (vgl. von Schlippe, Schweitzer 2016, S. 170). Konkrete Meinungsverschiedenheiten bleiben ungelöst und Lösungsversuche werden durch Themenwechsel unterbunden.
5. *Umleitung des Konflikts:* Das Hungern des Kindes wird in einen elterlichen oder ehelichen Konflikt mit einbezogen. Es kommt zur *Triangulation.* Das hungernde Kind kann sich nicht äußern, ohne eine Stellung gegen den anderen Elternteil zu beziehen. In einer darauffolgenden *Koalition* entscheidet sich das hungernde Kind für ein Elternteil gegen das andere Elternteil. In der *Konfliktumleitung* sind dann beide Partner geeint in der Sorge um das kranke Kind oder in der Kritik an ihm (vgl. von Schlippe, Schweitzer 2016, S. 172).

Betrachtet man die Familie unter der Mehrgenerationenperspektive, so lässt sich feststellen, dass Glaubenssätze: *„Wir halten zusammen und nur zusammenkönnen wir überleben"* oder Ideologien wie z. B. Verzicht, Durchhalten, etwas „leisten" oder „geben ist besser als nehmen" bereits von Generationen überliefert werden. Kinder und Jugendliche aus solchen Familien, versuchen Wertschätzung und Anerkennung, z. B. durch exzessive Selbstkontrolle bei der Nahrungsaufnahme, zu erlangen (vgl. von Schlippe, Schweitzer 2016, S. 176).

Tipps

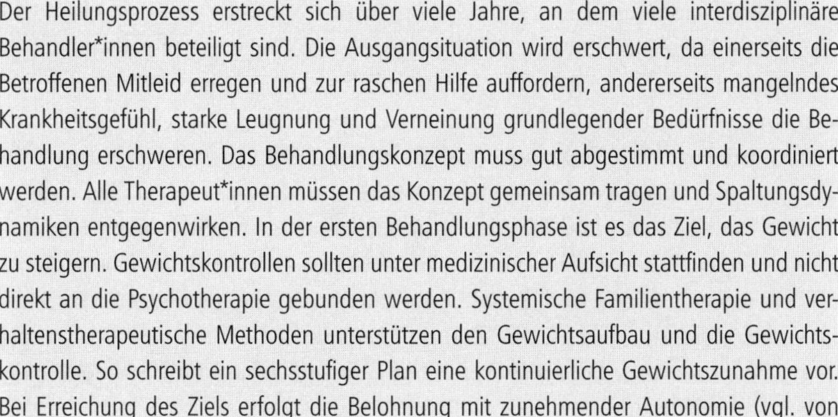

Der Heilungsprozess erstreckt sich über viele Jahre, an dem viele interdisziplinäre Behandler*innen beteiligt sind. Die Ausgangsituation wird erschwert, da einerseits die Betroffenen Mitleid erregen und zur raschen Hilfe auffordern, andererseits mangelndes Krankheitsgefühl, starke Leugnung und Verneinung grundlegender Bedürfnisse die Behandlung erschweren. Das Behandlungskonzept muss gut abgestimmt und koordiniert werden. Alle Therapeut*innen müssen das Konzept gemeinsam tragen und Spaltungsdynamiken entgegenwirken. In der ersten Behandlungsphase ist es das Ziel, das Gewicht zu steigern. Gewichtskontrollen sollten unter medizinischer Aufsicht stattfinden und nicht direkt an die Psychotherapie gebunden werden. Systemische Familientherapie und verhaltenstherapeutische Methoden unterstützen den Gewichtsaufbau und die Gewichtskontrolle. So schreibt ein sechsstufiger Plan eine kontinuierliche Gewichtszunahme vor. Bei Erreichung des Ziels erfolgt die Belohnung mit zunehmender Autonomie (vgl. von Schlippe, Schweitzer 2016, S. 178).

In der systemischen Familientherapie nach dem Göttinger Modell wird nach drei sich aufeinander aufbauenden Phasen gearbeitet:

1.) Die *Stabilisierungsphase*, in der ein Zugang zum Familiensystem aufgebaut wird,
2.) die *Konfliktbearbeitungsphase* zur Herausarbeitung von mehrgenerationalen Verstrickungen und Beziehungen und
3.) die *Reifungsphase* zur Festigung von Veränderungen im Essverhalten und in den familiären Beziehungen (vgl. von Schlippe, Schweitzer 2016, S. 182).

Check

- Welche Familiendynamiken stehen im Vordergrund?
- Wie stellen sich die Kommunikationsmuster und Lebensbereiche der Familie dar?
- Welche Glaubenssätze prägen die Familie über Generationen hinweg?
- Welche Kommunikations- und Verhaltensmuster prägen die Betroffenen?
- Welche Aktionen und Methoden nutzen die Betroffenen, um die vorgegebenen Ziele in den Planphasen zu umgehen?

→ Kapitel 2.11

→ Kapitel 2.15
Systemische Beratung – Systemische Werkzeuge

Technik

Verhaltenstherapie

Systemische Methoden: Genogramm, Wohnungsgrundriss (Systemische Beratung – Systemische Werkzeuge)

Systemische Fragen: Externalisierung des Problems, Fragen zur Wirklichkeits- und Möglichkeitskonstruktion (Systemische Beratung – Systemische Werkzeuge)

5.2.3.2 Bulimie

Bei der Bulimie bleibt das Gewicht normal, aber das Essverhalten ist gestört. Es zeigen sich Heißhungerattacken, in der meist über ein oder zwei Stunden große Mengen an Lebensmitteln verzehrt werden. Danach folgt die „Entsorgung" der Essmengen mit sich Übergeben oder Abführmitteln. Dieses herbeigeführte Erbrechen sorgt dafür, dass es zu Verätzungen der Speiseröhre durch die Magensäure und zu Störungen im Elektrolythaushalt kommt. Die Betroffenen haben keine Kontrolle über das Essverhalten mehr. Diese Essattacken entstehen über mehrere Wochen und Monate und können in Anzahl und Intensität je nach Klient*in stark variieren. Wie bei der Anorexie beschäftigen sich die Betroffenen intensiv mit dem eigenen Körper und der Figur. Bulimisches Verhalten findet oft jahrelang im Verborgen statt. Es muss viel Zeit und Energie zur Lebensmittelbeschaffung aufgewendet werden. Dieses Essverhalten geht mit Scham und Schuldgefühlen einher. Das wiederum führt zu sozialem Rückzug.

Familiäre Beziehungsmuster bei Bulimie

Bulimie ist keine äußerlich sichtbare Störung und findet im Geheimen statt. Deshalb wird anders als bei der Anorexie mit einer systemischen Einzeltherapie begonnen. Wird das Geheimnis entlüftet, geschieht dies in erster Linie gegenüber einem Freund oder einer Freundin und nicht gegenüber den Eltern (vgl. von Schlippe, Schweitzer 2016, S. 183).

So sitzen in der systemischen Einzeltherapie mitunter unterschiedliche Bezugspersonen dabei. Die Familien der Betroffenen wirken oft nicht angepasst. Heftige Konflikte werden ausgetragen, führen aber nicht zu einer Lösung. Aggressionen, heftige Ausbrüche und Impulshandlungen prägen das Miteinander. Auch Substanzmissbrauch, Depressionsneigungen und allgemeine Essstörungen, wie z. B. Übergewicht der Eltern und Großeltern, begleiten die Familien. Die Betroffenen legen viel Wert auf ihr Äußeres sowie auf finanzielle, schulische oder berufliche Erfolge und stehen ständig in Konkurrenz zu Anderen. Bedürfnisse wie Trost, Versorgung und Spannungsregulation bleiben unerfüllt. Neben Suchtmitteln wie Alkohol, Tranquilizer oder Schmerzmittel wird Essen mit Erbrechen als Spannungsabbau eingesetzt. Damit setzen sich die Kommunikationsmuster der Familie fort. Unangenehme Spannungen werden durch Substanzmissbrauch befriedigt und Makelbehaftetes wird verborgen (vgl. von Schlippe, Schweitzer 2016, S. 185).

Tipps

Bulimische Patient*innen wollen gegenüber ihren Therapeut*innen Unangenehmes verheimlichen und gefallen. Hier bieten sich in Abständen Therapiegespräche über die Therapie an (Metaebene). Die Therapie beginnt dann, wenn die betroffenen Patient*innen aus dem Kampf gegen sich selbst aussteigen, ihre eigenen Bedürfnisse,

Interessen und Ziele formulieren können, und bereit sind, dafür die Verantwortung zu übernehmen. *„Die Bulimie geht, wenn sie sich ein Leben erlauben, das nicht mehr zum Kotzen ist"* (von Schlippe, Schweitzer n. Gröne, S. 186). Auch hier orientiert sich die systemische Familientherapie an der Stabilisierungs-, Konfliktbearbeitungs- und Reifungsphase.

→ Kapitel 5.2.3.1

Check

- Was sind die positiven Aspekte des bulimischen Verhaltes?
- Was müssen sich die Betroffenen „gönnen", damit die Bulimie gehen kann?
- Welche Fähigkeiten und Ressourcen sind vorhanden?
- Wie werden die Betroffenen gestärkt, um auf die zahlreichen Kontrollstrategien verzichten zu können?
- Wie stellt sich die Beziehung zur Mutter und zum Vater dar?

Technik

Systemische Fragen: Externalisierung des Problems, Fragen zur Wirklichkeits- und Möglichkeitskonstruktion, Verschlimmerungsfragen (Systemische Beratung – Systemische Werkzeuge)
Systemische Methoden: Genogramm, Wohnungsgrundriss (Systemische Beratung – Systemische Werkzeuge)

→ Kapitel 2.15
Systemische Beratung – Systemische Werkzeuge

5.2.3.3 Adipositas

Ein Übergewicht von mindestens 20% des Normalgewichtes wird als Adipositas bezeichnet. Übergewicht ist nicht immer mit einem gestörten Essverhalten verbunden. Genetische, soziale, ethnische und soziokulturelle Einflüsse spielen hier eine erhebliche Rolle. Man unterscheidet:

- *Rauschesser,* bei denen Fressattacken durch Unlustspannungen ausgelöst werden („binge eating"),
- *Daueresser,* die kontinuierlich mit wenig Pausen essen,
- *Nimmersatte,* denen ein Sättigungsempfinden fehlt und
- *Nachtesser,* die sich am Tag einschränken, dafür aber nachts essen (vgl. von Schlippe, Schweitzer 2016, S. 188).

In manchen Familien verhalten sich die Familienmitglieder loyal gegenüber dem übergewichtigen Familienmitglied. Insbesondere, wenn Abnehmversuche scheitern. Es können Bündnisse mit einem übergewichtigen Elternteil gegen ein schlankes Elternteil geschmiedet werden. Das Erwachsenwerden wird hinausgezögert, weil das „gehänselte" Familienmitglied keine Freunde findet und zum Trost sich immer wieder in den sicheren Hafen der Familie zurückbegibt. Übergewicht dient als Zeichen von Willensschwäche zur Abwertung und als Instrument der Selbstkontrolle gegen die Eltern. Familien von übergewichtigen Kindern wollen, dass keiner „hungern“ und sich einschränken muss. Konflikte werden durch das Essen kompensiert. Elterliche Konflikte werden über das übergewichtige Kind durch Zuwendung, Menge von Essen und Kontrolle ausgetragen. Fehlende Strukturen und Leitlinien für die Kinder führen dazu, dass Kinder übermäßig und ohne Grenzen z. B. Süßigkeiten essen. Über das Essen tragen Großeltern und Eltern ihre Konflikte aus. Großeltern und Eltern sind damit im Streit vereint. Süßigkeiten dienen häufig als Belohnung oder Trostspender. Mit Tricks erfolgreich an reglementierte Süßigkeiten zu kommen, stärkt das Selbstwertgefühl (vgl. von Schlippe, Schweitzer 2016, S. 188, 189).

Tipps

In der Therapie und Beratung der Betroffenen gibt es familien- und gruppentherapeutische Angebote sowie Bewegungs- und Ernährungsprogramme. Dabei wird der Erfolg nicht an der Waage gemessen. Den Betroffenen wird die Entscheidung überlassen, selbst die Abnehmziele zu definieren und Fehlschläge zu akzeptieren. Es gilt die familiäre Unterstützung zu stärken und Beziehungsmuster zu reflektieren. Einige Programme zielen auf die persönliche Einstellung der Therapeut*innen zum Übergewicht und präferieren die Veränderungen von Verhaltensmustern in den Beziehungen der Ernährung und Bewegung ohne die andauernde Fixierung auf das Gewicht (vgl. von Schlippe, Schweitzer 2016, S. 190).

Check

Welche Familienmythen und Glaubensätze gibt es?

Wie verhalten sich die Kommunikationsstrukturen und Beziehungen innerhalb der Familie?

Wie ist die Paarbeziehung zwischen den Eltern?

Welche Rituale und Verhaltensmuster gibt es innerhalb der Familie rund um das Essen?

Wie stark ist der Leidensdruck der/des Betroffenen?

Welche Ressourcen bestehen für eine ausreichende Motivation abzunehmen?

Technik

→ Kapitel 2.11

→ Kapitel 2.15 Systemische Beratung – Systemische Werkzeuge

→ Kapitel 3

Verhaltenstherapie

Systemische Fragen: Externalisierung des Problems, Fragen zur Wirklichkeits- und Möglichkeitskonstruktion (Systemische Beratung – Systemische Werkzeuge)

Gruppentherapien

5.2.4 Coming-out-Prozesse von lesbischen, schwulen und bisexuellen Jugendlichen

Fallbeispiel

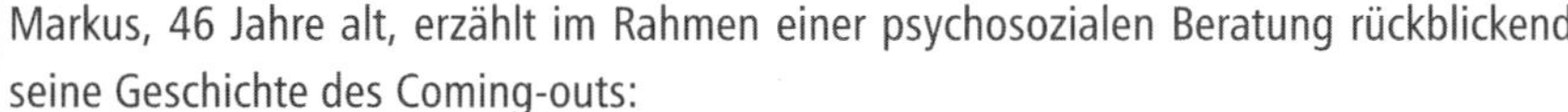

Markus, 46 Jahre alt, erzählt im Rahmen einer psychosozialen Beratung rückblickend seine Geschichte des Coming-outs:

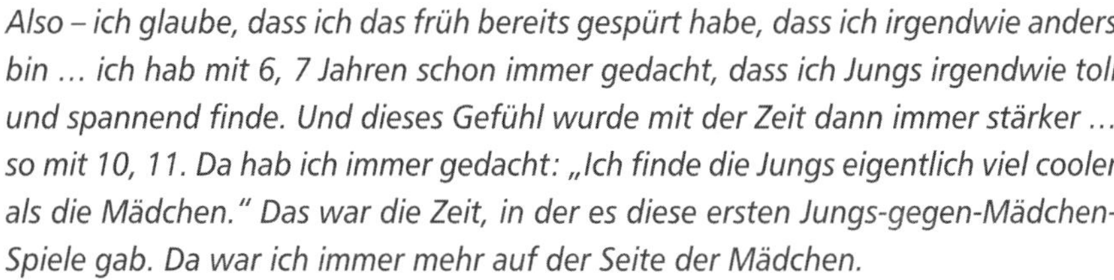

Also – ich glaube, dass ich das früh bereits gespürt habe, dass ich irgendwie anders bin … ich hab mit 6, 7 Jahren schon immer gedacht, dass ich Jungs irgendwie toll und spannend finde. Und dieses Gefühl wurde mit der Zeit dann immer stärker … so mit 10, 11. Da hab ich immer gedacht: „Ich finde die Jungs eigentlich viel cooler als die Mädchen." Das war die Zeit, in der es diese ersten Jungs-gegen-Mädchen-Spiele gab. Da war ich immer mehr auf der Seite der Mädchen.

Ganz konkret wurde es dann mit 14 Jahren – da habe ich meine ersten Erfahrungen mit Peter gemacht. Der war ein Jahr älter als ich und das hat sich irgendwie so ergeben. Das war glaub ich gut für mich, weil wir uns dann so „antasten" konnten als Jungs mit Küssen und dann immer mehr und immer mehr. Irgendwann war es auch mit 15 eine richtige sexuelle Beziehung. Das war gut für mich, weil ich mich nicht mehr so verkehrt gefühlt habe. Weil – ich hab schon so in der Grundschulzeit oft gedacht, ob es nicht vielleicht besser wär, wenn ich ein Mädchen wär, weil ich diese Gedanken an Jungs hatte. Weil ich dachte: „Das geht halt nicht". Ich bin halt so erzogen worden, dass Homosexualität etwas „Schlechtes" ist, etwas, was man nicht tut; etwas, was sich nicht gehört. Diese Menschen sind halt krank. Das im Übrigen denken meine Eltern bis heute.

Mit 16 Jahren dann habe ich dann trotz der Erfahrung mit Peter – das ein Geheimnis war – gedacht, dass das so jetzt nicht weitergeht. Alle haben Freundinnen, also muss ich auch eine haben.

Und so war es dann auch – ich hatte Beziehungen mit Frauen. Ich habe dann von 18 bis 21 Jahren sogar mit einer Frau zusammengelebt. Das war auch okay für mich – auf eine gewisse Art habe ich diese Frau geliebt.

Eines Tages dann mit 21 lernte ich einen jungen Mann kennen und dachte mir: „Was mache ich hier eigentlich?! Das geht so nicht mehr. Ich will diesen Mann". Alle Gefühle aus der Kindheit und Jugend, die ich verdrängt hatte, kamen wieder an die Oberfläche. Und dann habe ich entschieden, dass ich das jetzt will. Ich habe mich dann von dieser Frau getrennt und habe mich gegenüber meinen Eltern geoutet. Das war ein schwerer Prozess. Meiner Mutter habe ich es zuerst gesagt. Die hat sich furchtbar aufgeregt und mir gesagt, ich soll es bloß nicht meinem Vater sagen. Als ich es meinem Bruder gesagt habe, sagte er: „Boah, Du bist ja total ekelhaft". Ein Tag später rief meine Mutter an und sagte mir, dass sie es meinem Vater gesagt habe. Darüber war ich entsetzt: „Warum sagst Du ihm das einfach?!" Ich hörte im Hintergrund meinen Vater schreien und toben, dass ich niemals mehr sein Haus betreten solle. Es war alles in allem ziemlich heftig – was mir aber auch klar war. Ich hatte mit nichts anderem gerechnet. Trotz allem war das Coming – out für mich eine riesengroße Befreiung. Als ich die Entscheidung für mich getroffen hatte „ich will schwul-sein dürfen", hat mich auch nichts mehr gehalten. Da war mir alles egal – jetzt sollen es auch alle wissen.

Hintergrundwissen

Der Prozess des sogenannten Coming-outs von lesbischen, schwulen und bisexuellen Menschen[5] umfasst grundlegend fünf Phasen (vgl. Coleman 1982): die Phase des inneren Coming-out oder **Prä-Coming-out** (1) beschreibt einen innerpsychischen Vorgang des Gewahrwerdens und die schließliche Gewissheit, lesbisch, schwul oder bisexuell zu sein. Das eigentliche **Coming-out** (2) beschreibt daraufhin die soziale Dimension der eigenen sexuellen Orientierung, nämlich das „Sich-Offenbaren" gegenüber nahen Bezugspersonen und der Gesellschaft im Allgemeinen. Die Verschränktheit dieser beiden Prozesse – des inneren und äußeren Coming-outs – verweist auf die soziale Dimension des menschlichen Lebens generell, in der stets individuelle und soziale Strukturen miteinander verwoben sind. Das Ausleben der eigenen sexuellen Orientierung wird beeinflusst von gesamtgesellschaftlichen Strukturen der Anerkennung, Offenheit oder Diskriminierung und gleichzeitig festigt sich erst durch das Sichtbarwerden in Gesellschaft die sexuelle Identität eines Menschen. Wie bereits in Kap. 5.2.2 ausgeführt, sind individuelle Entwicklungsprozesse mit gesamtgesellschaftlichen Anforderungen und Strukturen verwoben. Dabei sei darauf verwiesen, „dass das Coming-Out nicht linear verläuft, sondern einen zirkulären Prozess (…) darstellt, bei dem individuelle Faktoren und soziale Erfahrungen in enger Wechselwirkung miteinander stehen" (Rauchfleisch 2011, S. 73). Die **explorative Phase** (3) besteht darin, sich nach dem Coming-out in seiner nicht-heterosexuellen Identität zu erfahren bzw. zu erleben: Dabei geht es – ähnlich wie bei heterosexuellen Menschen – um das Austarieren von Nähe und Distanz, Über- und Unterordnung und die Gestaltung einer partnerschaftlichen Beziehung. Auf der anderen Seite geht es auch darum, lesbische, schwule oder bisexuelle Identität zu erleben und Liebesgefühle gegenüber gleichgeschlechtlichen Partner*innen zu äußern sowie sexuelle Kontakte zu diesen ein-

5 Die Fokussierung auf schwule, lesbische und bisexuelle Orientierungen ist dem Umfang dieses Buches geschuldet. Es existieren darüber hinaus weitere Formen der sexuellen Orientierung wie z. B. Transsexualität, Asexualität oder Pansexualität. Weiterführende Informationen dazu finden Sie unter: https://www.genderdiversitylehre.fu-berlin.de

zugehen (vgl. Rauchfleisch 2011, S. 86 f.). Auf diese Phase folgt das **Eingehen erster fester Beziehungen** (4). Der Aufbau einer Partnerschaft, die von Dauer ist, kennzeichnet die Phase der **Integration** (5). Diese idealtypische Abfolge entspricht weitestgehend dem Prozess, der auch bei heterosexuellen Menschen zu beobachten ist. In diesem Zusammenhang stellt sich die Frage, inwieweit eine *explizite* Auseinandersetzung mit lesbischen, schwulen oder bisexuellen Identitätsprozessen vonnöten ist. Wie das oben aufgeführte Fallbeispiel verdeutlicht, erleben nicht-heterosexuelle Menschen die einzelnen Phasen in einer besonderen Art und Weise. Dabei sind sie gleichzeitig durch das Aufwachsen in unserer heteronormativ geprägten Gesellschaft[6] mit spezifischen Formen der strukturellen Diskriminierung in Kindheit und Jugend konfrontiert gewesen, die deren Selbstbild und Selbstwert haben negativ beeinflussen können. An dieser Form der Diskriminierung haben mitunter auch pädagogische Fachkräfte, Lehrer*innen und Berater*innen ihren Anteil (gehabt), da es immer noch in vielen pädagogischen Institutionen starre Rollenvorgaben für Mädchen und Jungen gibt, die eine andersgeartete Identitätsentwicklung nicht zulassen (vgl. Krell, Oldemeier 2017, S. 29). Aufgrund dieser Besonderheiten und zusätzlichen Herausforderungen, vor die sich diese Heranwachsenden gestellt sehen, werden diese im Folgenden zusammenfassend skizziert.

Die Prä-Coming-out-Phase

Die Phase des Prä-Coming-out umfasst die Phase von der Geburt bis zu dem Moment, in dem ein Junge oder ein Mädchen sein/ihr „Anders-Sein" bewusst wahrnimmt. Die Wahrnehmung dieser Andersartigkeit ist dabei inter-individuell sehr divers, da diese stark abhängig ist vom sozialen Umfeld. In entscheidender Weise ist dabei die Haltung der Eltern prägend, inwieweit diese Verhaltensweisen, die nicht den tradierten Rollen-Stereotypen von „Mädchen" und „Jungen" entsprechen, offen gegenüberstehen:

„Sozial gut adaptierte schwule Männer haben in der Regel Eltern gehabt, die selbst gut mit ihren Bedürfnissen nach Abgrenzung und Zuwendung zu anderen Menschen umgehen konnten und eine gewisse Offenheit für unkonventionelle geschlechtsspezifische Verhaltensweisen erkennen ließen" (Rauchfleisch 2011, S. 74).

Solche Eltern sind in der Lage, ihren Kindern den Raum und die Offenheit zu geben, sich selbst in ihrem So-Sein zu erleben und erfahren zu können. Für die Kinder, deren Eltern diese Fähigkeit der Offenheit und Flexibilität bzgl. des geschlechtsspezifischen Rollenverhaltens nicht aufbringen können, spricht

6 „Heteronormativität beschreibt die Norm der Zwei-Geschlechter-Kategorien und gegengeschlechtlichen Begehrens, die als naturgegeben angesehen werden und (weitgehend) unhinterfragt bleiben" (Krell, Oldemeier 2017, S. 21).

McNeill (1993) von einem „verwaisten Aufwachsen". Diese Kinder machen früh die Erfahrung, dass sie mit ihren Gefühlen des Anders-Seins allein sind und diese ihrem Umfeld nicht mitteilen können. Erleben Kinder aufgrund ihrer Andersartigkeit Zurückweisung durch das unmittelbare soziale Umfeld, führt dies in der Regel häufig zu einem sozialen Rückzug. Dies hat zur Folge, dass der Identitätsentwicklungsprozess des Kindes sich dem Dialog entzieht und diese allein mit diesem sind. Auch führt die Ablehnung der Andersheit des Kindes dazu, dass dieses sein „So-Sein" mit negativer Bewertung belegt und das negative Fremdbild in sein Selbstbild integriert. Bei einer solchen Selbstablehnung beschneidet sich das Kind selbst zahlreicher Entwicklungsmöglichkeiten (vgl. Rauchfleisch 2011, S. 77). Dies ist mit ein Grund dafür, dass Homosexualität bei Männern mit einem erhöhten Risiko für Depressionen und Suizidalität einhergeht (vgl. Plöderl, Kralovek u. a. 2009, S. 7)

Das eigentliche Coming-out

Diese Phase ist dadurch gekennzeichnet, dass die Jugendlichen Gewissheit über ihre schwule, lesbische oder bisexuelle Orientierung erlangt haben und sich nun mit der Frage beschäftigen, wem gegenüber sie sich offenbaren möchten und können. Häufig werden diese Überlegungen von Ängsten und Zweifeln hinsichtlich der Akzeptanz und Offenheit des sozialen Umfeldes und der Beeinflussung der Beziehungsqualität nach dem Coming-out begleitet. Dabei sagen viele schwule, lesbische und bisexuelle Menschen rückblickend, dass ihre erlebten Ängste vor dem Coming-out meist unverhältnismäßig stark ausgeprägt waren und in keinster Weise der erfahrenen Realität entsprachen (vgl. Rauchfleisch 2012, S. 77).

Das Coming-out gegenüber den eigenen Eltern ist innerhalb dieses Prozesses als ein ganz besonderer Schritt anzusehen. Manchmal erfolgt dieser auch deutlich später als gegenüber Freund*innen – gerade auch dann, wenn die jungen Menschen berechtigte Zweifel daran haben, dass ihre Eltern ihre sexuelle Orientierung akzeptieren werden. Für viele Eltern ist die Offenbarung der nicht-heterosexuellen Orientierung ihres Kindes ein Schock. Dies ist u. a. darauf zurückzuführen, dass Eltern meist unbewusst davon ausgehen, dass ihr Kind heterosexuell sei (vgl. Rauchfleisch 2012, S. 86). Eine homophobe (ablehnende) Einstellung, bzw. Haltung gegenüber Homosexualität bei Männern findet sich bei heterosexuellen Männern dabei häufiger als bei Frauen (vgl. Rauchfleisch 2012, S. 37). Die Ursachen dafür sind vielfältiger Natur. Bei der Homosexualität zwischen zwei Männern kommen die Komponenten Zärtlichkeit und Sexualität hinzu, die sich außerhalb dieser in Beziehungen zwischen Männern nicht finden (vgl. Rauchfleisch 2012, S. 37). Jungen werden bis heute weiterhin in dem Sinne erzogen, dass sie ihren Gefühlen nicht allzu viel Ausdruck verleihen sollen. Die Beziehungen zwischen Jungen und Männern untereinander sind aufgrund dessen weiterhin eher kumpelhaft und rivalisierend. Der Austausch von intimen Gedanken, Wünschen, Bedürfnissen oder Sorgen findet bisweilen wenig Raum in freundschaftlichen Beziehungen unter Männern. Gleichzeitig zeigen Untersuchungen, dass

> *„sich vor allem diejenigen Männer mit der Akzeptanz gleichgeschlechtlicher Orientierungen schwertun, die sich an traditionellen, patriarchalen Männerbildern orientieren"* (Rauchfleisch 2012, S. 38).

Nach dem Coming-out der Tochter oder des Sohnes stehen die Eltern ebenso vor der Aufgabe, ein Coming-out als Eltern eines schwulen oder bisexuellen Sohnes oder einer lesbischen oder bisexuellen Tochter zu vollziehen.

In einem ersten Schritt geht es für diese darum, sich an den Gedanken zu gewöhnen, Eltern eines schwulen, lesbischen oder bisexuellen Kindes zu sein. Sie geben sich in Gesprächen mit Freund*innen, Verwandten und den eigenen Eltern als Eltern eines schwulen, lesbischen oder bisexuellen Kindes zu erkennen. Dieser Prozess des elterlichen Coming-outs kann dabei mit ähnlichen Sorgen und Ängsten behaftet sein, wie dies bei den jugendlichen Kindern selbst der Fall war.[7]

Die explorative Phase

Die Themen dieser Phase gibt es auch bei heterosexuellen Jugendlichen. Es geht um das Finden der eigenen sexuellen Identität, das Erfahren und Erleben erster intimer Kontakte zum gleichen oder dem anderen Geschlecht bis hin zur Vereinigung im sexuellen Akt. Unterschiede ergeben sich dadurch, dass lesbische, schwule und bisexuelle Menschen diese Erfahrungen meist zeitlich verzögerter machen als ihre heterosexuellen Mitmenschen (vgl. Rauchfleisch 2011, S. 87). Die Ermöglichung der Ausbildung einer schwulen, lesbischen oder bisexuellen Identität hängt dabei im besonderen Maße von den sozialen Bedingungen des Aufwachsens ab. Die Sichtbarkeit von nicht-heterosexuellen Menschen ist in den letzten Jahren stark gestiegen und es ist eine zunehmende Akzeptanz feststellbar (vgl. Güldering 2012). Nichtsdestotrotz gilt sexuelle Vielfalt bzw. Homo- oder Bisexualität weiterhin als das „Exotische" und „Andere" und es werden diesen Begehrensformen zahlreiche Zuschreibungen gemacht, wie z. B. einen „auffälligen Lebensstil" zu haben oder „beziehungsunfähig zu sein". Somit sehen sich junge Menschen auch zu Beginn des 21. Jahrhunderts mit zahlreichen Herausforderungen konfrontiert (vgl. Krell, Oldemeier 2017, S. 10).

Die Autor*innen einer Studie mit 3.834 lesbischen, schwulen und bisexuellen Jugendlichen aus dem Jahr 2005 kommen zu dem Ergebnis: „..., dass das Coming-Out nach wie vor für die meisten nicht-heterosexuellen Jugendlichen ein krisenhafter Prozess ist" (Jugendnetzwerk Lambda NRW 2005, S. 9). Erfahrungen

---

7 Selbsthilfegruppen für Eltern von schwulen, lesbischen oder bisexuellen Kindern sowie Beratungsstellen bieten in solch einer Situation Unterstützung und Hilfe an. Initiative lesbischer und schwuler Eltern (ILSE): www.ilse.lsvd.de; Bundesverband der Eltern, Freunde und Angehörigen von Homosexuellen (BEFAH): www.befah.de

von Diskriminierungen konnten in der im Jahr 2017 durchgeführten Studie von Krell und Oldemeier in gleichem Maße nachgewiesen werden. Wesentliche Unterstützung erfahren die Jugendlichen in diesem Prozess von ihren Freund*innen, Familie und dem Internet. Die Schule ist dabei leider kein Ort, wo die Jugendlichen Beratung und Unterstützung finden (vgl. Krell, Oldemeier 2017, S. 31).

Die Darstellung der vierten und fünften Phase erfolgt in Kap. 5.3.1, in der auf hetero- und homosexuelle Paarbeziehungen im Erwachsenenalter und Alter näher eingegangen wird.

Tipps

Wenn Sie als Berater*in bisher wenig bis keine Kontakte zu nicht-heterosexuellen Menschen hatten, recherchieren Sie ggf. im Internet nach ortsnahen Beratungsstellen und Unterstützungsangeboten, die Sie weiterempfehlen können.

Reflektieren Sie unbedingt auch Ihre eigene Einstellung zur Homo- und Bisexualität, damit Sie authentisch und wertschätzend mit Klient*innen arbeiten können. Nehmen Sie ggf. an Fortbildungen zum Thema „sexuelle Vielfalt" teil oder informieren Sie sich im Internet über dieses Thema. Sollten Sie als Berater*in in einer pädagogischen Einrichtung tätig sein, erkundigen Sie sich nach Fortbildungsangeboten in diesem Bereich und fragen Sie nach dem Konzept des Gender Mainstreaming[8] in der Einrichtung.

Check

In was für einer Lebenssituation befindet sich der/die Klient*in aktuell?

Wie hat er/sie die ablehnende Haltung der Eltern verarbeitet? Wie ist die Qualität des Kontaktes zu der Familie? Gibt es Anzeichen dafür, dass der/die Klient*in diese ablehnende Haltung der Eltern internalisiert hat? Lehnt er/sie selbst die homosexuelle Identität ab?

Ist der/die Klient*in mit homosexuellen Menschen befreundet und lebt die Sexualität offen aus?

Gibt es Diskriminierungserfahrungen, die den/die Klient*in belasten? Besteht ein persönliches soziales Netzwerk aus Freund*innen, die in Krisenzeiten Unterstützung bieten? Ist der/die Klient*in an bestehende Beratungsnetzwerke und Selbsthilfegruppen „angedockt"?

Ist der/die Klient*in heute in der Lage vertrauensvolle, stabile Liebesbeziehungen eingehen zu können oder ist diese Fähigkeit aufgrund seiner biografischen Erfahrungen eingeschränkt?

8 „Koeduaktive Erziehung im Sinne von Gender Mainstreaming heißt, Erziehung geschlechtsbezogen zu reflektieren und zu praktizieren" (Bründel, Hurrelmann 2017, S. 98). „Der internationale Begriff Gender Mainstreaming lässt sich am besten mit Leitbild der Geschlechtergerechtigkeit übersetzen. Das Leitbild der Geschlechtergerechtigkeit bedeutet, bei allen gesellschaftlichen und politischen Vorhaben die unterschiedlichen Auswirkungen auf die Lebenssituationen und Interessen von Frauen und Männern grundsätzlich und systematisch zu berücksichtigen" (vgl. https://www.bmfsfj.de/bmfsfj/themen/gleichstellung/gleichstellung-und-teilhabe/strategie-gender-mainstreaming, aufgerufen am 05.12.20).

Technik

Klientenzentrierte Beratung nach Rogers → s. Kapitel 2.4

Gewaltfreie Kommunikation nach Rosenberg → s. Kapitel 2.5

Themenzentrierte Interaktion → s. Kapitel 3.2

Systemische Begleitung und Beratung → s. Kapitel 2.16

5.2.5 Transgender – Beratung im Jugendalter

Eva-Maria Rottlaender

Fallbeispiel

Susanne, 14 Jahre alt, vertraut Schulsozialarbeiter Martin in einem Vier-Augen-Gespräch an, dass sie das Gefühl habe, dass ihr Körper nicht zu ihrem geschlechtlichen Empfinden und Erleben „passt".

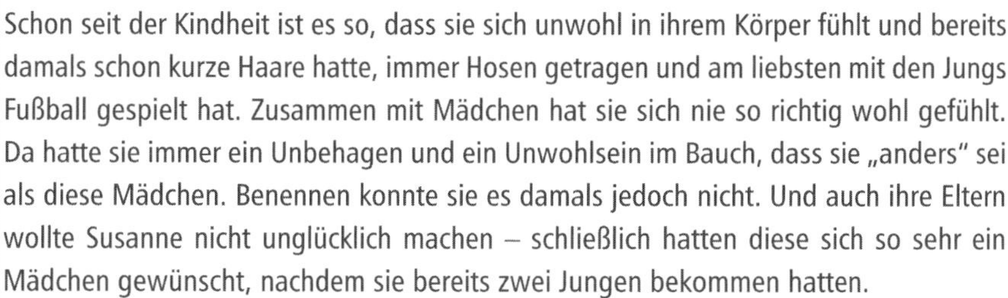

Schon seit der Kindheit ist es so, dass sie sich unwohl in ihrem Körper fühlt und bereits damals schon kurze Haare hatte, immer Hosen getragen und am liebsten mit den Jungs Fußball gespielt hat. Zusammen mit Mädchen hat sie sich nie so richtig wohl gefühlt. Da hatte sie immer ein Unbehagen und ein Unwohlsein im Bauch, dass sie „anders" sei als diese Mädchen. Benennen konnte sie es damals jedoch nicht. Und auch ihre Eltern wollte Susanne nicht unglücklich machen – schließlich hatten diese sich so sehr ein Mädchen gewünscht, nachdem sie bereits zwei Jungen bekommen hatten.

Mit ihren Brüdern versteht Susanne sich sehr gut und fühlt sich mit ihnen eng verbunden. Sie verbringt gerne Zeit mit ihnen und redet dann frei und offen über all das, was sie bewegt. Jedoch kann sie auch mit ihnen nicht darüber reden, dass sie auch lieber ein Junge wäre und gerne ein breites Kreuz, breite Schultern und einen Penis hätte anstatt Brüste, runde Formen und eine Vagina.

Im Internet hat sie schon seit längerer Zeit dazu recherchiert und dazu viel gelesen. Dies hat sie zu der Vermutung gebracht, dass sie wahrscheinlich ein Transmann ist – sie fühlt sich als Mann, hat aber einen weiblichen Körper.

Sie hat lange Zeit versucht, diese Gefühle zu ignorieren und zu verdrängen – jedoch werden diese immer stärker und lassen sich immer schlechter in den Hintergrund schieben. Dies führt u. a. dazu, dass ihre Leistungen in der Schule immer schlechter werden und sie neuerdings häufig gereizt, genervt und traurig ist. Nur beim Fußball-Training kann Susanne so richtig Dampf ablassen und sich frei bewegen. Das tut ihr unendlich gut.

Allerdings kann es so auch nicht weitergehen. Sie möchte gerne auch körperlich ein Mann werden und sich zusammen mit den anderen Männern in der Umkleide umziehen dürfen.

Aber wie soll sie das denn machen?! Wie soll sie das ihren Eltern erklären? Und vor allem: Wie funktioniert das eigentlich genau mit dieser Geschlechtsumwandlung?

Hintergrundwissen

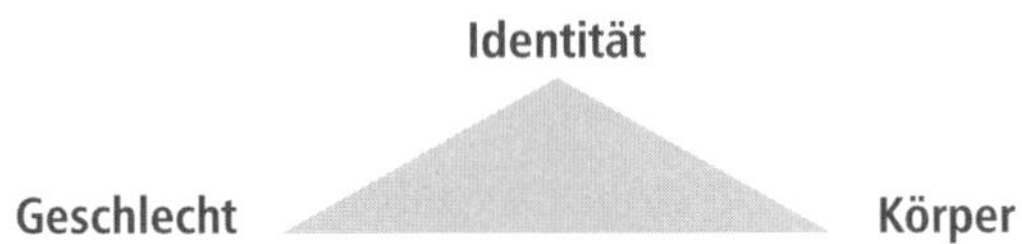

Das Phänomen, das uns in dem Fallbeispiel von Susanne und dem Schulsozialarbeiter Martin begegnet, wird in der Fachliteratur mit den Begriffen *Geschlechtsinkongruenz, Transidentität* oder *Transgender* bezeichnet.

Lange Zeit galt dieses Phänomen als eine krankheitswertige Störung und Wahnidee. In den letzten Jahren hat dazu eine tiefgreifende Veränderung in den Fachdiskursen der Sozial- und Geisteswissenschaften als auch der Medizin stattgefunden: Seit dem Jahr 2018 ist es möglich, das Geschlecht „divers" in die Geburtsurkunde und sämtliche amtlichen Dokumente eintragen zu lassen[9]. Gegenwärtig finden politische Diskurse im Bundestag zur Einführung des sogenannten Selbstbestimmungsgesetz und damit zur Abschaffung des noch geltenden Transsexuellengesetzes[10] statt.

Wie Schirmer (2015)[11] in ihrer soziologischen Analyse konstatiert, fokussierte sich der medizinisch-pathologische Diskurs zur Transsexualität auf deren Abweichung von der Norm der Zweigeschlechtlichkeit, während bereits soziologische Forschungen aus den 60er- und 70er-Jahren des vergangenen Jahrhunderts (vgl. Garfinkel 1967; Kessler/ McKenna 1978) sich damit auseinandersetzten, wie alltägliche soziale Interaktionen in den westlichen Gesellschaften „eine strikt zweigeschlechtliche Wirklichkeit als scheinbar natürliche Tatsache hervorbringen" (Schirmer 2015, S. 41) und wie sich in dieser Konstruktion Räume für geschlechtlichen Ausdruck finden lassen, der jenseits von den binären Kategorien von Mann und Frau liegt (vgl. dazu Lindemann 1993; Hirschauer 1993).

Seit den 1990er-Jahren ist es einer immer stärker werdenden sozialen Bewegung unter der Bezeichnung „Transgender" zu verdanken, dass sich in der soziologischen als auch sozialwissenschaftlichen Forschung die Perspektive durchsetzte, verstärkt nach den normierenden, disziplinierenden, sanktionie-

9 https://www.bmi.bund.de/SharedDocs/pressemitteilungen/DE/2018/12/drittes-geschlecht.html

10 Der Lesebn-und Schwulenverband informiert auf seiner Homepage über die geplanten Änderungen: shorturl.at/hxMNR

11 https://www.bmfsfj.de/blob/93956/d73e830e237b752dd4ef323a8432e1ba/geschlechtliche-vielfalt-data.pdf

renden, pathologisierenden und ausgrenzenden Verfahren Ausschau zu halten, die durch Politik, Erziehung, Bildung, Medizin und Juristerei strukturell Diskriminierung gegenüber dieser Personengruppe ausüben. Gleichzeitig richtete sich der Blick auch auf die kreativen und selbstermächtigten Lebensweisen und Verkörperungen von Menschen, die sich selbst als „Transgender" bezeichnen.

Somit finden wir uns heute in einer Situation wieder, in der

a) die Norm der Zweigeschlechtlichkeit mehr denn je zu Gunsten einer Diversität in Zweifel gezogen wird, die sich auch formal in den vier amtlich möglichen Geschlechter-Kategorien männlich, weiblich, divers und „ohne Angabe" abbilden lässt;
b) das Allgemeine Gleichbehandlungsgesetz (AGG) eine Diskriminierung aufgrund der Diversitätskategorien Alter, Ethnie, Geschlecht, sexuelle Orientierung, Religion, Beeinträchtigung durch private Akteure wie Arbeitgeber, Vermieter*innen, Anbieter von Waren und Dienstleistungen etc. verbietet;
c) die Antidiskriminierungsstelle des Bundes ein kontinuierliches Monitoring durchführt bzgl. der strukturellen und offenen Diskriminierung gegenüber Menschen in Bezug auf die im AGG genannten Diversitätskategorien.

Mit dem Begriff der *Transidentität, Geschlechtsinkongruenz* und *Transgender* wird eine angeborene Variante der geschlechtlichen Identität verstanden, bei der die empfundene Geschlechtsidentität (gender) nicht mit dem biologischen Geschlecht (sex) übereinstimmt. Dabei kann diese Inkongruenz sich in drei Erscheinungsformen äußern: a) man fühlt sich dem anderen Geschlecht zugehörig und wünscht eine biologische Anpassung (wie im Fallbeispiel von Susanne); b) man fühlt sich weder der Kategorie Mann noch Frau zugehörig, sondern ordnet sich „dazwischen" ein; c) man lehnt jegliche Geschlechterkategorisierungen ab (vgl. Riedl 2020, S. 16). Die Ursachen für das Auftreten dieser Form der Geschlechtsidentität sind bisher noch unklar. Es wird davon ausgegangen, dass u. a. hormonelle Einflüsse in der Schwangerschaft sowie genetische Faktoren eine Rolle spielen (vgl. Sonnenmoser 2020, S. 1).

Zwei bis drei Prozent aller in Deutschland lebenden Kinder und Jugendlichen sind davon überzeugt, im falschen Körper geboren zu sein. Diese Überzeugung ist jedoch nur bei einem geringen Teil bis zum Erwachsenenalter anhaltend: Nur bei etwa zwei bis 20 Prozent bleibt das transidente Empfinden auch in der Jugend weiter bestehen, bei der großen Mehrzahl der Heranwachsenden löst sich dieses Missempfinden auf. Die Persistenz vom Jugend- ins Erwachsenenalter ist dagegen sehr hoch.

„Im Hinblick auf die Persistenz im Kindesalter werden drei Gruppen unterschieden:

- Die Mehrzahl der Kinder arrangiert sich mit ihren geschlechtsspezifischen Körpermerkmalen und entwickelt später in der Pubertät eine homosexuelle oder bisexuelle Orientierung.

- Eine kleine Minderheit arrangiert sich ebenfalls mit ihren geschlechtsspezifischen Körpermerkmalen und entwickelt in der Pubertät eine ausschließlich heterosexuelle Orientierung.
- Bei den übrigen Kindern bleibt die empfundene Diskrepanz bestehen und verstärkt sich mit Beginn der Ausprägung der sekundären Geschlechtsmerkmale" (vgl. Sonnenmoser 2020, S. 1).

Die Transidentität an sich stellt keinen „Krankheitswert" dar – vielmehr ist es die erlebte und wahrgenommene emotionale Belastung, die durch das Auseinanderfallen von Körperbild und geschlechtlicher Zugehörigkeit hervorgerufen wird.

Bzgl. einer „Behandlung" im medizinischen Sinne existieren innerhalb der Diagnostik spezielle Fragebögen für Kinder und Jugendliche. In der Regel stellen dann auch Psychiater*innen, Psycholog*innen und Psychotherapeut*innen letztlich auch die Indikation für eine Hormontherapie (vgl. Riedl 2020, S. 16). Wobei anzumerken ist, dass nicht alle Jugendlichen, die sich als transident erleben, geschlechtsangleichende Maßnahmen wünschen.

Bzgl. der Begleitung und Behandlung von transidenten Jugendlichen hat die Deutsche Gesellschaft für Kinder- und Jugendpsychiatrie (DGKJP) Leitlinien entwickelt[12].

Diese sehen folgendes Vorgehen vor:

- Diagnostische Einschätzung der Geschlechtsdysphorie und bestehender psychischer Belastungen;
- Einschätzung, ob die Geschlechtsdysphorie ggf. auch Ausdruck eines anders gelagerten psychischen Problems ist;
- Aufklärung über alle möglichen Therapie- und Behandlungsmethoden und deren Grenzen;
- ergebnisoffene und unterstützende Begleitung des Heranwachsenden;
- Linderung des Leidensdrucks der Betroffenen und Unterstützung bei allen sich ergebenden psychosozialen Herausforderungen;
- beratende Begleitung der Erziehungsberechtigten
- (vgl. Döhnert 2020, S. 898).

Innerhalb der medizinischen „Behandlung" stellen sich spezifische ethische Herausforderungen, die sich insbesondere auf den Beginn der Behandlung beziehen. Im Kern geht es dabei um die Frage nach der Entscheidungskompetenz von heranwachsenden Jugendlichen: Inwieweit können diese die Langzeitfolgen ihrer Entscheidung für eine Hormonbehandlung auf ihr gesamtes Leben absehen – auch vor dem Hintergrund der Tatsache, i. d. R. keine eigenen biologischen Kinder haben zu können? Im Falle einer elterlichen Ableh-

12 https://register.awmf.org/assets/guidelines/138-001k_S3_Geschlechtsdysphorie-Diagnostik-Beratung-Behandlung_2020-03.pdf

nung der Hormonbehandlung bei Minderjährigen stellt sich die Frage, wie mit der Patient*innen-Autonomie umzugehen sei: Hat diese auch in diesem Falle höchste Priorität? Auch wenn es dann vielleicht bedeutet, dass der/die heranwachsende Jugendliche*r keine Unterstützung seitens des Elternhauses erfahren wird?

Laut Riedl (2020) ist in jedem Fall eine „standardkonforme, multiprofessionelle, teamgetragene Entscheidungsfindung“ (Riedl 2020, S. 21) durchzuführen und in komplexen Fällen die Medizinethik miteinzubeziehen. In jedem Fall müsse immer nach der Maxime der Gleichstellung und Chancengleichheit in der Medizin gehandelt werden und das oberste Ziel im Blick gehalten werden, Transgender-Personen ein glückliches Leben ermöglichen zu können (vgl. Döhnert 2020, S. 899; Riedl 2020, S. 21).

Transidente Jugendliche in der Schule

Was ist nun die Aufgabe von Schulsozialarbeiter Martin aus unserem Fallbeispiel?

Zunächst einmal ist anzumerken, dass Schulsozialarbeit an deutschen Schulen kein einheitliches Konzept hat. Innerhalb der Breite der Modi des Zusammenarbeitens lassen sich vier Strukturen abbilden:

- **Additive Struktur:** Schule und Schulsozialarbeit existieren nebeneinander ohne inhaltliche oder organisatorische Berührungspunkte;
- **Integrative Struktur**: umfassende Integration der Schulsozialarbeiter*innen in den Schulalltag im Sinne eines Dienstleisters und Verstärkung in der pädagogischen Arbeit für die Lehrkräfte;
- **Delegative Struktur:** Schulsozialarbeit erhält Aufgaben von der Schule, keine selbstbestimmte Arbeit an der Schule möglich;
- **Kooperative Struktur**: Schule und Schulsozialarbeit sind gleichberechtigte Partner*innen auf Augenhöhe; der Schulalltag wird als ein Feld verstanden, das von diesen gemeinsam gestaltet wird
(vgl. Jordan, Maykus, Stuckstätte 2015, S. 192).

Die Art der Zusammenarbeit mit der Schule bestimmt folglich, ob Martin neben der Beratungstätigkeit im eins-zu-eins-Kontakt mit Susanne noch darüber hinausgehende Handlungsfelder an der Schule hat – beispielsweise in Bezug auf die Anerkennung von sexueller und geschlechtlicher Vielfalt und die damit verbundene präventive Arbeit.

Auch die Haltung des Lehrer*innenkollegiums und der Schulleitung zu dieser Thematik ist im weiteren Verlauf von Relevanz – insbesondere, wenn Susanne mit einem männlichen Vornamen angesprochen werden möchte oder Formen von offener oder struktureller Diskriminierung durch Lehrpersonen oder Mitschüler*innen erfährt.

Tipps

Das Allerwichtigste ist, dass Sie Susanne vermitteln, dass sie okay ist, so wie sie ist. Ihre Gefühle, Wahrnehmungen und Bedürfnisse werden gehört und ernst genommen.

Ihre Sorgen bzgl. ihrer Eltern und Brüder zeigt, dass ihr die Beziehung zu diesen wichtig ist und sie befürchtet, dass diese Beziehung belastet werden könnte, wenn sie über ihre Gefühle und Gedanken frei spricht. Dies ist verständlich. Wichtig ist jedoch auch, darauf hinzuweisen, dass Susannes Zufriedenheit, Glück und Wohlbefinden ebenso wichtig ist wie das ihrer Brüder und Eltern.

Bestärken Sie Susanne darin, für sich selbst einzustehen und sich selbst wichtig zu nehmen.

Richten Sie im Gespräch mit Susanne Ihre Aufmerksamkeit auf ihre Ressourcen und Bewältigungsstrategien. Ermutigen Sie sie dazu, Kontakte zu Gleichaltrigen weiter zu pflegen und an gemeinsamen Aktivitäten teilzunehmen, soweit es ihr Freude bedeutet.

Nehmen Sie zeitlichen Druck raus: Die Entscheidung für oder gegen eine medizinische Behandlung ist ein Prozess und es gibt mehr als eine Option. Ermutigen Sie Susanne, sich zu diesem Thema beraten zu lassen. Dies kann sie auch ohne Einverständnis der Eltern in Anspruch nehmen – zum Beispiel bei ihrem/r Gynäkolog*in.

Informieren Sie sich über das Angebot von queeren Jugendzentren in der Umgebung und ermutigen Sie Susanne, dort in Kontakt mit Gleichgesinnten zu kommen und frei über ihr Thema sprechen zu können. (Internet-Tipp: **https://trans-nrw.de/beratungsstellen/; https://www.anyway-koeln.de/jugendberatung-hilft-bei-geschlechtlichen-identitaetsfragen-und-coming-out/; https://interventionen.dissens.de/fuer-jugendliche/links-anlaufstellen)**

→ Kapitel 5.2.3

Siehe auch Tipps in Kap. 5.2.3

Check

Wie gut sind Sie selbst über das Thema informiert?

Welche Möglichkeiten der Unterstützung sehen Sie in ihrer Rolle als Schulsozialarbeiter*in? Wo sehen Sie auch Grenzen?

Sind Ihnen Diskriminierungserfahrungen von Schüler*innen in Bezug auf deren geschlechtliche und sexuelle Orientierung bekannt? Wenn ja – wie wurde in der Vergangenheit damit umgegangen?

Gibt es offene Transfeindlichkeit an der Schule?

Wie sieht es mit dem Thema Prävention von sexueller Gewalt und sexuellen Übergriffen aus: Hat die Schule dazu ein Konzept vorliegen? Wenn ja: Wer ist dafür Ansprechpartner*in?

Weiterführende Informationen im Internet:

https://interventionen.dissens.de/

https://www.regenbogenportal.de/informationen/sexuelle-vielfalt-in-der-schule-anerkennen-und-unterstuetzen

https://www.regenbogenportal.de/informationen/sexuelle-vielfalt-in-der-schule-anerkennen-und-unterstuetzen

Technik

Klientenzentrierte Beratung nach Rogers → s. Kapitel 2.4

Gewaltfreie Kommunikation → s. Kapitel 2.5

Coaching Tools → s. Kapitel 4

Systemische Begleitung und Beratung → s. Kapitel 2.16

5.2.6 Berufsberatung

Fallbeispiel

Jan-Phillip, 16, ist sich sehr unsicher, was er nun nach dem Schulabschluss machen soll. Aktuell ist er noch Schüler einer Realschule und das letzte Halbjahr rückt immer näher … Seine Eltern nerven ihn auch immer öfter mit der Frage, was denn nun sei mit seinem „Plan" nach der Schule. Ehrlich gesagt wüsste das Jan-Phillip auch echt gern. Er fragt seinen Klassenlehrer, ob dieser eine Idee habe, wer in solchen Fragestellungen von Hilfe sein könnte. Herr Krämer empfiehlt Jan-Phillip einen Besuch bei der Agentur für Arbeit. Die kenne er doch auch schon, da sie dort in der 8. Klasse einen Berufsinteressentest gemacht haben. Ob er sich daran nicht mehr erinnern könne?! Jan-Phillip erinnert sich „dunkel", dass da was gewesen ist. Damals war das aber irgendwie gefühlt alles noch so weit weg, dass er nicht so richtig zugehört habe, was da alles so besprochen wurde. Er recherchiert zu Hause im Internet und vereinbart online einen Beratungstermin in der Agentur für Arbeit. Zufälligerweise liegt diese auf seinem Weg zur Schule, sodass er nach dem Unterricht nächste Woche direkt dorthin fahren kann.

Hintergrundwissen

Insgesamt gab es im Wintersemester 2020/21 an den Hochschulen in Deutschland 20.359 Studiengänge, davon waren 18.745 Bachelor- oder Masterstudiengänge[13] sowie 325 Ausbildungsgänge.[14] Bis in die 1990er Jahre hinein traten eine große Mehrheit der Absolvent*innen der allgemeinbildenden Schulen eine duale Ausbildung an (vgl. Hurrelmann, Quenzel 2016, S. 130). Seit 2000 hat sich dieses Bildungsverhalten der jungen Generation grundlegend verändert. Jugendliche absolvieren mit wachsender Mehrheit einen

13 https://de.statista.com/statistik/daten/studie/2854/umfrage/bachelor--und-masterstudiengaenge-in-den-einzelnen-bundeslaendern/, aufgerufen am 05.12.20

14 https://de.statista.com/statistik/daten/studie/156901/umfrage/ausbildungsberufe-in-deutschland/, aufgerufen am 05.12.20

lang andauernden schulischen Werdegang mit mittlerer Reife, Erwerb eines Fachabiturs oder Abiturs mit anschließendem Bachelor- und Masterstudium. Diese lange Phase des Bildungsmoratoriums führt zu einer hochwertigen, hochspezialisierten Bildung der jungen Menschen sowie der Möglichkeit, sich relativ lange mit dem Abwägen von beruflichen Wegen und Zukunftskonzepten auseinanderzusetzen (vgl. Hurrelmann, Quenzel 2016, S. 130 f.). Diese Ausweitung des Bildungsmoratoriums und die frühe Spezialisierung stehen dabei in direktem Zusammenhang mit einer sich schnell verändernden und durch technische Innovationen beeinflussten Arbeitswelt, die nach gut ausgebildeten Nachwuchskräften verlangt (vgl. Bundesministerium für Wirtschaft und Energie 2020).

Diesen erheblichen zeitlichen und finanziellen Ressourcen, die eine solch langfristige Bildungsspanne der jungen Menschen erfordern, stehen „eine freie und selbstständige Lebensgestaltung und im Vergleich zur dualen Ausbildung langfristig auch günstigere Berufs- und Verdienstmöglichkeiten gegenüber“ (Hurrelmann, Quenzel 2016, S. 131). Zum aktuellen Zeitpunkt ist die Zahl der jungen Menschen, die ein Hochschulstudium nach dem Schulabschluss beginnen, höher als die Zahl derjenigen, die eine Berufsausbildung beginnen. Das duale Ausbildungssystem hat dadurch zunehmend Schwierigkeiten ausreichend Auszubildende zu finden (vgl. Bildungsberichterstattung 2020, S. 175).

Berufsberatung für Heranwachsende ist Aufgabe der Bundesagentur für Arbeit sowie der allgemeinbildenden Schulen. Die Agentur für Arbeit bietet neben Beratungsgesprächen auch Informationsmaterial und einen „Erkundungstest“ an, durch den die Jugendlichen eine erste Orientierung erfahren können, wohin es für sie beruflich gehen kann.[15] 2017 einigten sich die Kultusministerkonferenz und die Vorstandsvorsitzenden der Agentur für Arbeit auf eine Rahmenvereinbarung für die Zusammenarbeit zwischen Schule und Berufsberatung der Agentur für Arbeit:

„Ziel ist, jungen Menschen den Übergang von der Schule in den Beruf mittels intensiver beruflicher Orientierung und individueller Beratungen zu Optionen der Berufswahl zu erleichtern.“[16]

15 https://bit.ly/3a6SIq2, aufgerufen am 05.12.20

16 https://bit.ly/3gHIAoM, aufgerufen am 05.12.20

Tipps

Aufgrund der Vielzahl der Studiengänge und Ausbildungsberufe ist in jedem Fall eine Fachberatung zu empfehlen. Das Angebot an Studiengängen variiert dabei von Studienort zu Studienort beträchtlich. Aufgrund dessen ergibt neben einer Beratung bei der Agentur für Arbeit ggf. eine Studienberatung an den Hochschulen selbst Sinn. Viele Hochschulen bieten heutzutage auch Kennenlerntage für Schüler*innen der Oberstufe an, z. B. „Studieren probieren" der Universität zu Köln.[17]

Check

Bin ich ausreichend informiert und qualifiziert, um zu Themen der beruflichen Orientierung zu beraten?

An welche Kolleg*innen kann ich ggf. verweisen?

Wenn Sie Lehrer*in sind: Gibt es ggf. eine*n Ansprechpartner*in bei der Bundesagentur für Arbeit, mit dem/der die Schule zusammenarbeitet und an den/die der/die Schüler*in verwiesen werden kann?

Technik

Klientenzentrierte Beratung nach Rogers → s. Kapitel 2.4

Systemische Begleitung und Beratung → s. Kapitel 2.16

17 https://verwaltung.uni-koeln.de/abteilung21/content/lehrer/studieren_probieren_hinweise_fuer_lehrer/index_ger.html, aufgerufen am 11.12.20

5.3 Lebensplanung und Ruhestand

In diesem Kapitel erfahren Sie ...

- mit welchen Themen sich Paare in ihrem Alltag konfrontiert sehen und wie diesen in Beratungssettings begegnet werden kann.
- worin sich heterosexuelle und homosexuelle Paarbeziehungen unterscheiden.
- wie spezifischen Herausforderungen in Bezug auf chronische oder psychische Erkrankungen in der Beratung begegnet werden kann.
- mit welchen Themen sich Menschen im Alter konfrontiert sehen, wie die Versorgung im Alter und ein Sterben in Würde vorbereitet werden müssen.

5.3.1 Paarberatung

Fallbeispiel 1

Frau 1: *„Mir macht aktuell in unserer Partnerschaft sehr zu schaffen, dass wir beide sehr unterschiedlich sind, was unser Bedürfnis nach Alltagsstruktur, Freizeitgestaltung und Pünktlichkeit betrifft. Mir ist es in meinem Privatleben nicht so wichtig, immer zu allen Verabredungen auf die Minute pünktlich zu sein. Im Grunde genommen möchte ich auch gar nicht so verplant sein in meiner Freizeit ... da möchte ich lieber in den Tag hineinleben, mich treiben lassen und spontan Dinge entscheiden. Das ist mir wichtig als Ausgleich zu meinem Job, wo es immer viel um Termine und Abgaben geht."*

Frau 2: *„Ich hasse das so sehr, wenn wir zu Verabredungen mit unseren Freund*innen zu spät kommen. Da fühle ich mich immer so schlecht – das ist mir echt peinlich. Ich kann das Bedürfnis meines Partners nach Spontanität und freier Zeit verstehen. Auf der anderen Seite möchte ich in meiner Freizeit gerne Dinge erleben! Freunde treffen, Ausflüge machen oder ins Museum gehen. Natürlich könnte man jetzt auch sagen: Okay – dann mache ich das halt alleine und Paul bleibt halt zu Hause. Das ist mir aber auch irgendwie nicht Recht ... ich möchte ja auch Zeit in meiner Freizeit mit meinem Partner UND meinen Freunden verbringen. Paul und ich haben ja sowieso aufgrund unserer starken Eingebundenheit in unsere Jobs, die uns sehr viel Spaß machen, schon nicht viel freie Zeit zur Verfügung. ... Irgendwie ist das eine verzwickte Situation."*

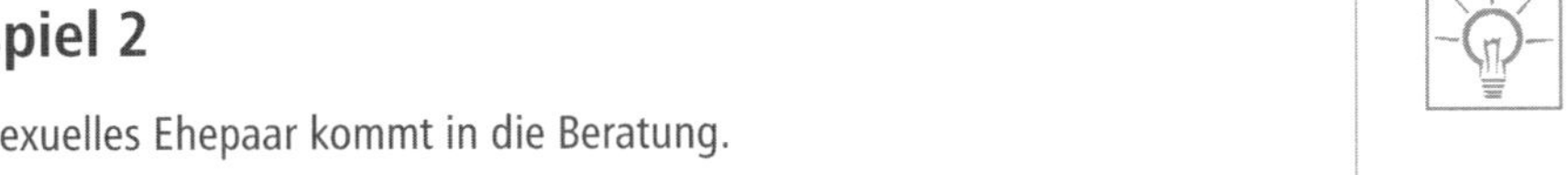

Fallbeispiel 2

Ein heterosexuelles Ehepaar kommt in die Beratung.

Die beiden Partner*innen schlafen bereits in getrennten Zimmern und auch sonst hat der Ehemann entschieden, sich vorerst aus dem Familienleben mit ihrem gemeinsamen 13-jährigen Sohn herauszuhalten. Die Erziehung des gemeinsamen Sohnes erfolgt nach unterschiedlichen Werte- und Normensystemen, was immer wieder zu Streit führt. Der Ehemann erklärt, wie schwer es ihm fällt, sich rauszuhalten, denn er erwischt sich immer wieder dabei, wie es ihn innerlich zerreißt, nichts zu sagen, um weitere Eskalationen und Konflikte zu vermeiden. Die Ehefrau bestätigt, dass die vielen Konflikte, die in den letzten Monaten quantitativ so zugenommen haben, die Ursache dafür sind, dass sie jetzt an diesem Punkt stehen. Sie grübelt dann etwas und sagt: *„Ich glaube, wenn wir kein Kind hätten, dann wären wir nicht an so einem Punkt in unserer Partnerschaft angelangt."*

Hintergrundwissen

„Die Ansprüche an Ehe und Partnerschaft haben sich gewandelt. Der Versorgungsaspekt steht nicht mehr im Vordergrund, sondern der Wunsch nach partnerschaftlichem Zusammensein. Die Quote von Trennungen und Scheidungen hat sich deutlich erhöht (…)" (Bründel, Hurrelmann 2017, S. 49).

Moderne Partnerschaften verstehen sich als romantische Beziehungen, in denen die Gefühle füreinander und die eigene Definition von Beziehung und Partnerschaft von elementarer Bedeutung sind (vgl. Bodemann 2002). Die Ehe basiert heute stärker als in den Generationen zuvor auf Liebe und Partnerschaftlichkeit, was ein größeres Maß an Anstrengung erfordert (vgl. Hofer 2002). Nach der Theorie von Sternberg sind fünf Aspekte für die Liebe charakteristisch: Leidenschaft, Vertrautheit, Intimität, Engagement und Bindung (vgl. Sternberg/Barnes 1988).

Partnerschaften sind wie alle soziale Beziehungen Veränderungen unterworfen. Die Ursachen dieser Veränderungen hinsichtlich der Wünsche, Bedürfnisse und Ziele der einzelnen Partner*innen können vielfältig sein. Soziale und wirtschaftliche Veränderungen entstehen durch Arbeitsplatzwechsel, Arbeitsplatzverlust oder Umzug in eine andere Stadt. Die größte Veränderung innerhalb der Paarbeziehung entsteht durch die Geburt eines gemeinsamen Kindes, die Adoption eines Kindes oder die Übernahme einer Pflegschaft für ein Kind. Phasen großer Nähe wechseln sich mit Phasen größerer Distanziertheit ab.

Soll eine Partnerschaft von Dauer sein, kommt es darauf an, dass das Paar lernt, Distanz (Freiräume, Autonomie, Abgrenzung vom Partner) und Nähe (Intimität und Gemeinsamkeiten) immer wieder neu zu regulieren (Christensen,

Shenk 1991; Bodemann 2002, zitiert nach Widmer, Bodemann 2008). Gelingen dem Paar diese Anpassungsleistungen im Alltag nicht, kann dies zu Unzufriedenheit, Konflikten und Stress führen. Stress in seiner direkten Auswirkung verringert die Quantität der gemeinsamen Zeit als Paar und die emotionale Offenheit dem/der Partner*in gegenüber. Indirekt wirkt sich Stress negativ auf die Qualität einer Partnerschaft aus, indem dieser die Kommunikation und Interaktion zwischen den Partner*innen nachhaltig verschlechtert und zu gesundheitlichen Beeinträchtigungen führt. Kennzeichen einer nachhaltig negativ gestörten Kommunikation und Interaktion sind Wortkargheit, Rückzug, Verschlossenheit, Isolation, Reizbarkeit und Impulsivität (vgl. Widmer, Bodemann 2008). Die direkten und indirekten Auswirkungen von Stress gelten für die Stabilität und Qualität von Paarbeziehungen als dysfunktional und erhöhen die Wahrscheinlichkeit des Auftretens einer Trennung oder Scheidung (vgl. Bodemann 2000). Diese negative Auswirkung tritt nur dann auf, wenn der Stress länger andauert und für längere Zeit die personalen Bewältigungsstrategien übersteigt.

Diese Phasen und Krisen der Paarbeziehung erleben heterosexuelle wie homosexuelle Paare in gleicher Weise. In der Ausgestaltung von langfristigen Paarbeziehungen spielen Treue, Verbindlichkeit, körperlich-sexuelle und emotionale Aspekte eine entscheidende Rolle (vgl. Phase 4 und 5 der Partnerschaftsentwicklung bei Coleman 1982). Je nach Wohnort und politischem System ist die Wahrscheinlichkeit, Diskriminierung, Ungleichbehandlung oder Exklusion zu erfahren, für homosexuelle Paare ungleich höher als für heterosexuelle Paare (vgl. BzgA, 2020).

Tipps

Innerhalb der Arbeit mit Paaren ist es wichtig darauf zu achten, dass beide die Möglichkeit haben, ihr Anliegen und ihre Wünsche zu äußern. Eine Parteiergreifung für den anderen oder die andere sollte in jedem Fall vermieden werden. Optimalerweise wird die Paarberatung von einem Zweierteam durchgeführt. Vorausgesetzt, das Paar ist an einer gemeinsamen Lösung interessiert, kann gemeinsam mit dem/der Berater*in an einer Lösung gearbeitet werden. Erst auf der Basis dessen, dass beide Personen die Möglichkeit hatten, ihre Gedanken, Gefühle und Bedürfnisse zum Thema zu äußern, entstehen neue Optionen. Unter Umständen erweist sich die Trennung als beste Lösung. Dann geht es darum, diesen Trennungsprozess zu begleiten und zu beraten.

Check

Welche Ziele hat das Paar formuliert?

Welche Wünsche, Hoffnungen und Perspektiven werden formuliert?

Welche Lösungsansätze wurden bereits angedacht?

Kam jede Person ausreichend zu Wort?

Haben wir alle Perspektiven zum Thema gehört?

Sind die Partner*innen emotional in der Lage, gemeinsam an einer Lösung zu arbeiten?

Sind die Partner*innen an einer gemeinsamen Lösung interessiert?

Technik

Klientenzentrierte Beratung nach Rogers → s. Kapitel 2.4

Gewaltfreie Kommunikation nach Rosenberg → s. Kapitel 2.5

Verhandeln als sozialer Austausch → s. Kapitel 2.6

Kommunikation als Transaktion → s. Kapitel 2.8

Themenzentrierte Interaktion → s. Kapitel 3.2

5.3.1.1 Systemische Paarberatung

Birgitt Killersreiter

In der systemischen Beratung ist Paarberatung ein „schwieriges“ Feld. Die Szenen einer Paarbeziehung ähneln sehr der Kindheit und der Elternbeziehung. Die Paare in der Paartherapie laden die Berater*innen ein, ihre Sichtweise zu übernehmen und ihnen zuzustimmen. Meist geht es um Macht, Geld, Ressourcen oder Teilhabe. Jeder in der Paarbeziehung beschreibt das Problem aus seiner/ihrer individuellen Sichtweise und blendet dabei die andere Seite aus. Die Kommunikationsmuster erhalten eine dynamische Eigenständigkeit. Das Paar ist ihnen unterworfen und die Konflikte erschaffen ein eigenes System. Diese Konflikte stehen unter dem Kontext Gegnerschaft und können bis zur Vernichtung führen. Dabei werden Erklärungen von Partner*innen in den Persönlichkeitseigenschaften des jeweils anderen gesucht. Das schlechte Verhalten des anderen zwingt den jeweils andern zum bedauernswerten eigenen Verhalten. Er/sie muss „sich wehren“ (vgl. von Schlippe, Schweitzer 2016a, S. 354, 355).

Tipps

Im Rahmen der Auftragsklärung und Problembeschreibung gehen systemische Paartherapeut*innen und Berater*innen auf „Spurensuche" innerhalb der Wirklichkeitskonstruktion des Paares. Wie sieht die Welt aus der Sicht des Paares aus? Hier bietet sich eine Skulpturenaufstellung an, die es dem Therapeuten unter dem Thema „empfundene Nähe und Distanz" ermöglicht, herauszuarbeiten, welche offenen oder verdeckten Anliegen die KlientInnen haben. Der Eröffnungszug kann mit Fragen zu ersten Begegnungen oder bedeutsamen Handlungen, wie z. B. die Übergabe des Wohnungsschlüssels, die erste sexuelle Begegnung und die Reaktionen darauf oder die erste Auseinandersetzung wegen Geldfragen sein. Das Problem wird durch ein Symbol, z. B. mit einem Kissen dargestellt und im Raum platziert.

Erfahrungen aus den Herkunftsfamilien spiegeln sich in den Gefühlen und Kommunikationsmustern der Paare wider. Hier geht es darum, die Auslöser zu identifizieren und zu verstehen, welche Triggerpunkte und innere Filme eine Brücke zu den Herkunftsfamilien bilden, z. B. an welche Personen oder Erfahrungen sich das Geschehene anknüpft.

Die Lage ist ernst und trotzdem besteht Hoffnung. Eine Paarkrise kann oft auch ein Zeichen einer anstehenden Entwicklung sein. Vielleicht stehen sie ja vor einem gemeinsamen Reifungsschritt? Menschen, die gemeinsam Krisen überstehen und zusammenbleiben, werden gemeinsam stärker.

Im nächsten Schritt wird an Lösungswegen gearbeitet. Im Rahmen der Möglichkeitskonstruktion gilt es, Eskalationsmuster bald zu unterbrechen. Hierzu dienen z. B. zirkuläre Fragen: „Was denken Sie, geht Ihrer Frau durch den Kopf, wenn Sie das so beschreiben?" Muster können mit folgender Frage unterbrochen werden: „Was müssten Sie tun, um den anderen in den Streit einzuladen?" Im Anschluss bittet sich eine Unterlassungsintervention an: „Können Sie sich vorstellen, was Sie stattdessen tun könnten?" Die Beobachtung des Streitmusters macht die Funktion des Streits deutlich: „Was hat das Muster für eine Funktion? Wofür steht es? Was würde passieren, wenn es plötzlich aufhört?" Je nach Situation und Eskalationsstufe könnte sich auch eine Konfrontation mit dem Kontext anbieten: „Wie konnten sie überhaupt heiraten, wo sie doch so wenig zusammenpassen? Wer hat diese Ehe auf dem Gewissen? Sie gaben sich erst 4 Jahre Ehe, jetzt sind es schon 11 Jahre, wie haben Sie das gemacht?" (vgl. von Schlippe, Schweitzer 2016, S. 359, 360).

➔ Kapitel 2.2

Paradoxe Kommunikation und Handlungen sind bei Konflikten des Paares häufig anzutreffen.

„Du sollst mir Blumen mitbringen, weil du mich liebst und nicht, weil ich es mir wünsche!"

Je mehr sich der andere bemüht, desto mehr verstärkt sich die Abhängigkeit und die Macht bleibt bei dem, der die Definition bestimmt. Hier gilt es den Schwachen zu schützen durch:

- Umkehrung (Reframing): Hier wird die Schwäche des Schwachen als Stärke hervorgehoben. Dabei sind die Dominanzreaktionen des/der Partner*in beobachten.
- Mit der Symmetrieinjektion wird ein Partner aufgefordert, sich symmetrisch auf die Komplementarität zu beziehen, z. B. dem Stärkeren gegenüber betonen, dass man auf seinem Recht bestünde, schwach und hilflos zu sein (vgl. von Schlippe, Schweitzer 2016a, S. 361, 362).

Technik

Zirkuläres Fragen heißt „um die Ecke fragen" und „Tratschen in Anwesenheit". Die Zirkularität in diesem Fall bezeichnet die Haltung und Sichtweisen, mit der wir die Dinge in ihrer Wechselwirkung aufeinander betrachten. Dadurch werden die Klient*innen angeregt, ihre Sichtweise zu verändern und sich Gedanken zu machen, wie sich andere im System fühlen. Damit können die Beziehungen der Mitglieder innerhalb des Systems untereinander und ihre Unterschiede, deren Sichtweisen oder Vorstellungen über Ereignisse in der Vergangenheit, Gegenwart und Zukunft deutlich gemacht werden (vgl. Schwing, Fryzer 2006, S. 211).

Zirkuläre Fragen in der Paartherapie:

- Wie fühlt sich wohl Ihre Mutter, wenn Sie sich ständig mit Ihrem Mann streiten? Wie würde Ihr Vater reagieren, wenn er sieht, dass Sie seine Tochter zum Weinen bringen?
- Wie fühlt sich Ihr Sohn, wenn Sie Ihre Frau kontrollieren?
- Wie fühlt sich wohl Ihre Frau, wenn Sie so spät nach Hause kommen?
- Wie würde Ihre Partnerin diese Frage beantworten?
- Was glauben Sie, welche Erwartungen Ihr Partner in dieser Beziehung an Sie hat? Wie sieht dieses Verhalten wohl aus der Perspektive Ihrer Ehefrau aus?
- Wie würde Ihre Partnerin wohl auf diese Veränderung reagieren?

Eine Skalierungsfrage wird eingesetzt, um Dinge zu erfahren, die in der Realität objektiv nicht oder nur schwer messbar sind. Es können damit subjektive Empfindungen wie Zufriedenheit, Motivation, Wahrnehmungen, Eindrücke, Gefühle und Fortschritte besprochen und verglichen werden. In der Regel wird von einer Skala von 1 bis 10 gesprochen, wobei 1 für die schwächste und 10 für die stärkste Ausprägung steht.

Mit Skalierungen können Veränderungen, Unterschiede & Fortschritte erkannt und konkretisiert werden. Der/die Klient*in wird damit zur Selbstbeobachtung angeregt. Berater*innen oder Therapeut*innen gewinnen Erkenntnisse über Gefühle und Empfindungen, ohne dass der/die Klient*in diese ausformulieren oder klar definieren muss.

Skalierungsfragen können ein guter Einstieg in ein Thema sein, um es in der Folge tiefergehend zu bearbeiten.

Skalierungsfragen in der Paartherapie:

- Auf einer Skala von 1 bis 10: Wie motiviert fühlen Sie sich?
- Wie beurteilen Sie das angesprochene Problem auf einer Skala von 1 bis 10?
- Wie bewerten Sie Ihr momentanes Verhältnis auf einer Skala von 1 bis 10?
- Wie schätzen Sie die Zufriedenheit in Ihrer neuen Position auf einer Skala von 1 bis 10 ein?
- Wie ist es Ihnen gelungen auf eine 6 zu kommen?
- Was müsste passieren, damit Sie sich von einer 6 auf eine 8 steigern?
- Wie konnte es Ihrer Meinung nach zu einer Verringerung von 6 auf 4 kommen?

Rangfolgen in Beziehungen:

- Wer freut sich über den Einzug der Schwiegermutter in den Haushalt am meisten, wer am wenigsten?
- Wer ist heute mit dem meisten Optimismus hergekommen, wer ist am skeptischsten?
- Wird die Tochter als Erste Lust kriegen, den Familienhaushalt zu verlassen, oder werden die Eltern schon davor Lust kriegen, sie zum Auszug aufzufordern?

Fragen zur Wirklichkeitskonstruktion:

- Aus welchen Verhaltensweisen besteht das Problem?
- Wer reagiert am meisten auf das Problemverhalten, wer weniger, wen stört es nicht?
- Woran würden Sie erkennen, dass es gelöst ist?

Fragen zur Möglichkeitskonstruktion:

- Was hat sich in den Beziehungen verändert, als das Problem begann?
- Was würde sich in der Beziehung verändern, wenn das Problem wieder aufhören würde?
- Was möchten Sie im Leben gerne bewahren, wie es ist?
- Was machen Sie gern/gut?
- Was müssten Sie tun, um mehr davon zu machen?

Wunderfragen:

- Wenn über Nacht ein Wunder geschehen würde und das Problem auf einmal verschwunden wäre: Was wäre dann morgen anders? Was würden Sie als erstes tun?
- Wer wäre am meisten überrascht?

Verschlimmerungsfragen:

- Was müssten Sie tun, um Ihr Problem zu behalten, zu verewigen oder zu verschlimmern? Was könnten wir tun, um Sie dabei zu unterstützen?
- Wie könnten Sie sich so richtig unglücklich machen, wenn Sie dies wollten?

Hypothetische Fragen:

- Wenn Sie sich vorstellen, die Entscheidung Ihrer Frau, mit der Hausarbeit aufzuhören, wäre eine Art von Protest – wogegen könnte sich der Protest am ehesten richten?
- Was wäre, wenn Ihr Mann sich entscheiden würde, die Arbeit völlig aufzugeben und den Rest seines Lebens zu Hause bei Ihnen zu verbringen?

Fragen nach dem Nutzen des Problems:

- Wofür wäre es gut, dem Problem noch einen Platz in Ihrer Wohnung zu gewähren?
- Was würde schlechter werden, wenn das Problem weg wäre?
- **Refraiming**

→ Kapitel 2.12.2

5.3.1.2 Erkenntnisse der Emotionsfokussierten Paartherapie für die Paarberatung nutzbar machen

Eva-Maria Rottlaender

Fallbeispiel

Martin war nach der Arbeit mit seinem besten Freund Markus noch etwas zusammen essen und kommt nun gut gelaunt nach Hause.

Paul hatte einen sehr anstrengenden Tag im Büro, liegt genervt und erschöpft auf dem Sofa und schaut sich eine Serie an.

Martin begrüßt seinen Partner Paul herzlich und lässt sich neben diesen auf das Sofa fallen.

Paul (angespannt und missmutig): „Na – hattest Du einen schönen Abend mit Markus?"

Martin: „Oh ja! Es war echt wunderschön, Paul. Wir waren bei diesem neuen Italiener auf der Brabanter Straße. Die Lasagne war wirklich sehr lecker und der Rotwein dazu auch. Das war wirklich ein schöner Abend. Ich hatte den Markus schon länger nicht mehr gesehen und jetzt hatten wir endlich einmal Zeit, in Ruhe über all das zu sprechen, was in unseren Leben so passiert ist ..."

Paul (sinkt immer weiter in die Kissen ein): „Aha – na, das ist ja wunderbar. Und wann machen wir zwei mal so was Schönes?"

Martin (zieht die Augenbrauen hoch und beißt die Zähne aufeinander): „Was willst du mir denn damit jetzt wieder sagen, Paul?! Wir sind doch am Wochenende zum Essen verabredet: Am Freitag gehen wir mit deinen Eltern in die Philharmonie und danach in die Tapas Bar, in die du schon seit Monaten gerne möchtest. Und am Samstagabend treffen wir Jochen und Klaus zum gemeinsamen Kochen. Für Sonntag haben wir noch keinen Plan – das wollten wir uns ja offen lassen und einfach das machen, wonach uns ist. Ist dir das jetzt nicht mehr Recht?!"

Paul: ,,Doch doch ... ich mein ja nur ... wär' doch auch mal schön, wenn wir auch mal wieder was zu zweit machen könnten ...".

Martin: „Können wir! Arbeite einfach weniger, dann bist du abends auch nicht mehr so müde und mies gelaunt. Dann können wir gerne was zu zweit unternehmen. Ich geh' jetzt für meinen Teil ins Bett ... Ist mir echt so blöd hier mit dir. Immer dieses Rumgedruckse und Genörgele ...".

Das Therapiekonzept der Emotionsfokussierten Paartherapie ist ein humanistischer Ansatz, der in den 1980er-Jahren von Susan Johnson und Leslie Greenberg in den USA entwickelt wurde. Aus der systematischen Beobachtung von Paaren, die ihre Beziehung durch Therapie aufrechterhalten konnten, den Einbezug der Erkenntnisse der Bindungstheorie sowie Erkenntnissen aus den Modellen der Beziehungskrisen ist dieser Therapieansatz entstanden (vgl. Johnson, 2021, S. 18).

Zentrale Ziele, die diese therapeutische Arbeit mit Paaren verfolgt, sind: Emotionsregulation- und Veränderung, Ausbildung und Anregung von (neuen) Verhaltensweisen, Identifikation primärer Gefühle, um diese zu lösen, sowie die Herstellung einer emotionalen Verbindung zwischen den Partner*innen (vgl. Johnson 2021, S. 18, 28 f., 52).

Diese Form der Paartherapie eignet sich insbesondere für Paare, in deren Partnerschaft eine chronische oder akute Krankheit auf physischer oder psychischer Ebene Ursache für die andauernden Spannungen und Belastungen darstellt. Aufgrund dessen können die Ausführungen und Hintergründe zu dieser Therapieform hilfreich sein – nicht nur für Martin und Paul – sondern auch für die Gesundheitsberatung (vgl. Kap. 5.3.2), die Beratung in der Pflege (vgl. Kap. 5.3.3) sowie Beratungsangebote für Menschen mit psychischen Erkrankungen (vgl. Kap. 5.3.4).

Insgesamt verläuft die Emotionsfokussierte Paartherapie in drei aufeinander folgenden Phasen, die jeweils in verschiedene Schritte differenziert ist:

- **Phase 1**: Deeskalation negativer Interaktionskreisläufe, Stabilisierung der Beziehung
- **Phase 2**: Interaktionspositionen verändern
- **Phase 3**: Konsolidierung und Integration

Zentraler Punkt in der ersten Phase des Therapieprozesse ist die Einschätzung der Bindungsmuster und Beziehungspositionierungen. Als Beziehungspositionierungen werden dabei die Positionen des Verfolgten und des*der Verfolger*in benutzt. In unserem Beispiel ist Paul der Verfolger und Martin der Verfolgte. Paul macht Martin Vorwürfe und beschwert sich. Martin ist davon genervt, wendet sich ab und geht damit einer tieferen Auseinandersetzung aus dem Weg. Zentrales Ziel in dieser Phase ist, dass Partner*innen den Teufelskreis verstehen und erkennen, welche Gefühle sich darin zeigen.

Darauf aufbauend wird mit dem Paar daran gearbeitet, dass diese erkennen, was genau in ihnen passiert, wenn der/die Partner*in sich so verhält – also anklagt oder sich zurückzieht. Eine genaue Beobachtung der eigenen inneren Reaktionen, Bewertungen und Gefühle soll dazu befähigen, sich dem/der Partner*in mitzuteilen und ihn/ihr daran teilhaben zu lassen. Des Weiteren wird in dieser Phase erarbeitet, an welchen verbalen und non-verbalen Signalen erkennbar wird, dass der/die Partner*in durch ein Verhalten oder eine Geste getriggert wurde. Diese Einübung der aufmerksamen und sensitiven Wahrnehmung kann zu einem besseren Verständnis füreinander in der alltäglichen Kommunikation führen. Genau das soll dann im weiteren Verlauf eingeübt und reflektiert werden: Wie verändern sich das Erleben, Fühlen und Wahrnehmen von sich selbst und dem/der Partner*in, wenn offen über die eigenen Gefühle und Wahrnehmungen gesprochen wird?

Durch diese bewusste Einübung neuartiger Kommunikations- und Interaktionsformen wird angestrebt, dass sich die Partner*innen als Gestalter*innen ihrer Beziehung erleben. Dadurch ist es möglich, dass das Paar gemeinsam Veränderungsprozesse vollzieht und durch das bewusste Schaffen positiver Momente und Erlebnisse die Beziehungsebene gestärkt wird (vgl. Johnson 2021).

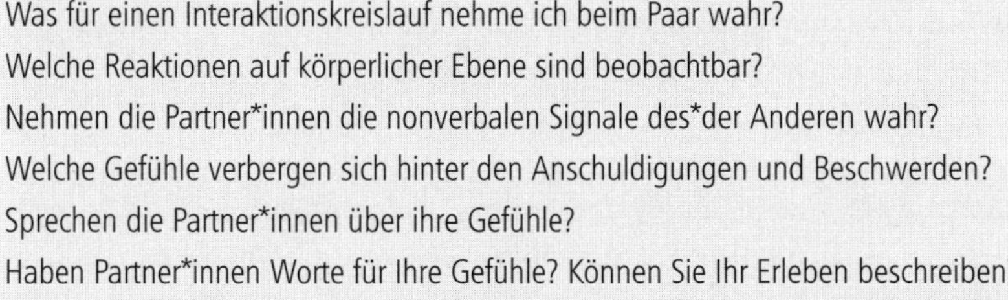

Check

Was für einen Interaktionskreislauf nehme ich beim Paar wahr?
Welche Reaktionen auf körperlicher Ebene sind beobachtbar?
Nehmen die Partner*innen die nonverbalen Signale des*der Anderen wahr?
Welche Gefühle verbergen sich hinter den Anschuldigungen und Beschwerden?
Sprechen die Partner*innen über ihre Gefühle?
Haben Partner*innen Worte für Ihre Gefühle? Können Sie Ihr Erleben beschreiben?
Auf welches Bindungsmuster weisen die Verhaltensweisen der Partner*innen hin?

Technik

Klientenzentrierte Beratung → s. Kapitel 2.4
Beobachtung – Gefühle – Bedürfnisse – Bitten > Grundelemente der Gewaltfreien Kommunikation → s. Kapitel 2.5
Transaktionsanalyse → s. Kapitel 2.8

5.3.2 Gesundheitsberatung

Birgitt Killersreiter

Fallbeispiel

Frau Meier, 40 Jahre alt, befindet sich derzeit in Kur. Sie ist Lehrerin und erkrankte vor sechs Monaten an einer Erschöpfungsdepression.

Sie war schon als Kind immer sehr ehrgeizig und darauf bedacht, es immer allen recht zu machen. In ihrer Therapie reflektiert sie diese Verhaltensweisen nun dahingehend, dass diese die Ursachen dafür sind, dass sie in einen solchen erschöpften Zustand geraten ist, in dem sie keinerlei Ausweg mehr sah.

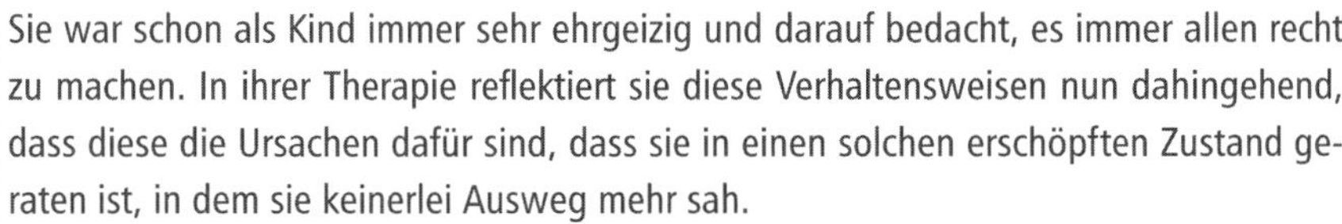

In den Therapiestunden wird ihr zusätzlich bewusst, dass sich ihr perfektionistisches Denken noch auf weitere Bereiche ihres Lebens auswirkt, wie Ernährung, Sport- und Freizeitverhalten. Um all diese Facetten ihres Lebens in den Blick nehmen zu können, nimmt sie eine Gesundheitsberatung der Krankenkasse in Anspruch. Sie will sich noch vor Ende der Kur umfassend beraten lassen, welche Angebote der Gesundheitsfürsorge es gibt und was sie alles selbst dafür tun kann, dass es ihr gutgeht und sie nicht noch einmal in so einen „Zustand" gerät.

Hintergrundwissen

„Gesundheit bedeutet neben der Funktionsfähigkeit der Physis und dem psychischen und sozialen Wohlbefinden in objektiver und subjektiver Hinsicht auch Anpassungsfähigkeit und Normenerfüllung; ebenso bedeutet sie Selbstverantwortung, Selbstbestimmung und Selbstverwirklichung in einem lebensgeschichtlich dynamisch verlaufenden Prozess, welcher prinzipiell auf Homöostase zwischen eigenen körperlich-psychologischen Möglichkeiten und äußeren Lebensbedingungen hin ausgerichtet ist“ (Raithel, Dollinger, Hörmann 2009, S. 234).

Gesundheit ist also kein statischer, absoluter Zustand oder ein „Besitz“, sondern vielmehr eine situative Zustandsbeschreibung der physischen und psychischen Befindlichkeit einer Person. Die psychische Befindlichkeit kann von der Person selbst beschrieben (subjektiv) oder von medizinischem Fachpersonal anhand bestimmter Indikatoren (objektiv) definiert werden. Im salutogenetischen Sinn ist Gesundheit ein Zustand, der immer wieder aufs Neue durch das Handeln des Menschen hergestellt oder erzeugt werden muss. Ähnlich wie in der Darlegung der Entwicklungsaufgaben in Kap. 5.2.1 liegt der Gesundheit eines Menschen die wechselseitige Interaktion zwischen Person und Umwelt zugrunde. Die Person – in unserem Beispiel Frau Meier – ist durch ein individuelles Zusammenspiel diverser Faktoren wie Konstitution, Intelligenz, Resilienz, Erziehungs- und Sozialisationserfahrungen, Fähigkeiten und Bewältigungsstrategien gekennzeichnet. Dieser Person stehen Alltagsanforderungen, Umweltbelastungen sowie unerwartet auftretende Herausforderungen gegenüber. Gesundheit oder Krankheit hängen also davon ab, inwieweit es der Person gelingt, die an sie gestellten Herausforderungen und Alltagsanforderungen zu bewältigen, ohne dass dies negative Auswirkungen auf deren Befinden hat.

Die Gesundheitsberatung ist eine professionelle Beratung, die sich auf Gesundheitsthemen und Gesundheitsprobleme bezieht. Mit wissenschaftlich fundierten psychologischen und sozialen Methoden werden Veränderungsprozesse auf personaler Ebene angeregt und unterstützt mit dem Ziel, die Gesundheit zu fördern, Krankheiten zu verhindern und bei der Bewältigung einer Krankheit zu unterstützen. Damit geht Gesundheitsberatung über reine Informationsvermittlung und konkrete Ratschläge und Verhaltensanweisungen hinaus. Sie unterstützt die Entwicklung persönlicher Kompetenzen, wie sie in der Ottawa-Charta der WHO als eines von fünf vorrangigen Handlungsfeldern der Gesundheitsförderung benannt wird. Menschen sollen befähigt werden, mehr Einfluss auf ihre eigene Gesundheit und ihre Lebenswelt auszuüben, und lernen, mit Veränderungen in verschiedenen Lebensphasen, mit psychischen Belastungen, chronischen Erkrankungen und Behinderungen umzugehen. Gesundheitsberatung in diesem Sinne kann somit grundsätzlich auch einen Beitrag zur Verringerung sozial bedingter ungleicher Gesundheitschancen leisten (vgl. WHO 1986). Lebensstiländerung (Ernährung, Bewegung), Finanzierung von Leistungen, Nutzung von Versicherung, Informationen über Krankheit, Krankheitsfolgen und Prognosen, Präventionsangebote, Selbsthilfe, Pflege und Versorgung von Angehörigen sind Settings, in denen die Gesundheitsberatung durchgeführt wird.

Tipps

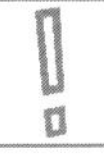

Das Modell der Gesundheitsüberzeugungen (Health Belief Model) ist eines der frühesten Modelle, das für eine Erklärung von Gesundheitsverhalten entwickelt wurde. Die Grundannahme ist, dass Menschen die negativen Konsequenzen ihres gesundheitsschädlichen Verhaltens aufgezeigt werden müssen, damit sie dieses Verhalten ändern. Nach diesem Modell handeln Menschen erst, wenn die subjektiv wahrgenommene Krankheitsanfälligkeit den Betroffenen Angst macht und sie sich verwundbar fühlen. Der Schweregrad der Erkrankung motiviert dazu, die einschränkenden langfristigen Konsequenzen zu akzeptieren und Lebensstilveränderungen anzunehmen und durchzuhalten. Dafür werden Vor- und Nachteile abgewogen. Negativ empfundene Aspekte, die den Vorteilen gegenüberstehen, z. B. Verzicht auf Rauchen, sind Barrieren, die abgewogen werden. Entscheidend für die Lebensstilveränderung ist der eingeschätzte Vorteil durch eine Verhaltensänderung (Seibt 2011, S. 377). Gesundheitsberater*innen helfen in dieser Phase die Vorteile zu erkennen und die Barrieren abzubauen.

Check

In welchem Setting muss eine Beratung erfolgen?
Ist die Beratung freiwillig?
Wie hoch ist der Schweregrad der Verwundbarkeit, die Krankheitsanfälligkeit und wie hoch sind die Barrieren?
Welche Hilfsangebote bestehen bereits, welche sind noch notwendig?
Welche Lösungen wurden bereits gefunden?
Welche Möglichkeiten und Präferenzen bestehen?

Technik

Klientenzentrierte Beratung nach Rogers ➔ s. Kapitel 2.4
Ganzheitliche Gesprächsführung ➔ s. Kapitel 2.9
Verhaltenstherapie in der Beratung ➔ s. Kapitel 2.11
Neurolinguistisches Programmieren ➔ s. Kapitel 2.12
Systemisches Fragen ➔ s. Kapitel 2.16

5.3.3 Beratung in der Pflege

Birgitt Killersreiter

Fallbeispiel

Vor zehn Jahren ist bei Frau Müller Multiple Sklerose diagnostiziert worden. Ihr Mann kümmert sich fürsorglich um sie.

Frau Müller erlitt in der letzten Woche einen starken Schub, der sie nun ganztägig an den Rollstuhl „fesselt" – zuvor benötigte sie diesen nur stundenweise.

Mit dieser Situation ist sie gänzlich unzufrieden und kann sich nur schwer damit abfinden. Sie ist sehr reizbar und gerät dadurch mit ihrem Mann immer häufiger in Streitereien wegen Kleinigkeiten.

Herr Müller wirkt sehr abgeschlagen und müde in der Beratung. Er berichtet davon, dass ihm die Situation mit seiner Frau gerade sehr zu schaffen macht und er sich sehr allein mit der Situation fühlt. Besuche von Freundinnen und Freunden sind in der letzten Zeit immer seltener geworden – gerade auch, weil seine Frau so unleidig geworden ist. Das Ehepaar Müller hat zwei erwachsene Kinder – die Tochter lebt mit ihrer Frau in London, der Sohn lebt mit seiner Frau und den drei Kindern 50 km entfernt. Herr Müller hätte gern mehr Kontakt zu ihnen – meldet sich aber nur sporadisch bei ihnen –, schließlich sind Laura und Anton sehr mit ihrem eigenen Leben beschäftigt. Er will sich da nicht als „Last" aufbürden oder die jungen Leute mit den Problemen der alten Eltern beladen. Das haben seine Eltern damals gemacht, als diese krank wurden – das fand er furchtbar und möchte es bei seinen eigenen Kindern anders machen.

Hintergrundwissen

Eine chronische Erkrankung begleitet die Betroffenen bis an ihr Lebensende. Durch den medizinischen Fortschritt und die immer älter werdende Bevölkerung treten zunehmend Mehrfacherkrankungen (Multimorbidität) auf. Angehörige, die chronisch erkrankte Partner*innen, Geschwister oder Eltern versorgen und unterstützen, können Arbeit, Familie und Pflege kaum „unter einen Hut bringen". Sie sind überbeansprucht, haben kaum Freizeit, erhalten wenig finanzielle und soziale Unterstützung und sind auf die Pflege fokussiert.

Professionell Pflegende müssen über umfangreiche Kompetenzen verfügen. Dazu gehören Heilen und Zuwendung, Diagnostik und Patientenüberwachung, wirkungsvolles Handeln in Notfällen, das Durchführen und Überwachen von Behandlungen, die Qualität der medizinischen Versorgung überwachen und sicherstellen, Organisation und Zusammenarbeit und Beraten und Betreuen. In der Pflegeberatung und Betreuung gibt es nach Benner folgende zentrale Aspekte:

- den Zeitpunkt erfassen, an dem sich der/die Patient*in auf neue Erfahrungen einlassen kann,
- dem/der Patient*in helfen, die Folgen seiner/ihrer Krankheit in sein/ihr Leben zu integrieren,
- dem/der Patient*in sein/ihr Krankheitsverständnis aussprechen lassen und seine/ihre Sichtweise nachvollziehen und
- dem/der Patient*in eine Deutung seines/ihres Zustands anbieten und Eingriffe erklären.
- Die Funktion der Betreuung ist es dabei, kulturell heikle Aspekte der Krankheit zugänglich und verstehbar zu machen.
  (Benner 2012, S. 85)

→ s. Kapitel 5.3.3: Systemische Fragen im Setting Kinderkrankenhaus

„Wie geht es uns heute" – Kommunikation in der Pflege

Wir reden ständig, hören aber nicht was wir sagen, wir differenzieren wenig in der Kommunikation und lieben Floskeln wie *„der ist schwierig"*.

Wir wissen häufig nicht, ob der/die andere uns versteht und fragen oft nicht nach, wir erwarten es einfach. Kranke zeigen immer ein anderes Verhalten als sonst und das ist verständlich. Sie sind in Krankheit, Sorgen, Unbestimmtheit und Unzufriedenheit gefangen, bedürftig und „machen zu". Pflegende haben eine Aufgabe oder einen Beruf gewählt, durch den sie Emotionen „frei Haus geliefert bekommen" und die uns eigentlich unangenehm sind, wie: hilflos, zynisch, arrogant, übergriffig, lügen, weinen, wimmern, betteln, neidisch, ungeduldig, eifersüchtig, quengelig, kämpfen und konkurrieren. Das ist eine große Herausforderung für das pflegende Personal. Professionalität beginnt erst dann, wenn man mit Menschen, die sich schlecht benehmen, gut kommunizieren kann!

Deshalb sollten sich Pflegepersonen folgende Gedanken machen:

- Wie grüßen wir und stellen uns vor? (Kolleg*innen, Patient*innen, Angehörige, im Zimmer, auf dem Flur, vor der Pflegeeinrichtung)
- Wie sprechen wir über unseren Beruf?
- Wie sprechen wir über andere?
- Wie sprechen wir über unsere Kolleg*innen oder externe Fachgruppen?
- Wie sprechen wir über unsere Patient*innen?
- Wie vermitteln wir Wissen und Fachkompetenzen?
- Wir wissen, wie es sein sollte und wie wir es gern hätten, aber es bleibt Zufall, was wie kommuniziert wird. So wie ich mich fühle, so kommuniziere ich auch, sowohl verbal als auch körperlich. Überbelastung, Pflegenotstand, viel jammern und kritisieren bringt uns in einen Kreislauf der negativen Kommunikation mit uns selbst und anderen.

Eine offene, patientenorientierte Kommunikation und Information ermöglicht es, Wünsche und Erwartungen der Patient*innen besser kennenzulernen, baut

Vertrauen auf, dient zur Einholung von Informationen über Erkrankung und Lebenssituation des/der Patient*in, ist Grundlage für die Pflegeplanung und Pflegedokumentation und dient zur Sicherung der Pflegequalität und der Sicherheit der Patienten und Patientinnen.

Tipps

➔ s. Kapitel 3.8

Balintgruppen und Supervisionen helfen, die eigenen Gefühle, Einstellungen und Kommunikationsstrukturen zu erkennen. In der Pflegeberatung erfahren Angehörige und Patient*innen …

- emotionale Unterstützung, z. B. Sympathie, Verständnis oder Zuspruch.
- instrumentelle Unterstützung, z. B. konkrete Hilfen für die Alltagsbewältigung wie ambulante Pflegedienste und Ärztinnen/Ärzte, Haushaltshilfe, finanzielle Unterstützung, Verordnungen von Heilmitteln und Medikamenten.
- informative Unterstützung, z. B. Informationen oder Ratschläge, die helfen, ein Problem zu lösen, wie Krankheitsursache, -verlauf und Prognose, Einweisung und Anleitung in Pflegemaßnahmen, Selbsthilfe, Prävention und Vorsorge, Struktur und Organisation des Haushalts und der Pflegeabläufe.
- bewertende Unterstützung, z. B. Einschätzungshilfe bei Entscheidungen und Bewertungen wie Verlegung der Patient*innen in Pflegeheime oder Krankenhäuser, Urlaub von der Pflege nehmen, aber auch Wertschätzung und Anerkennung für Engagement und geleistete Pflege.

Check

Wie ist meine Kommunikation mit Patient*innen, Angehörigen und Kolleg*innen?
Welche Unterstützung wird konkret benötigt?
Welche Unterstützung wird am dringendsten benötigt, welche ist weniger dringend?
Wie setzt sich das soziale Netzwerk des Patienten oder der Patientin und der Familie zusammen?
Welche Unterstützungsmaßnahmen gibt es bereits, welche werden benötigt?
Besteht Interesse an Selbsthilfegruppen, und wenn ja, welche kämen dafür infrage?

Technik

Klientenzentrierte Beratung nach Rogers ➔ s. Kapitel 2.4
Neurolinguistisches Programmieren ➔ s. Kapitel 2.12
Systemische Beratung und Begleitung ➔ s. Kapitel 2.16
Themenzentrierte Interaktion ➔ s. Kapitel 3.2

5.3.4 Psychische Erkrankungen

Birgitt Killersreiter

Fallbeispiel

Tim ist hochbegabt. Das wussten seine Eltern Lea und Harry von Anfang an. Nach einer schwierigen Schwangerschaft wurde Tim per Kaiserschnitt entbunden. Harry arbeitet als Pastor und Theologielehrer. Lea hat ihr Lehramtsstudium aufgegeben und als Aushilfsköchin in einer Jugendherberge gearbeitet. Tim schlief keine Nacht durch und brauchte ständig Beschäftigung. Mit eineinhalb Jahren redete er wie ein Wasserfall. Er konnte mit vier Jahren selbstständig lesen und im Zahlenraum bis zehn rechnen. Freunde und Freundinnen hatte er wenige. In den Kindergarten ging er nicht.

Lea wurde nach vier Jahren zum zweiten Mal schwanger und brachte nach einer unkomplizierten Schwangerschaft ein gesundes Mädchen zur Welt. Paula war so ganz anders als Tim. Sie war ruhig und beobachtete viel, schlief schnell durch und spielte gern mit anderen Kindern. Paula ging mit zwei Jahren in den Kindergarten.

Tim hatte immer wieder Schwierigkeiten mit den Klassenkamerad*innen. Er fing früh an zu kiffen und wurde zweimal beim Dealen erwischt. Das endete jedes Mal mit einem Schulverweis. Ein Jahr vor dem Abitur hat er die Schule abgebrochen. Nach weiteren drei Jahren Drogen-Eskapaden mit Einbruch, Diebstahl, Körperverletzung, Gewalt gegen seine Eltern, Selbstmordversuchen, Therapieverweigerung und Entzugsabbrüchen ist Tim in die geschlossene Psychiatrie eingewiesen worden. Er ist jetzt 21 Jahre alt und es wurde eine bipolare Störung mit cannabis-abhängiger Psychose diagnostiziert. Tim soll nun entlassen werden. Da er keine Wohnung hat, plädieren die behandelnden Ärzte und Ärztinnen, dass die Eltern ihn wieder zu Hause aufnehmen sollen. Die Eltern weigern sich. Der Sozialarbeiter der Klinik und die Ärzte und Ärztinnen sollen ein Heim für ihn finden.

Paula ist 17 Jahre alt und möchte gern Abitur machen. Corona-bedingt ist der Präsenzunterricht teilweise digital und sie muss viel zu Hause lernen. Paula hat viele Freundinnen, die sie gerade jetzt sehr vermisst. Paula ist zum ersten Mal mit zwölf Jahren wegen Magersucht in der Kinder- und Jugendpsychiatrie behandelt worden. Ein zweiter Rückfall ereignete sich vor einem halben Jahr. Zurzeit zeigt sie ein stabiles und normales Essverhalten, aber wie lange …? Die Eltern sorgen sich sehr und tun alles für Paula.

Hintergrundwissen

Unter psychischer Störung versteht man erhebliche, krankheitswertige Abweichungen vom Erleben oder Verhalten. Betroffen sind hier die Bereiche des Denkens, Fühlens und Handelns. Als weiteres Kriterium für eine Diagnose psychischer Störungen wird neben der Abweichung von der Norm häufig auch psychisches Leid aufseiten der Betroffenen vorausgesetzt. 2017 wurden in Deutschland 1.206.757 Menschen mit psychischen Störungen und Verhaltensstörungen diagnostiziert. Davon waren 31.827 durch multiplen Substanzgebrauch und Konsum anderer psychotroper Substanzen betroffen. Die Anzahl stationärer Behandlungen von Jugendlichen aufgrund psychischer und Verhaltensstörungen in Deutschland ist von 49.517 im Jahr 2000 auf 91.972 im Jahr 2017 angestiegen. Die jährlichen Todesfälle aufgrund psychischer und Verhaltensstörungen in Deutschland betrugen im Jahr 2008 18.850 und stiegen bis zum Jahr 2017 auf 52.638 Fälle an (Statistisches Bundesamt 2017).

Tipps

Recovery beschreibt einen persönlichen und einzigartigen Veränderungsprozess im Verhalten, in den Werten, Gefühlen, Zielen, Fertigkeiten und Rollen einer Person.

Es ist eine Möglichkeit, trotz einer psychischen Erkrankung ein zufriedenstellendes, hoffnungsvolles und konstruktives Leben zu führen. Der Recoveryprozess beginnt mit Rückzug, Verlust und Hoffnungslosigkeit (Moratorium). Mit der Erkenntnis (Awareness) entsteht Hoffnung: Es ist nicht alles verloren und ein erfülltes Leben ist möglich. In der Vorbereitung (Preparation) werden Stärken und Schwächen wahrgenommen. Die Recoveryarbeit an Fähigkeiten und Fertigkeiten beginnt. Mit dem Wiederaufbau (Rebuilding) soll der/die Patient*in wieder Kontrolle über das eigene Leben übernehmen und sich aktiv für ein positives Selbstbild einsetzen. Das Wachstum (Growth) ermöglicht individuell den Sinn der Erkrankung und Genesung zu erkennen und einen positiven Selbstwert zu erlangen (Indermaur 2016, S. 33).

Check

Bezogen auf das Fallbeispiel: Welche Wünsche und Ängste haben der Patient, die Eltern und die Schwester? Welches Problem ist als Erstes zu lösen, was als Zweites?

Welche Perspektive sehen die Betroffenen für sich selbst?

Was würde geschehen, wenn er weiter obdachlos bleibt?

Was bedeutet für ihn ein glückliches, zufriedenes Leben?

Was kann der Patient tun, um an der Problemlösung mitzuwirken?

Technik

Barker und Buchanan-Barker haben ein sogenanntes Gezeitenmodell mit folgenden zehn Verpflichtungen beschrieben.

1. Persönliche Stimme wertschätzen: durch die Geschichte der Betroffenen, Erleben der Probleme, Hoffnung und Lösung der Probleme und aktives Zuhören. Betroffene sollen ihre Geschichte in eigenen Worten festhalten.

2. Die Sprache respektieren: Berater*in und Pflegende helfen Betroffenen sich in ihrer eigenen Sprache auszudrücken und durch spezifische Erfahrungen, persönliche Geschichten und Anekdoten Verständnis auszudrücken.
3. Zum Lehrling werden: Betroffene sind Expert*innen der eigenen Lebensgeschichte. Berater*in und Pflegende lernen von ihnen, was getan werden muss.
4. Verfügbare Mittel und Wege nutzen: Die Geschichte des Betroffenen enthält Beispiele, was funktioniert hat oder funktionieren könnte. Es gilt die Wahrnehmung zu schärfen und Unterstützer*innen zu finden.
5. Den nächsten Schritt gestalten: Berater*in, Pflegende und Betroffene arbeiten zusammen und entscheiden, was getan werden muss. Berater*in und Pflegende helfen Lösungen und Veränderungen zu finden und den richtigen Schritt in Richtung des gewünschten Ziels zu machen.
6. Zeit schenken: Berater*in und Pflegende nehmen sich Zeit für die Betroffenen.
7. Ehrliche Neugierde entwickeln: Berater*in und Pflegende zeigen echte Neugierde an der Lebensgeschichte der Betroffenen und bitten um Klärung von Details und weitere Beispiele. Sie zeigen Bereitschaft Betroffenen zu helfen ihre Geschichte im eigenen Tempo zu entfalten.
8. Wissen, dass kontinuierlich Veränderung stattfindet: Berater*in und Pflegende entwickeln ein Bewusstsein dafür, dass Wandel entsteht, und auch kleine Veränderungen in Gedanken und Gefühlen zu entwickeln. Betroffene werden unterstützt, ein Bewusstsein dafür zu entwickeln, was die Veränderungen herbeigeführt haben könnte.
9. Persönliche Lebensweisheit enthüllen: Berater*in und Pflegende helfen Betroffenen persönliche Stärken und Schwächen zu identifizieren und ein Bewusstsein dafür zu entwickeln. Sie sollen den Glauben an sich selbst entwickeln und dadurch sich selbst helfen können.
10. Transparent sein: Berater*in und Pflegende stellen sicher, dass alle Pflege- und Versorgungsprozesse klar sind und Betroffene Kopien aller Unterlagen (Pflegedokumentation, Versorgungsplanung, Befunde, Berichte) erhalten. (Barker & Buchanan-Barker 2013, S. 49 f.)

5.3.5 Patientenverfügung, Vorsorgevollmacht

Birgitt Killersreiter

Hintergrundwissen

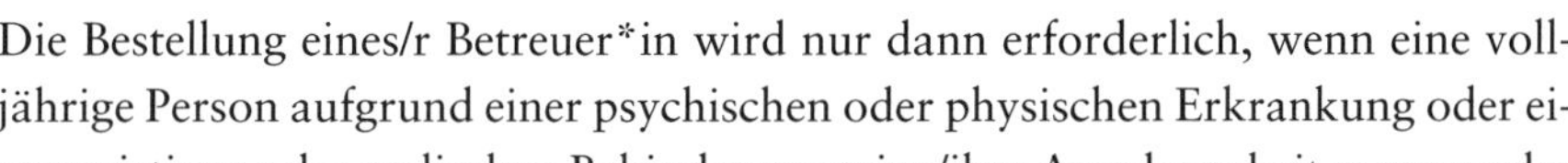

Die Bestellung eines/r Betreuer*in wird nur dann erforderlich, wenn eine volljährige Person aufgrund einer psychischen oder physischen Erkrankung oder einer geistigen oder seelischen Behinderung seine/ihre Angelegenheiten ganz oder teilweise nicht mehr selbst besorgen kann. Eine **Vorsorgevollmacht** tritt erst in Kraft, wenn Umstände eingetreten sind, in denen der/die Vollmachtgeber*in nicht mehr selbst entscheiden kann. Die Vorsorgevollmacht besteht aus zwei Schriftstücken. In der nach außen gültigen Vollmacht wird die Befugnis erteilt, den/die Vollmachtgeber*in in den benannten Aufgabenbereichen zu vertreten. In einem weiteren Schriftstück wird das Innenverhältnis geregelt. Es beschreibt die Bedingungen, unter denen der/die Bevollmächtigte tätig werden darf. Dieser Vertrag kann auch detaillierte Anweisungen enthalten, was noch zu regeln ist (Bittler, Frey u. a. 2020, S. 27). Bei einer **Patientenverfügung** möchten Menschen in besonderen Situationen, in denen es um eine schwere Erkrankung oder um das Sterben geht, vorsorgen und festlegen, welche Wünsche Ärztinnen/Ärzte und Pflegende zu respektieren haben.

Tipps

Besprechen Sie, welche Wünsche, Werte und Vorstellungen bestehen und was wichtig ist. Die Wahl des/der Bevollmächtigten sollte sorgfältig geschehen. In der Regel werden allgemeine Vollmachten erteilt, die alle finanziellen, rechtlichen, gesundheitlichen und persönlichen Angelegenheiten regeln. Diese können auch über den Tod hinaus gelten (Bittler, Frey u. a. 2020, S. 30–33).

In einer Patientenverfügung werden konkrete Therapiewünsche mit Umfang und Dauer sowie klare Aussagen zur Durchführung von Behandlungen festgelegt. Eine Patientenverfügung sollte die Pflegebedürftigkeit und den Sterbeprozess abdecken. Manche Formulierungen in vorgedruckten Patientenverfügungen sind schwer verständlich und müssten in einfachen Worten konkretisiert werden.

Check

Vorsorgevollmacht:

Besteht uneingeschränktes Vertrauen zur ausgewählten Person?

Hat die Person ausreichend Zeit?

Ist die Person gesundheitlich und geistig fit und kann die Belastung ertragen?

Ist die Person fachlich geeignet?

Gibt es möglichweise Erbschaftsstreitigkeiten?

Patientenverfügung:

Wie steht der/die Patient*in zum Leben und zum Sterben?

Welche Vorstellungen bestehen über die Erkrankung, Behandlung und Prognose?

Welche Ängste bestehen und wie werden sie beibehalten?

Wie informiert ist der/die Patient*in über die Erkrankung, den Sterbeprozess und die Folgen der unterlassenen Behandlung?

Technik

Rahmenbedingungen schaffen → s. Kapitel 1.0

Klientenzentrierte Beratung nach Rogers → s. Kapitel 2.4

Systemische Fragen → s. Kapitel 2.16

Fragebeispiel zur Vorsorgevollmacht: *„Nennen Sie drei Gründe, weshalb diese Person die Richtige für einen Vorsorgebevollmächtigten ist?"*

Beispiel zur Konkretisierung der Formulierungen in der Patientenverfügung: *„... wenn ich mich am Ende des Lebens und unabwendbar im Sterbeprozess befinde"* heißt, der Sterbeprozess hat eingesetzt und kann nicht aufgehalten werden. *„... wenn ich mich im Endstadium einer tödlich verlaufenden und unheilbaren Krankheit befinde, auch wenn der Sterbeprozess noch nicht unmittelbar begonnen hat"* heißt, die Krankheit ist nicht heilbar und es ist wahrscheinlich, dass der/die Patient*in in wenigen Monaten stirbt. Durch eine Therapie ließen sich die Komplikationen beherrschen, aber verlängern die Lebenserwartung ggf. nur um ein paar Monate.

5.3.6 Begleitung am Lebensende: Palliativberatung

Birgitt Killersreiter

Fallbeispiel

Heinz Meinrat ist 92 Jahre alt und seit Jahren an Prostatakrebs erkrankt. Er erhält Chemotherapie. In den letzten Wochen wird er immer müder und kraftloser. Er kann kaum laufen. Über Schmerzen klagt er nicht. Er ist in internistischer Behandlung und erhält Marcumar, Betablocker und nimmt manchmal Ibuprofen. Eines Tages kann Heinz nicht mehr aufstehen. Seine Frau Erika ruft beim Internisten an und bittet den Arzt zur Blutabnahme vorbeizukommen, damit der Quicktest gemacht werden kann. Dr. Ernst kommt am Nachmittag und bemerkt: Herr Meinrat liegt im Sterben. Die Ehefrau will davon nichts wissen. Sie wird in vier Wochen 85 und möchte die Geburtstagsfeier planen. Sie verbietet Dr. Ernst mit dem Patienten über den „angeblichen" Sterbeprozess zu sprechen. Nachdem Dr. Ernst gegangen ist, wird Erika doch unruhig und ruft die Kinder an. Zusammen mit den Kindern überlegt sie nun, wie die Pflege bewerkstelligt werden kann und wer die palliativmedizinische Versorgung übernimmt. Dr. Ernst lehnt die palliativmedizinische Behandlung ab. Er sagt, er sei dafür nicht ausgebildet.

Hintergrundwissen

Bei schwerkranken Menschen wechseln körperliche und kognitive Symptome rasch. Häufig bleibt nur einzuschätzen, welche Bedürfnisse der Patient oder die Patientin haben. Helfer*innen und Angehörige sind auf non-verbale Äußerungen und Intuition angewiesen.

*„Die palliative Pflege (Palliative Care) dient der Verbesserung der Lebensqualität von Patient*innen und ihren Familien, die mit einer lebensbedrohlichen Erkrankung einhergehen. Durch eine frühzeitige Erkennung, sorgfältige Einschätzung und Behandlung von Schmerzen sowie anderen Problemen körperlicher, psychosozialer und spiritueller Art wird Leiden gelindert“* (WHO 2004, S. 14).

Tipps

Die SENS-Assessmentstruktur dient als Grundlage für die Pflegeplanung. Hierfür werden die Symptome (S) erfasst, Entscheidungen (E) über Ziele, Prioritäten, ggf. vorhandene Patientenverfügung und Vorausplanungen für den Sterbefall getroffen. Helferkreise, Notfallpläne, Fachpersonen und der Betreuungsort werden in der Netzwerk-Organisation (N) geregelt. Schließlich muss ein Support (S), also ein ausreichendes Entlastungs- und Unterstützungsmanagement für Angehörige entwickelt werden (Eychmüller 2015, S. 28 f.).

Check

Hat der behandelnde Arzt oder die behandelnde Ärztin Erfahrung in palliativmedizinischer Versorgung?

Welche Fachärzte oder Fachärztinnen müssen noch hinzugezogen werden?

Welche Netzwerke stehen für die Versorgung des Sterbenden zur Verfügung?

Für wen ist es wichtig, dass der/die Patient*in jetzt isst, keine Schmerzen mehr hat, schlafen kann, nicht mehr wach ist?

Für wen ist es wichtig, dass der/die Patient*in nicht über seinen/ihren Zustand aufgeklärt wird?

Welche Maßnahmen sind am wichtigsten, welche weniger wichtig?

Welche Wünsche haben der/die Patient*in und Angehörige?

Welche Ängste, ungelöste Aufgaben oder Probleme liegen vor?

Technik

Die systemische Grundhaltung und systemische Fragetechniken helfen in der Kommunikation mit lebensbedrohlich Erkrankten und deren Angehörigen. Inhaltlich richtet sich die Kommunikation nach dem Schweregrad des Zustandes des Erkrankten. Die medikamentöse Behandlung von Schmerzen, Übelkeit oder Delir schränkt unter Umständen die Kommunikation ein.

→ s. Kapitel 2.16.1

Mit lebensbedrohlich Erkrankten sprechen:

Ressourcen erfragen (Reframing)

→ s. Kapitel 2.12.2

Symptome und aktuellen Status ermitteln (Ernährung, Ausscheidung, Wunden, Orientiertheit, Schmerzen, Schlaf-/Wachrhythmus)

Wünsche und Bedürfnisse konkretisieren (Sprache als Repräsentation des Selbst)

→ s. Kapitel 2.12.3

Fragen nach dem Erschöpfungszustand, Müdigkeit, Konzentration, Gedächtniszustand, Antriebslosigkeit

Fragen nach dem sozialen Umfeld (Familie, Freunde, Partner*in, Hobby, Finanzen)

Fragen nach Religion, Rituale, Sterbevorbereitung

Sinnfrage

Mit Sterbenden sprechen:

langsam sprechen, vorsichtig nachfragen, keine Mehrfachfragen

geschlossene Fragen verwenden, die mit „ja“, „nein“ oder Kopfschütteln beantwortet werden können

auf nonverbale Zeichen achten (Augenbewegung, nesteln mit den Händen, Atmung, Stöhnen)

Mit Angehörigen sprechen:

Ehrlichkeit über den Zustand

Information über Erkrankung, Wirkweise der Medikamente

Beschreibung des Sterbeprozesses, insbesondere der veränderten Atmung

Anleitung zur Pflege und bei der Mitgestaltung des Sterbeprozesses

Instruktion zur Medikamentengabe

Fragen zu Organisation, Pflegemaßnahmen und weiterem Vorgehen

Fragen zu Patientenverfügung und Vorsorgevollmacht

→ s. Kapitel 5.3.5

Fragen nach dem sozialen Umfeld (Familie und deren Geschichte, Freund*innen, Partner*in, Hobby, Finanzen)

Fragen nach Religion, Rituale, Sterbevorbereitung

Fragen nach eigenen Ängsten, Problemen (Eychmüller 2015, S. 105)

5.3.7 Exkurs: Sprache und Pflege

Die Fachsprache ist ein sprachliches Mittel, das in einem begrenzten Kommunikationsbereich verwendet wird. Sie gewährleistet die Verständigung der in diesem Bereich tätigen Menschen. Fachwörter der Pflege- oder Medizinsprache sind z. B. Erythrozyten, Hemiplegie, Pneumonie oder Pflegeprozesse, Pflegetheorie oder Pflegevisite. In der Sprache der Medizin und Pflege wird differenziert zwischen der Wissenschaftssprache, der fachlichen Umgangssprache und der Patient*innen- Sprache. In diesen Bereichen gibt es spezifische Wörter, die in der Allgemeinsprache nicht vorkommen, wie z. B. Wundhaken (muttersprachliche Bildungen), Compliance (Übernahmen von anderen Fachgebieten und Sprachen), Gastritis (griechisch, lateinische Wörter), Dammriss oder Menge (andere Bedeutung in der Allgemeinsprache). Genormte, systematisierte Fachbegriffe (Terminologie, Nomenklatur) sind Krankheiten und Entzündungen, die auf „itis" enden, z. B. Neuritis, Krankheiten, die auf „ose" enden, z. B. Neurose, Zustände, die auf „tox" enden, z. B. Intoxikation, oder Morpheme, die auf „urie" enden, z. B. Polyurie (Zegelin 1997, S. 25). Die Fachsprache beeinflusst Funktion und Status einer Berufsgruppe, begünstigt die Ausdifferenzierung, Standardisierung und Qualität und festigt die berufliche Gruppenidentität und das Selbstverständnis. Sie trägt zum Image und zur gesellschaftlichen Anerkennung bei. Die Fachsprache beeinflusst Funktion und Status einer Berufsgruppe, wie z. B. der Chefarzt befragt seine Kollegen und Kolleginnen nach dem Verhältnis zu „ihren" Schwestern. Gut sei es, sagten die meisten, und auf Nachfragen: *„Die sagen ja nix."* Nach den Gründen befragt, antwortete sie: *„Entweder sie trauen sich nix zu sagen."* *„Sie wissen nix."* *„Die meisten machen so wieso nur ihren Job."* (Zegelin 1997, S. 108) Von außen betrachtet zeigt die fachliche Umgangssprache interessante Parallelen:

Medizin und Handwerkssprache …

Zur Demonstration einer hochroutinierten Sprache wird mit Antibiotika *„abgedeckt"* und der Patient *„gut gewässert"*.

Medizin und Militärsprache …

In der Chirurgie werden wie im Kriegshandwerk Operationen *„ausgeführt"* und später die Krankheitskeime *„bekämpft"*. Kohorten werden *„isoliert und dekontaminiert"*.

Medizin und Geheimdienstsprache …

Kranke werden *„engmaschig überwacht"* und *„sondiert"*. In den Körper werden *„Sonden und Kameras eingeschleust"*.

Pflege und Medizin und nationalsozialistische Sprach„reste" …

Den Kranken wird „*Gutes getan*" und der Tod ist die „*Erlösung*". Krankheiten werden „*ausgemerzt*". Der Patient erfährt eine „*Sonderbehandlung*".

Herrschaftssprache …

Vorgesetzte benutzen gern „*Wir sitzen alle in einem Boot*", und bei einer schmerzhaften Geburt „*haben wir uns für eine natürliche Geburt entschieden*". „*Wir essen das jetzt auch auf.*"

Berufssprache und Bürokratie …

Die Bevölkerung ist „*überaltert*" und bei der „*Patientenabrechnung*" wird eigentlich eine Rechnung für die Behandlung des Patienten ausgestellt. Es gibt keine „*Pflegefälle*", denn Pflegebedürftigkeit ist kein Zustand, sondern eine menschliche Bedarfslage, die von vielen Faktoren abhängt.

Phrasen …

„*Das wird schon*" und es ist „*alles psychisch*". Die Leber „*schwächelt*" und es ist „*einfach alles einfach*".
(Zegelin 1997, S. 122 f.)

Resümee und Ausblick

Kommunikationsmodelle und -theorien erzeugen ein Grundverständnis menschlicher Verständigungsprozesse. Konzepte, Handlungsmodelle, Settings, Verfahren u. Ä. geben Professionellen Werkzeuge an die Hand, wie diese mit Klient*innen, Patient*innen, Kindern, Jugendlichen, Erwachsenen, Einzelpersonen, Paaren und Gruppen zielführend und lösungsorientiert arbeiten können. Dabei können all diese Theorien, Modelle oder Ablaufpläne in der beruflichen Praxis immer „nur" als Orientierungsrahmen und Leitlinie des Handelns dienen. Es sind stets Flexibilität, Spontaneität, Empathie und Offenheit von allen Professionellen gefragt – denn: Situationen lassen sich nicht vorhersehen, menschliches Handeln und Verhalten nicht planen. Veränderung und Entwicklung sind stets offen. Menschen agieren als autonome, selbstständige Systeme und treffen Entscheidungen.

Berater*innen können Entscheidungs-, Veränderungs-, Entwicklungs-, Genesungs- und Sterbeprozesse begleiten. Und die Prozesse machen die Menschen selbst.

Wir haben mit diesem Buch den Versuch unternommen, Ihnen die Sinnhaftigkeit und Wertigkeit von Theorien, Modellen, Konzepten und Verfahren für Ihren beruflichen Alltag vor Augen zu führen. Gleichzeitig verweist das fünfte Kapitel darauf, dass spezifische Lebenssituationen jeweils ein spezifisches Hintergrundwissen erfordern. Dieses Wissen kann Orientierung geben in der Wahl der Beratungsmethoden oder -verfahren. Darüber hinaus ermöglicht dieses Wissen, sich in die Lebenswelten der jeweiligen Personengruppen „hineinzudenken" und zentrale Merkmale und Herausforderungen dieser Lebensphase oder Lebenssituation in den Blick zu nehmen.

Aufgrund des Umfangs dieses Buches war die Darlegung des Hintergrundwissens notwendigerweise nur im begrenzten Umfang möglich. Wir als Praktiker*innen haben die Auswahl der Inhalte an den uns bekannten Anforderungen des jeweiligen Arbeitsplatzes orientiert.

Wir hoffen, Ihnen damit einen unterstützenden Leitfaden für Ihren turbulenten, spannenden und ereignisreichen Berufsalltag bereitstellen zu können.

Birgitt Killersreiter & Eva-Maria Rottlaender.

Literatur

Adler, H. (2016). Handbook of NLP. A Manual for Professional Communicators, New York: Routledge.

Andresen, S. & Hurrelmann, K. (2010). Kindheit. Weinheim und Basel: Beltz.

Bandler, R. & Grinder, J. (2014a). Neue Wege der Kurzzeit-Therapie, 15. Auflage, Paderborn: Junfermann.

Bandler, R. & Grinder, J. (2011b). Metasprache und Psychotherapie, 12. Auflage, Paderborn: Junfermann.

Bandler, R. & Grinder, J. (2010c). Reframing, 9. Auflage, Paderborn: Junfermann.

Barker, P. & Buchanan-Barker, P. (2013). Das Gezeiten-Modell. Bern: Huber.

Bateson, G., Jackson, D. D., Haley, J. u. a. (1984). Schizophrenie und Familie. 1. Auflage, Frankfurt am Main: Suhrkamp Verlag.

Baumann, Z. (1992). Ansichten der Postmoderne, Hamburg: Argument Verlag.

Beck, U. (1983). Jenseits von Klasse und Stand? Soziale Ungleichheit, gesellschaftliche Individualisierungsprozesse und die Entstehung neuer sozialer Formationen und Identitäten. In: Kreckel, R. (Hg.), Soziale Ungleichheiten, Soziale Welt, S. 47–61. Göttingen: Schwartz.

Belardi, N. (2020). Supervision und Coaching für Soziale Arbeit, für Pflege, für Schule. Freiburg im Breisgau: Lampertus Verlag.

Benner, P. (2012). Stufen der Pflegekompetenz. 2. Auflage, Bern: Huber.

Bernard, A. (2014). Kinder machen. Samenspender, Leihmütter, Künstliche Befruchtung. Neue Reproduktionstechnologien und die Ordnung der Familie. Frankfurt a. M.: S. Fischer.

Berne, E. (1970a). Spiele der Erwachsenen. Psychologie der menschlichen Beziehungen. Hamburg: Rowohlt Verlag Reinbek.

Berne, E. (1975b). Was sagen Sie, nachdem Sie guten Tag gesagt haben. München: Kindlerverlag.

Besser-Siegmund, C., Siegmund, H (2015), wingwave-Coaching: wie der Flügelschlag eines Schmetterlings, 3.Aufl., Junvermann Verlag: Paderborn.

Bodemann, G. (2002). Beziehungskrisen: erkennen, verstehen und bewältigen. Bern: Huber.

Bohne, M. (2022). Psychotherapie und Coaching mit PEP. Prozess- und Embodimentfokussierte Psychologie in der Praxis, Carl-Auer-Systeme-Verlag. Heidelberg.

Bründel, H. & Hurrelmann, K. (2017). Kindheit heute. Lebenswelten der jungen Generation. Weinheim und Basel: Beltz.

Bundesministerium für Familien, Senioren, Frauen und Jugend (BMFSFJ) (Hg.) (2014). Kinderlose Frauen und Männer. Ungewollte oder gewollte Kinderlosigkeit im Lebenslauf und Nutzung von Unterstützungsangeboten. Berlin.

Bundesministerium für Familien, Senioren, Frauen und Jugend (BMFSFJ) (Hg.) (2020). Ungewollte Kinderlosigkeit 2020. Leiden – Hemmungen – Lösungen. Berlin.

Burkart, G. (2013). Konsequenzen gesellschaftlicher Entwicklungstrends für Familie und private Lebensformen der Zukunft. In: Krüger, D. C., Herma, H. & Schierbaum, A. (Hg.), Familie(n) heute. Entwicklungen, Kontroversen, Prognosen, S. 392–413. Weinheim und Basel: Beltz Juventa.

Buschner, A. & Bergold, P. (2017). Regenbogenfamilien in Deutschland. In: Bergold, P., Buschner, A., Mayer-Lewis, B. & Mühling, T. (Hg.), Familien mit multipler Elternschaft. Entstehungszusammenhänge, Herausforderungen und Potenziale, S. 143–172. Opladen, Berlin & Toronto: Verlag Barbara Budrich.

Cohn, R. (2018). Von der Psychoanalyse zur themenzentrierten Interaktion. Von der Behandlung einzelner zu einer Pädagogik für alle, 19. Auflage, Stuttgart: Klett-Cotta.

Coleman, E. (1982). Development Stages of The Coming out Process. J. Homosex. 7, 31–43.

Corkum, P., Moldofsky, H., Hogg-Johnson, S., Humphries, T. & Tannock, R. (1999). Sleep problems in children with attention-deficit/hyperactivity disorder: impact of subtype, comorbidity and stimulant medication. Journal of American Academy of Child and Adolescent Psychiatry 38 (10): 1285–1293.

Dilts, R. B., Hallbom T. & Smith, S. (2015). Identität, Glaubenssysteme und Gesundheit, Paderborn: Junfermann.

Döhnert, M (2020). Intersexualität und Transgender: Was FrauenärztInnen wissen sollten, in: Geburtsh Frauenheilk 2020, 80: 896–900, Georg Thieme Verlag KG Stuttgart – New York, abrufbar unter: https://doi.org/10.1055/a-1084-0723

Dusolt, H. (2018). Elternarbeit als Erziehungspartnerschaft. Ein Leitfaden für den Vor- und Grundschulbereich. 4. Aufl., Weinheim und Basel: Beltz.

Eggen, B. (2010). Gleichgeschlechtliche Lebensgemeinschaften ohne und mit Kindern: Soziale Strukturen und künftige Entwicklungen. In: Funcke, D. & Thorn, P. (Hg.), Die gleichgeschlechtliche Familie mit Kindern. Interdisziplinäre Beiträge zu einer neuen Lebensform. Bielefeld: transcript Verlag.

Eggen, B. & Rupp, M. (2011). Gleichgeschlechtliche Paare und ihre Kinder: Hintergrundinformationen zur Entwicklung gleichgeschlechtlicher Lebensformen in Deutschland. In: Rupp, M. (Hg.), Partnerschaft und Elternschaft bei gleichgeschlechtlichen Paaren. Verbreitung, Institutionalisierung und Alltagsgestaltung, Sonderheft 7 der Zeitschrift für Familienforschung, S. 23–37. Opladen & Farmington Hills: Verlag Barbara Budrich.

Ellis, A. (2015). Training der Gefühle: Wie Sie sich hartnäckig weigern, unglücklich zu sein, München: mvgVerlag, 7. Auflage.

Ellis, A., MacLaren, C. (2015). Rational-Emotive Verhaltenstherapie, Paderborn: Junfermann Verlag, 2015.

Erhart, M., Wille, N. & Ravens-Sieberer, U. (2008). Empowerment bei Kindern und Jugendlichen. Das Gesundheitswesen, 70, 721–729.

Erickson M. H., Rossi E. L. (2008). Hypnotherapie. 9. Auflage, Stuttgart: Klett-Cotta.

Ette, A. & Ruckdeschel, K. (2007). Die Oma macht den Unterschied! Der Einfluss institutioneller und informeller Unterstützung für Eltern auf ihre weiteren Kinderwünsche. In: Zeitschrift für Bevölkerungswissenschaft 32, H. 1–2, S. 51–72.

Eychmüller, S. (2015). Palliativmedizin Essentials. Bern: Huber.

Fend, H. (2005). Entwicklungspsychologie des Jugendalters. 3. Auflage, Wiesbaden: VS Verlag.

Fendrich, S., Bränzel, P. & Hornfeck, F. (2017). Auslaufmodell Adoption? DJI Impulse. Das Forschungsmagazin des Deutschen Jugendinstituts, 2017/4, S. 24–27.

Fengler, J. (2017). Feedback geben. Strategien und Übungen, Weinheim und Basel: Beltz, 5. Auflage.

Ferchhoff, W. (2010). Jugend und Jugendkulturen im 21. Jahrhundert. 2. Auflage, Wiesbaden: VS Verlag.

Feustel, R. (2020). Eine unendliche Geschichte. Von Menschen und Drogen, Essay. In: Aus Politik und Zeitgeschichte, 70. Jahrgang, 49-50/2020, S. 4–9.

Fisher, R., Ury, W. & Patton B. (2019). Das Harvard Konzept. Die unschlagbare Methode für beste Verhandlungsergebnisse. 3. Auflage, München: Random House.

Flammer, A. & Alsaker, F. D. (2011). Entwicklungspsychologie der Adoleszenz. 4. Auflage, Bern: Huber.

Garfinkel, Harold (1967). Studies in Ethnomethodology. Englewood Cliffs, NJ: Prentice-Hall.

Gassmann, Y. (2010). Pflegeeltern und ihre Pflegekinder. Münster/New York/München/Berlin.

Hagehülsmann, U. (2012). Transaktionsanalyse – Wie Geht Denn Das?: Transaktionsanalyse in Aktion, 6. Auflage Paderborn: Junfermann Verlag

Helle, M. (2019). Psychotherapie, Heidelberg, Berlin: Springer.

Hirschauer, Stefan (1993). Die soziale Konstruktion der Transsexualität. Frankfurt a.M.: Suhrkamp.

Hofer, M. (2002). Lehrbuch Familienbeziehungen. Eltern und Kinder in der Entwicklung. Göttingen: Hogrefe.

Hofmann, A. (2005). *EMDR in der Therapie psychotraumatischer Belastungssyndrome*. Stuttgart: Thieme.

Hurrelmann, K. & Quenzel, G. (2016). Lebensphase Jugend. Eine Einführung in die sozialwissenschaftliche Jugendforschung. 13. Auflage, Weinheim und Basel: Beltz Juventa.

Indermaur, E. (2016). Recoveryorientierte Pflege bei Suchterkrankungen. Köln: Psychiatrieverlag.

Johnson, S. (2021). Praxis der Emotionsfokussierten Paartherapie, Junvermann Verlag: Paderborn.

Jordan, E., Maykus, S., Stuckstätte, E. C. (2015). Kinder- und Jugendhilfe. Einführung in Geschichte und Handlungsfelder, Organisationsformen und gesellschaftliche Problemlagen, 4. Aufl., Weinheim und Basel: Beltz Juventa.

Jungbauer, J. (2017). Entwicklungspsychologie des Kindes- und Jugendalters. Weinheim und Basel: Beltz Juventa.

Kalland, M. & Sinkkonen, J. (2001). Finnish children in foster care: evaluating the breakdown of long term placements. In: Child Welfare, 80. Jg., H. 5, S. 513–527.

Kessler, Suzanne J./McKenna, Wendy (1978). Gender: An Ethnomethodological Approach. New York: Wiley.

König, E., Volmer, G. (2019). Handbuch Systemisches Coaching. Für Coaches und Führungskräfte, Berater und Trainer, 3. Aufl., Weinheim und Basel: Beltz.

Kofahl C. & Lüdecke D. (2014). Familie im Fokus – Die Lebens- und Versorgungssituation von Familien mit chronisch kranken und behinderten Kindern in Deutschland. Ergebnisse der Kindernetzwerk-Studie, Berlin.

Krell, C. & Oldemeier, K. (2017). Coming-out – und dann...?! Coming-out-Verläufe und Diskriminierungserfahrungen von lesbischen, schwulen, bisexuellen, trans* und queeren Jugendlichen und jungen Erwachsenen in Deutschland. Opladen, Berlin, Toronto: Verlag Barbara Budrich.

Langmaack, B. & Braune-Krickau, M. (2010). Wie die Gruppe laufen lernt. Anregungen zum Planen und Leiten von Gruppen, 8. Auflage, Weinheim und Basel: Beltz.

Lazarus, Arnold (1995). Praxis der Multimodalen Therapie, Tübingen: DGVT-Verlag.

Lemke, B. (2012). Kreative NLP – Formate für Lern- und Übungsgruppen, Books on Demand.

Lenz, K. (2009). Soziologie der Zweierbeziehung. Wiesbaden: VS Verlag.

Lindemann, Gesa (1993). Das paradoxe Geschlecht. Transsexualität im Spannungsfeld von Körper, Leib und Gefühl. Frankfurt a.M.: Fischer.

Linden, M., Hautzinger, M. (Hrsg.) (2015). Verhaltenstherapiemanual, Berlin Heidelberg: Springer-Verlag, 8. Auflage.

Markgraf, J. & Schneider, S. (Hg.) (2009). Lehrbuch der Verhaltenstherapie, Band 1, 3. Auflage, Heidelberg: Springer.

Masche, G. J. (2006). Eltern-Kind-Beziehung und Elternverhalten bei 13- und 16-Jährigen. Zeitschrift für Soziologie der Erziehung und Sozialisation, 26, S. 7–22.

Maté, G. (2021). Im Reich der hungrigen Geister. Auf Tuchfühlung mit der Sucht – Stimmen aus Forschung, Praxis und Gesellschaft, Unimedica: Kandern.

McNeill, J. J. (1993). „Sie küßten und sie weinten…" Homosexuelle Frauen und Männer gehen ihren spirituellen Weg, München: Kösel.

Meyer-Erben C., Zander-Schreindorfer U. (2021). Hypnosysthemisch arbeiten, Göttingen: Vandenhoeck-Ruprecht.

Minuchin, S. (1979). Familie und Familientherapie. Theorie und Praxis struktureller Familientherapie. 3. Auflage, Freiburg im Breisgau: Lambertus Verlag.

Moreno, J. L. (2001). Psychodrama und Soziometrie, Edition Humanistische Psychologie.

O'Connor, J. & Seymour, J. (2008). Neurolinguistisches Programmieren: Gelungene Kommunikation und persönliche Entfaltung. 17. Auflage, Kirchzarten bei Freiburg: VAK Verlag.

Owens J. A., Spirito, A., Mc Guinn, M. & Nobile, C. (2000). Sleep habits and sleep disturbance in elementary school-aged children. Journal of Developmental and behavioural pediatrics 21 (1): 27–36.

Palazzoli, M. S., Boscolo L., Cecchin G. & Prata, G. (1988). Paradoxon und Gegenparadoxon. 6. Auflage, Stuttgart: Klett-Cotta Verlag.

Perls, F., Ralph, F. H. & Goodman P. (1981a). Gestalt-Therapie. Wiederbelebung des Selbst, 2. Auflage, Stuttgart: Klett-Cotta.

Perls, F S., Hefferline, R. F. & Goodman, P. (2019b). Grundlagen der Gestalttherapie – Lebensfreude und Persönlichkeitsentfaltung, 10. Auflage, Stuttgart: Klett- Cotta.

Perls, F. (1976c). Grundlagen der Gestalt-Therapie, Einführung und Sitzungsprotokolle, 15. Auflage, Stuttgart: Klett- Cotta.

Plöderl, M., Kravolec, K., Fartacek, C. & Fartacek, R. (2009). Homosexualität als Risikofaktor für Depression und Suizidalität bei Männern, in: Blickpunkt der Mann, Wissenschaftliches Journal für Männergesundheit, 7 (4), 28–37.

Rätz, R., Schröer, W. & Wolff, M. (2014). Lehrbuch Kinder- und Jugendhilfe. Grundlagen, Handlungsfelder, Strukturen und Perspektiven, Weinheim und Basel: Beltz.

Raithel, J., Dollinger, B. & Hörmann, G. (2009). Einführung Pädagogik. Begriffe, Strömungen, Klassiker, Fachrichtungen, Wiesbaden: VS Verlag.

Rauchfleisch, U. (2011). Schwule – Lesben – Bisexuelle. Vorurteile – Lebensweisen – Einsichten, Göttingen: Vandenhoeck & Ruprecht.

Rauchfleisch, U. (2012). Mein Kind liebt anders. Ein Ratgeber für Eltern homosexueller Kinder. Ostfildern: Patmos Verlag.

Rauchfleisch, U. (2019). Sexuelle Identitäten im therapeutischen Prozess. Zur Bedeutung von Orientierungen und Gender. Lindauer Beiträge zur Psychotherapie und Psychosomatik. Herausgegeben von Michael Ermann und Dorothea Huber. Stuttgart: Kohlhammer.

Rauen, C. (2014). Coaching, in: Schuler, H., Hossiep, R., Kleinmann, M. & Sarges W. (Hg.) (2014), Praxis der Personalpsychologie. Human Resource Management kompakt. 3. Auflage, Göttingen: Hogrefe.

Rendtorff, B., Kleinau, E. & Riegraf, B. (2016). Bildung – Geschlecht – Gesellschaft. Eine Einführung. Weinheim & Basel: Beltz.

Riedl, S. (2020). Hormonelle Behandlung von Jugendlichen mit Transidentität, in: Journal für Klinische Endokrinologie und Stoffwechsel, 1-2020, S. 16–23, abrufbar unter: https://doi.org/10.1007/s41969-020-00090-0

Rock, S., Michelson, D., Thomson, S. & Day, C. (2008). Understanding foster placement instability for looked after children: A systematic review and narrative synthesis of quantitative and qualitative evidence. In: British Journal of Social Work, 45. Jg., H. 1, S. 177–203.

Rogers, C. R. (1998). Entwicklung der Persönlichkeit. 12. Auflage, Stuttgart: Klett Cotta.

Rosenberg, M. B. (2013). Gewaltfreie Kommunikation. 11. Auflage, Paderborn: Junfermann Verlag.

Roth, J. K. (1988). Hilfe für Helfer: Balintgruppen, München: Piper, 3. Auflage.

Rupp, M. & Dürnberger, A. (2010). Wie kommt der Regenbogen in die Familie? Entstehungszusammenhang und Alltag von Regenbogenfamilien. In: Funcke, D. & Thorn, P. (Hg.), Die gleichgeschlechtliche Familie mit Kindern. Interdisziplinäre Beiträge zu einer neuen Lebensform, Bielefeld: transcript, S. 61–98.

Sarimski, K. (2015). Lebenslagen von Eltern mit Kindern mit Behinderung und Gestaltung von Frühförderung. Vortragsfolien, abrufbar unter: https://bit.ly/341NXKv, aufgerufen am 11.12.20.

Satir, V., Banmen, J., Gerber, J., Gomori, M. (2000). Das Satir-Modell. Familientherapie und ihre Erweiterung, Paderborn: Junfermann.

Schirmer, U. (2015). Soziologische Forschungsperspektiven zu Trans* im deutschsprachigen Raum, in: Sauer, A. T., Gutachten: Begrifflichkeiten, Definitionen und disziplinäre Zugänge zu Trans- und Intergeschlechtlichkeiten, Begleitmaterial zur Interministeriellen Arbeitsgruppe Inter- & Transsexualität – Band 1. Berlin, abrufbar unter: https://www.bmfsfj.de/resource/blob/93956/ba3f7d5070103da9f2b62d08b23b2bac/imag-band-1-gutachten-begrifflichkeiten-data.pdf

Schlarb, A. (2014). KiSS – Begleit- und Arbeitsbuch für Eltern und Kinder. Das Training für Kinder von 5 bis 10 Jahren mit Schlafstörungen. Stuttgart: Kohlhammer Verlag.

Schlarb, A., Brandhorst, I., Jäger, S. & Lollies, F. (2016). Emotionsregulation und Schlaf bei jungen Kindern – gibt es Zusammenhänge? Aktuelle Kinderschlafmedizin, 16.

Schlegel, L. (1972). Grundriss der Tiefenpsychologie I. München: Francke Verlag.

Schubert, F.-C., Rohr, D. & Zwicker-Pelzer, R. (2019). Beratung. Grundlagen – Konzept – Anwendungsfelder. Wiesbaden: Springer.

Schulz von Thun, F. (2019a). Miteinander reden 1. Störungen und Klärungen. Reinbek bei Hamburg: Rowohlt Taschenbuch Verlag.

Schulz von Thun, F. (2019b). Miteinander reden 2. Stile, Werte und Persönlichkeitsentwicklung. Reinbek bei Hamburg: Rowohlt Taschenbuch Verlag.

Schulz von Thun, F. (2019c). Miteinander reden 3. Das „Innere Team“ und situationsgerechte Kommunikation. Reinbek bei Hamburg: Rowohlt Taschenbuch Verlag.

Schwing R., Fryser A. (2018). Systemisches Handwerk. Werkzeug für die Praxis, 9. Auflage, Göttingen: Vandenhoeck & Ruprecht.

Seibt, A. C. (2011). Modell der Gesundheitsüberzeugungen/Health Belief Model, in: Bundeszentrale für gesundheitliche Aufklärung (BZgA), Leitbegriffe der Gesundheitsförderung und Prävention, Köln.

Sonnenmoser, M (2020). Im falschen Körper geboren, in: Deutsches Ärtzeblatt, September, 2020, abrufbar unter: https://www.aerzteblatt.de/pdf.asp?id=215579

Statistisches Bundesamt (2017). Statistiken der Kinder- und Jugendhilfe – Erzieherische Hilfe, Eingliederungshilfe für seelisch behinderte junge Menschen, Hilfe für junge Volljährige – Vollzeitpflege. Wiesbaden.

Sternberg, R. & Barnes, M. (1988). Psychology of love. New Haven: University Press.

Tyrell, H. (2006). Familienforschung – Familiensoziologie: Einleitende Bemerkungen. In: Zeitschrift für Familienforschung 18, S. 139–147.

Van Santen, E., Pluto, L. & Peucker, C. (2019). Pflegekinderhilfe – Situation und Perspektiven. Empirische Befunde zu Strukturen, Aufgabenwahrnehmung sowie Inanspruchnahme. Weinheim und Basel: Beltz.

Von Schlippe, A. & Schweitzer, J. (2003). Lehrbuch der systemischen Therapie und Beratung, 9. Auflage, Göttingen: Vandenhoeck & Ruprecht.

Von Schlippe, Arist, Schweitzer, Jochen (2016). Lehrbuch der systemischen Therapie und Beratung I und II. Limitierte Studienausgabe. Das Grundlagenwissen I Das störungsspezifische Wissen II. Göttingen: Vandenhoeck & Ruprecht.

Watzlawick, P., Beavin, J. H. & Jackson, D. D. (1996). Menschliche Kommunikation. Formen, Störungen, Paradoxien. 9. Auflage, Bern: Verlag Hans Huber.

Widmer, M. & Bodenmann, G. (2008). Beziehungen in der Familie. In: Schneider, N. F. (Hg.), Lehrbuch Moderne Familiensoziologie. Opladen & Farmington Hill: Verlag Barbara Budrich, S. 167–183.

Zegelin, A. (Hg.) (1979). Sprache und Pflege, Berlin: Ullstein, Mosby.

Internetquellen

Bundesministerium für Wirtschaft und Energie (2020): **https://www.bmwi.de/Redaktion/DE/Dossier/fachkraeftesicherung.html**, aufgerufen am 06.12.20

Bundeszentrale für gesundheitliche Aufklärung (BzGA) (2020): **https://www.liebesleben.de/fuer-alle/sexuelle-orientierung/diskriminierung-sexuelle-orientierung/**

Statistisches Bundesamt (2017): **www.destatis.de**, aufgerufen am 12.12.2020

World Health Organization (1986): Ottawa Charter, in: **https://www.euro.who.int/__data/assets/pdf_file/0006/129534/Ottawa_Charter_G.pdf**, aufgerufen am 11.12.2020

World Health Organization (2004): Better Palliative Care for Older People. **https://www.euro.who.int/__data/assets/pdf_file/0009/98235/E82933.pdf**, aufgerufen am 12.12.2020

Stichwortverzeichnis